2021年广西"书香校园·阅读圆梦"优秀作品选

主　编◎肖荣亮
副主编◎张　玉　袁　源
参　编◎陈　军　王春艳　李达领　韦莉莉

中国·武汉

图书在版编目(CIP)数据

2021 年广西"书香校园·阅读圆梦"优秀作品选/肖荣亮主编. — 武汉:华中科技大学出版社,2023.7
ISBN 978-7-5680-9464-1

Ⅰ.①2… Ⅱ.①肖… Ⅲ.①读书活动-中小学-文集 Ⅳ.①G632.46-53

中国国家版本馆 CIP 数据核字(2023)第 102167 号

2021 年广西"书香校园·阅读圆梦"优秀作品选
2021 Nian Guangxi "Shuxiang Xiaoyuan · Yuedu Yuanmeng" Youxiu Zuopinxuan

肖荣亮　主编

策划编辑：江　畅
责任编辑：狄宝珠
封面设计：孢　子
责任监印：朱　玢

出版发行：华中科技大学出版社(中国·武汉)　　电话：(027)81321913
　　　　　武汉市东湖新技术开发区华工科技园　　邮编：430223
录　　排：武汉创易图文工作室
印　　刷：武汉科源印刷设计有限公司
开　　本：787mm×1092mm　1/16
印　　张：16.25
字　　数：328 千字
版　　次：2023 年 7 月第 1 版第 1 次印刷
定　　价：80.00 元

本书若有印装质量问题,请向出版社营销中心调换
全国免费服务热线：400-6679-118　　竭诚为您服务
版权所有　侵权必究

目　录

小　学　组

《东方魔稻——袁隆平的故事》读后感 …………………………………（3）

读《要把绿林留给子孙后代》有感 ……………………………………（4）

红心向党——《红色广西》读后感 ……………………………………（5）

读《灯光》有感 …………………………………………………………（7）

《保卫延安》读后感 ……………………………………………………（9）

读《中国通史》有感 ……………………………………………………（11）

传承革命精神　建设伟大祖国——读《小兵张嘎》有感 ……………（12）

党的光辉——读《我心永向党：家书里的百年信仰》有感 …………（14）

读《和豆豆姐姐一起读——班里有棵愿望树》有感 …………………（16）

《妈妈不是我的佣人》读后感 …………………………………………（18）

读《李白诗传》有感 ……………………………………………………（20）

读《十万个为什么》有感 ………………………………………………（22）

航天事业——读《神舟飞船的故事》有感 ……………………………（23）

志存高远，唯有坚持——读《你不努力　谁也给不了你想要的生活》有感

…………………………………………………………………………（25）

党恩永难忘——读《中国共产党简史》有感 …………………………（28）

强者，永不言败——读《老人与海》有感 ……………………………（30）

读《西游记》有感 ………………………………………………………（32）

读《钢铁是怎样炼成的》有感 …………………………………………（34）

《红军长征史》读后感 …………………………………………………（35）

读《史记》有感 …………………………………………………………（37）

《小橘灯》读后感 ………………………………………………………（39）

读《卢嘉锡的故事》有感 …………………………………………（40）

《外婆》读后感 ……………………………………………………（42）

党的恩情比海深——读《百年光辉历程 全面建成小康》有感 ………（44）

《手术台就是阵地》读后感 ………………………………………（46）

读《差不多先生》有感 ……………………………………………（47）

让爱串起你我他——读《爱之链》有感 …………………………（48）

《丁香结》读后感 …………………………………………………（49）

尊重母亲——读《爱的教育》有感 ………………………………（50）

红色精神永流传 ……………………………………………………（52）

党与村庄——读《中国共产党简史》第十一章全面建成小康社会和开启全面
　　建设社会主义现代化国家新征程有感 …………………………（53）

《寻找中国未来地图上的你》读后感 ……………………………（56）

读《海底两万里》有感 ……………………………………………（58）

读《狼牙山五壮士》有感 …………………………………………（60）

《不一样的卡梅拉》读后感 ………………………………………（62）

《三字经》读后感 …………………………………………………（64）

齐心协力，攻克难关——读《地道战》有感 ……………………（66）

《狼国女王》读后感 ………………………………………………（68）

世上无难事，只怕有心人——《开心果的忧伤》读后感 ………（69）

节日的味道　文化的传承 …………………………………………（71）

《两份账单》读后感 ………………………………………………（72）

《水浒传》读后感 …………………………………………………（73）

《钢铁是怎样炼成的》读后感 ……………………………………（75）

穿越历史，展望未来——《红岩》读后感 ………………………（77）

《恰同学少年》读后感 ……………………………………………（80）

读《落花生》有感 …………………………………………………（81）

《毛主席不肯换新装》读后感 ……………………………………（82）

《中华成语故事》读后感 …………………………………………（83）

《乌塔》读后感 ……………………………………………………（85）

《绿山墙的安妮》读后感 …………………………………………（87）

人心齐,"巨石"移——《愚公移山》读后感 …………………………………… (89)

以邰丽华为镜,建功新时代——读《踏上新征程,建功新时代》有感 ……… (91)

《邯郸学步》读后感 ……………………………………………………………… (93)

初 中 组

读《中国梦》有感 ………………………………………………………………… (97)

读《中国近代气象学的奠基人:竺可桢的故事》有感 ………………………… (99)

读《华罗庚的故事》有感 ………………………………………………………… (101)

少年进步,则国进步——读《中国共产党简史》有感 ………………………… (103)

《钢铁是怎样炼成的》读后感 …………………………………………………… (105)

一把利剑直击心灵——读《狂人日记》有感 …………………………………… (107)

向光而生——读《红星照耀中国》有感 ………………………………………… (109)

读《钢铁是怎样炼成的》有感 …………………………………………………… (111)

追寻红色记忆,传承百年精神——读《抗日英烈事迹读本》有感 …………… (113)

读万卷书 圆中国梦 ……………………………………………………………… (115)

《骆驼祥子》读后感 ……………………………………………………………… (117)

不忘初心,砥砺前行——读《骆驼祥子》有感 ………………………………… (119)

《魂系中华赤子心》读后感 ……………………………………………………… (121)

囚歌激励着我们奋勇前进——读《红岩》有感 ………………………………… (123)

抛弃懦弱,觉醒反抗——《四世同堂》读后感 ………………………………… (125)

永不熄灭的火焰——读《林海雪原》有感 ……………………………………… (127)

《狂人日记》读后感 ……………………………………………………………… (129)

觉醒 ………………………………………………………………………………… (131)

读《平凡的世界》《皮囊》有感 …………………………………………………… (134)

我们也有一面五星红旗——读《魔窟》有感 …………………………………… (136)

《克拉拉的箱子》读后感 ………………………………………………………… (138)

读《狼国女王》有感 ……………………………………………………………… (140)

《红星照耀中国》观后感 ………………………………………………………… (142)

读《钦州红色传奇故事》有感 …………………………………………………… (144)

《四世同堂》读后感 ……………………………………………………………… (146)

赓续红色血脉,争做时代新人——读《毛泽东诗词集》有感 …………… (148)
当该思考时——读《艾青诗选》有感 …………………………………… (150)
对生命的思考——读《茶花女》有感 …………………………………… (152)
致敬逝去的伟大革命者——读《钢铁是怎样炼成的》有感 …………… (154)
致最可爱的人——读《博白县志》有感 ………………………………… (157)
做新时代有为少年——读《党员毛主席》有感 ………………………… (159)
《没伞的孩子,必须努力奔跑》读后感 …………………………………… (161)
《老人与海》读后感 ……………………………………………………… (163)
信念之光——《假如给我三天光明》读后感 …………………………… (165)
勇敢昂起自信的头颅——读《静心》有感 ……………………………… (167)

高 中 组

来自"套中人"的启示——读契诃夫《装在套子里的人》有感 ………… (171)
永不褪色——阅《红岩》有感 …………………………………………… (173)
红星永耀中华大地 ………………………………………………………… (175)
打破常规,走向新时代——读《乡土中国》有感 ………………………… (177)
闻岩感今——读《红岩》有感 …………………………………………… (179)
读《给青年的十二封信》有感 …………………………………………… (181)
信之,仰之,青春燃之——读《青春之歌》有感 ………………………… (183)
读《七律·长征》有感 …………………………………………………… (185)
《骆驼祥子》读后感 ……………………………………………………… (187)
人要有气节——读《苏武传》有感 ……………………………………… (189)
《朝花夕拾》读后感 ……………………………………………………… (191)
奋斗百年路,阅启新征程——读《百合花》有感 ………………………… (193)
读《青春之歌》有感 ……………………………………………………… (195)
星火中的平凡——《平凡的世界》读后感 ……………………………… (197)
奋斗百年路 阅启新征程——读《沁园春·长沙》有感 ………………… (199)
读《百合花》有感 ………………………………………………………… (201)
《钢铁是怎样炼成的》读后感 …………………………………………… (203)
勇于追梦,不负韶光——读《骆驼祥子》有感 …………………………… (205)

乡土的辉光——读《创业史》有感 ……………………………………………（207）

铲破艰难与险阻，似水如长征——读《红星照耀中国》有感 …………（209）

续写烈火与鲜血的史诗——读《红岩》有感 ……………………………（211）

奋斗驱萧索，不负少年时——读《初心：重读革命精神》有感 ………（213）

《三毛流浪记》读后感 ……………………………………………………（215）

读《习近平新时代中国特色社会主义思想学生读本》有感 ……………（217）

读《西风胡杨》有感 ………………………………………………………（219）

读《出师表》有感 …………………………………………………………（221）

那抹鲜红，是你！——读《红岩》有感 …………………………………（223）

岩缝中的花——读《红星照耀中国》有感 ………………………………（225）

回顾百年奋斗史，奔赴未来中国梦——读《红星照耀中国》有感 ……（227）

读《记念刘和珍君》有感 …………………………………………………（229）

给孟实先生的一封信——读《谈十字街头》有感 ………………………（231）

此后如竟没有炬火，你便是唯一的光——读《家》有感 ………………（233）

从黑暗中来，到光明中去——鲁迅《再论雷峰塔的倒掉》读后感 ……（235）

读红色经典　温历史之余韵——《红日》读后感 ………………………（238）

仰望国旗，不朽生辉——读《红色传奇》有感 …………………………（240）

红色精神照耀我心——读《中国共产党最有理由自信》有感 …………（242）

辉煌百年史，奏响青春曲——读《青春之歌》有感 ……………………（244）

《红岩》读后感 ……………………………………………………………（246）

品红色文化，奋斗新征程——读《林海雪原》有感 ……………………（248）

筚路蓝缕创伟业　初心未改启新程——读《写给中学生的中国共产党历史》

　　有感 ……………………………………………………………………（250）

小 学 组

《东方魔稻——袁隆平的故事》读后感

作者：黄昭焱　学校：百色市东笋小学　指导教师：胡桂平

人出生就好比一条漂泊的孤舟，万一错过了港口就会沉没。每个青少年思维发展一共有四个时期：感知运动时期、"动脑筋"准备时期、具体运算时期、命题计算时期。

一九三○年九月七日出生的袁隆平，在北京的一个四合院，度过了饿了找奶吃的感知运动时期。二岁到七岁，他学会了唱儿歌、背古诗，他依偎在母亲身边，问这问那，从这里就已经体现了袁隆平的勤学好问。

到了上学时期，袁隆平是一个有礼貌、守纪律、爱读书的好孩子，然而，他之所以是那个最特别的人，就是因为他的语言能力。他也爱玩，爱游泳，经常约小伙伴下河游泳，从这里又体现出了袁隆平热爱体育运动的精神。到了十五六岁时，他升入高中。一九四七年夏天，湖北省举办游泳比赛，袁隆平瞒着体育老师报名参加，结果得了第一，这里体现了袁隆平超高的游泳技巧。袁隆平曾经思考过一个问题："望子成龙"的龙到底是怎样的"龙"呢？在大学里，他是一个惜时如金的好学生。

在接下来的故事中他的努力有时付之东流，有时被嘲笑，但袁隆平爷爷并没有因此而放弃努力。

他曾经在茫茫稻海中寻找一株稻谷，他曾经在别人的破坏和嘲讽中研究稻谷，即使失败了，也从来没有屈服过，最终，他把饥荒从中国赶了出去，他甚至还到美国宣传自己研究的一种种植方法，为世界做贡献。

看完袁隆平爷爷的故事后，我感觉作为学生，应该学习袁隆平爷爷这种百折不挠、永不言败、积极努力的精神，遇见困难要寻求方法解决困难，不能走捷径，要脚踏实地认真学习，努力吸收新的知识，树立正确的价值观，好好学习，争取长大后做一个对社会有贡献、有担当的人。

读《要把绿林留给子孙后代》有感

作者：韦晓逸　　学校：乐业县同乐镇中心小学　　指导教师：岑秀连

我读过的书很多,但我最喜欢的就是《百年光辉历程　全面建成小康》这本书了,书里有很多可歌可泣的感人故事。其中,在九十八页就有一个小故事最令我感动,我被它深深地折服了。故事名叫《要把绿林留给子孙后代》,现在我说给大伙听听。

这个故事讲的是:有两个老人,一个叫贾文其,一个叫贾海霞,贾文其失去了双臂,贾海霞双目失明。尽管如此,他们照样承包了本村五十亩河滩来植树,而且一种就是差不多二十个年头,在这二十年里他们不知吃了多少苦,流了多少汗,也受到许许多多人的嘲讽,但他们从不理会,始终如一,直至最后成功。他们慢慢积累经验,树苗成活率从百分之十上升到百分之三十,光秃秃的河滩也已经成了绿色的密林。可是,最后他们说了一句话:"不砍一棵树,要把它们留给子孙后代,希望能尽自己最大的力量,种更多树来回报社会。"

我喜欢这个故事的主要原因,还是它感人。两个残疾老人,种了几十亩地,让它成了密林。特别让我感动的是他们最后说的那句话,真是让我受益匪浅。他们努力了差不多二十年,到了最后居然一棵树不砍,而要将其留给子孙后代。这种无私奉献的精神,难道不是我们应该学习的吗?

这两位老人之所以成功,还有一个原因,那就是他们的意志非常坚定。他们不顾旁人的嘲讽,坚持走自己的路,最终走向了成功。这也是我们要学习的。我看过一则故事:有一个人,正在找工作,他虽然学历很高,很多大公司都争着要他,但他犹豫不决,一会儿想去这儿,一会又想去那儿,最后一事无成,竟沦落街头。

我们应该向他们——贾文其和贾海霞致敬,学习他们无私奉献的精神,做一个对社会有用的人。

红心向党——《红色广西》读后感

作者:王彩霞　　学校:西林县民族实验小学　　指导教师:韦奇文

这天,老师刚把《红色广西》这本书发下来,看到封面上的英雄人物,我心潮澎湃,迫不及待地阅读起来。原来我们广西是这么伟大呀!广西是红色老区,在这片红色老区,中国共产党领导广西各族人民进行了波澜壮阔、艰苦卓绝的斗争,以一腔热血染红了八桂大地。在这片红色老区,在中国共产党的领导下,诞生了革命英雄韦拔群、红军虎将李明瑞等无数的英雄人物,在他们身上闪耀着爱党爱国的伟大情怀、革命必胜的坚定信念、视死如归的伟大精神,闪耀着中国共产党人崇高的品质。读完这本书,我心情久久难以平静,是啊,没有共产党,哪儿来的新中国呢?没有共产党,没有革命先烈的流血牺牲,哪儿来我们现在幸福美好的生活呢?

我听妈妈讲,她们以前过得很不容易,生活过得很艰难。她们像我这样大的时候,就上山砍柴、放牛、放羊、耕地、种菜等。上学的时候,她们连饭都吃不饱,穿得也不是很好。妈妈说她们上学时用的课本纸张很薄,很容易被弄破,所以她们只能用布裹着书本,写字的时候也是轻轻地一笔一画地写,生怕把本子弄破了。她们平时都穿旧衣服,只有到过大年了,才能有一套新衣服,鞋子也是破了又缝,缝了又补,日子过得很简朴。她们以前的床、被子和现在的床、被子区别也很大,以前的床很小,被子很薄,到了天冷的时候,盖上被子也不是很暖和。而现在的床很大,床上不止有一层厚厚的被子垫着,还有一层厚厚的被子盖着。到了冬天,把被子盖上就会很暖和。现在的生活和以前的那种生活相比,简直就是天壤之别。

是中国共产党带领全国各族人民经过一百年的艰苦奋斗,使全国各族人民都过上了幸福美好的生活。

我还读过很多红军故事,比如《红军长征》《金色的鱼钩》《飞夺泸定桥》等。红军经过长途跋涉,翻过雪山,走过草地,克服种种困难与艰辛,才有了我们现在的幸福生活。我们应该好好学习,长大以后做一个能为祖国献出一份力量的人。

　　我们要学会感恩,感恩父母,是他们给予了我们生命;感恩共产党,是他们无私付出,才有了我们现在的国家;感恩革命先烈,是他们流血牺牲,才有了我们现在的幸福美好生活。我们要继承革命先辈不屈不挠、坚持不懈的精神,把他们的精神一代又一代地传承下去,把他们的精神发扬光大,让我们的祖国更加繁荣昌盛。

　　《红色广西》,红色的传承。我热爱我壮美的广西,我热爱我强盛的祖国。

读《灯光》有感

作者:罗永琴　　学校:隆林各族自治县克长乡中心校　　指导教师:陈华妍

　　夜幕降临,家家亮起了电灯。灯光璀璨,照亮了整个黑漆漆的夜。灯下,我专心致志地读着王愿坚先生的《灯光》,这篇文章让我受益匪浅,终生难忘。
　　1949年初秋的那场战役,年轻而又伟大的郝副营长举起火把为部队指引前进之路,却因此暴露了位置,牺牲了自己。文中有一段描写战斗开始前,郝副营长点着火柴看书,书中画着一个在电灯下学习的孩子。郝副营长是满满的渴望,他从未接触过电灯,甚至从没真正看过,他对电灯的幻想是美好的。我们国家的孩子都能在电灯下学习是郝副营长毕生的梦想。为了实现这个梦想,他带着无憾的笑容牺牲了,而今,他永远睡在了黑暗之中,可他的梦想之灯已在中华大地闪耀不息,永不熄灭。此时的灯光让我觉得格外温暖,那些无私无畏、舍生取义、舍己为人的革命先辈走进我的心中,一位又一位先烈的英雄事迹浮现在我的脑海。
　　在语文课上,我认识了把生死置之度外,面对敌人的铡刀从容不迫的刘胡兰;领略了江竹筠面对敌人的严刑拷打而坚贞不屈的风采;想起了用血肉之躯举起炸药包的董存瑞;忆起了用胸膛堵住枪口的黄继光;烈火焚烧却纹丝不动的英雄邱少云;和我们年纪相仿却早早牺牲的王二小……
　　思想品德课上,我看到了茫茫雪山草地上,写满真诚的每一个脚印,闪亮着希望的每一颗红星,气壮山河的二万五千里长征,地球上最鲜艳的红旗永远飘扬;我看到了奔腾的黄河,在为向着侵略者发出怒吼的中华儿女高奏凯歌;我看到了共和国的旗帜上留下了爱国志士血染的风采……
　　我们今天的幸福生活来源于革命先辈们大无畏的革命精神,他们舍小家为大家,奉献自我,牺牲自我。没有共产党就没有新中国,感恩先辈们的无私奉献,让我们能有现在的美好生活,是你们激励着我们好好学习,努力奋斗。没有风雨的洗礼就没有彩虹的绚丽,没有甘露的滋润就没有幼苗的成长,没有中国共产党就没有新中国,没有革命先辈的牺牲和奉献就没有我们现在的美好生活。

感谢革命先辈的付出和牺牲,作为一名小学生,我们要热爱党,跟党走,听党话,努力学习,更进一步地了解党,歌颂党,传扬党,认真对待每一堂课,充实自己的大脑,将来为祖国的发展贡献自己的一份力量。

《保卫延安》读后感

作者:黄相美　　学校:西林县古障镇者夯小学　　指导教师:杜传凤

时光匆匆,转眼间,我们已经迎来了建党100周年。遥想当年,是谁救中国于水火之中?是谁使中国人民迎来了国富民强的时代?毫无疑问,当然是中国共产党!暑假期间,我怀着崇敬的心情阅读了《保卫延安》,一睹当年共产党人的英雄风采。

记得书中有一段话:"蜀中巾帼富英雄,石柱犹存良玉踪。四海今歌赵一曼,万民永忆女先锋;青春换得江山壮,碧血染将天地红。东北西南齐仰首,珠河亿载漾东风。"这段话让我记忆犹新。打开书的扉页,一页一页记录着抗日英雄赵一曼短暂辉煌的一生。

女战士赵一曼一生都投入在抗日战争中,她面对严刑拷打保持了共产党人宁死不屈的气节。面对敌人乌黑的枪口,她没有丝毫的畏惧。她迎着敌人的枪口挺胸抬头,视死如归。她举起戴着手铐的右手,高声地喊着口号——打倒日本帝国主义!中国共产党万岁!年仅三十一岁的赵一曼英勇地牺牲了,但气节崇高的她永远活在人民心中。赵一曼女士坚贞不屈的革命精神让我敬佩。她是女中豪杰,也是我心目中的大英雄。她为了中华民族的解放事业,洒热血,不怕牺牲,谱写了可歌可泣的英雄赞歌!她惊天地泣鬼神的英雄事迹,给我们传播了正能量,播撒了真善美。当五星红旗冉冉升起的时候,我脑海中浮现出千千万万的像赵一曼一样的革命烈士,他们用鲜血染红了那随风飘扬的五星红旗。

读着读着,我仿佛身临其境,和赵一曼、陈旅长等人站在一起眺望北方:北方,万里长城上空突然刮起了大风,电闪雷鸣。风暴夹着雷鸣,以势不可挡的气势,卷过森林,卷过延安周围的山岗,卷过中华民族的黄河流域,向远方奔腾而去……

《保卫延安》中刻画的那些英雄人物令人钦佩,作为社会主义接班人的我们必须要向革命烈士学习,虽不一定能上战场拼搏,却要时刻怀着一颗爱国、爱党的赤诚之心!

读《中国通史》有感

作者:萝莉杨　　学校:隆林各族自治县新州第二小学　　指导教师:陈良芬

　　至目前为止,中国是世界上唯一一个历史文明没有中断的国家。中国,拥有五千多年的悠久历史。中国,拥有数不清流传千古的唐诗宋词。为了进一步探知、了解中国的文明,我便亲手翻开了《中国通史》这本书时。当你亲自翻开这本书时,你就会发现,书中的内容让人感慨万千,受益匪浅。

　　《中国通史》详细记录了中国五千多年历程中经历的风风雨雨,上溯三皇五帝的远古时期,下追伟大的中华人民共和国成立,我明白了中华民族这五千多年是如何走过来的。

　　在《中国通史》的前言中,一开始就说道:悠悠岁月,源远流长,华夏文明,万古相传。古今风云,变化莫测;莘莘学子,笔耕不辍,风雨历程,惊涛骇浪;思接千载,浪里淘沙,茫茫史海,以古鉴今,昭示未来,流芳百世。仅此六十四个字,却意味深长,这正是悠悠华夏文明的漫长历程,这正是泱泱中华之历史。

　　中国的历史总能震惊每一位人。比如说,秦始皇,中国历史上的一代君王,想必同学们都知道吧!是他,造就了八大奇迹之一的"兵马俑"。是他,修筑了世界八大奇迹之一的"万里长城"。也是他,修筑了规模宏大的"阿房宫"。

　　如今的中国人民,虽然过上了幸福美满的生活,但背后不知经历了多少悲惨的故事。比如说:1937年12月13日的南京大屠杀,成了让中国人无比耻辱、无比痛恨的事……这一个个带着鲜血的案例,我们永远不会忘记,也让我真正地明白了我们少年应有的责任,更明白了"勿忘国耻,振兴中华"的真实含义。

　　在《中国通史》里也写了一个道理:锐气藏于胸,和气浮于脸,才气见于事,义气施于人。我们要学会低调做人,高调做事,这样我们才会一次比一次稳健,才会一次比一次优秀,这才是明智的选择。

传承革命精神　建设伟大祖国
——读《小兵张嘎》有感

作者:陈奕霖　学校:北海市海城区第八小学　指导教师:蔡德华

　　我读过一些红色经典图书,如《钢铁是怎样炼成的》《呐喊》《雷锋的故事》《小英雄雨来》等,让我认识了许多英雄人物,领略了许多感人至深的故事,他们高尚的革命情怀深深地感染了我,而我印象最深刻的是《小兵张嘎》。

　　在这本书中,我仿佛看到了在80多年前,我们小朋友们也跟随众多革命先烈、志士仁人一起,为了民族的生存和新中国的建立不怕牺牲、勇敢战斗的伟大精神和优秀品质。而小兵张嘎是那个时代众多共青团员、少先队员的代表与缩影。在书中,有几个场景让嘎子的形象一下子鲜明起来:为了搞一把手枪,嘎子顽强地追击日本军队将领,哪怕屁股受伤都不放弃追击,最终抓获了敌人,缴获了一支手枪,充分体现出他的勇敢;他自己想使用这支手枪,于是违反纪律把手枪藏到鸟窝里,后来经过教育认识到错误后又把手枪交了出来,体现出嘎子的淘气顽皮和知错就改;而被捕后面对敌人的严刑拷打他却坚强不屈,在武工队进攻鬼子炮楼不顺利时,他利用秸秆把炮楼点着了,又体现出他的机智勇敢。

　　我非常佩服嘎子。他让我想起了在学习和生活中遇到困难时,我不想努力就会为自己找各种借口,比如这道题没有学过、我已经努力地想过了、谁都有不会做的题目……我就去问家长、问同学,把答案写上去完事。这种学习态度是不对的。而我们作为学生,当前最主要的任务就是学习。只有努力学习、掌握好本领,才能为祖国建设事业添砖加瓦!

　　而英子爸爸、妈妈问嘎子在新中国成立后想要从事什么职业时,嘎子回答说开火车或开轮船,体现出他的远大理想。这让我想起了在庆祝中国共产党成立100周年大会的现场,很多少先队员随同共青团员的大哥哥、大姐姐们一起呐喊:"请党放心,强国有我!"并且重复了三次!誓言铿锵,这发自内心的呐喊深入人心,让屏幕前的我心潮澎湃、激动不已。

这更让我想起了中国共产党从1921年成立到2021年建党百年间磅礴壮丽的光辉历程。从绍兴南湖的红船建党，到党率领中国各族人民建立新中国，从改革开放到消灭绝对贫困，中国在党的坚强领导下实现了从站起来到富起来到强起来，实现了建党的第一个百年目标，取得举世瞩目的伟大成就，我的脑海中闪现出董存瑞、黄继光、黄文秀等优秀共产党员代表的形象。

现在，全国人民在党的领导下正向着第二个百年目标努力奋斗，就是在中华人民共和国成立一百年（2049年）的时候，要把我们祖国建设成现代化的社会主义强国。这让我无比向往，也暗自问自己，长大后我要做什么？

我的理想是做一名像钟南山爷爷一样救死扶伤、技艺超群的医生，也想做一名答疑解惑、诲人不倦的老师。到中华人民共和国成立一百年的时候，我已经30多岁了，那个时候我已经工作了十多年，成了那时社会建设的主力大军中的一员。因此，把祖国建设成社会主义现代化强国的第二个百年目标，将要由我们来完成。

我相信我们这一代人都会掌握一技之长，但无论未来从事什么工作，我们都要向这些优秀的党员代表学习，学习和传承他们"不怕困难、不怕牺牲、艰苦奋斗、攻坚克难、爱党爱国"的优秀品德和精神。我坚信在党的正确领导下，我们一定能够实现第二个百年目标，让中国引领世界和时代发展的潮流。

党的光辉——读《我心永向党：家书里的百年信仰》有感

作者：林乐仪　　学校：北海市海城区第三小学　　指导教师：吴慧虹

今年是建党100周年，作为小学生的我，对党的认识，来自一年级戴上红领巾那一刻。那时，我只知道，我们是中国共产主义接班人。

我最近读到一本书《我心永向党：家书里的百年信仰》，我被书中的人物故事深深地吸引了，对党有了更深的认识。书里面有面对凶恶的日军，将生死置之度外的赵一曼；有在给母亲、妻子、姐姐的信中不惧死亡、坚定信念的夏明翰……"砍头不要紧，只要主义真；杀了夏明翰，还有后来人。"这些共产党人，都宁可自己一人受苦受累，甚至牺牲掉自己宝贵的生命，来换取新中国的繁荣昌盛。

记得今年清明期间，妈妈带我到烈士陵园祭奠革命先烈，现场伴着哀乐，人人面色凝重。

我看到了很多戴着红领巾的大哥哥大姐姐，穿着白衣服的叔叔阿姨，甚至满头白发的爷爷奶奶，在敬礼后纷纷献上白花。当时还没加入少先队，刚刚步入小学的我，对党和烈士的认识还很模糊。我问妈妈："妈妈，我们祭奠的烈士是谁呢？"妈妈看着我，轻声地说："烈士不是一个人，他们是一群人，是祖国的英雄！"

祭奠结束后，妈妈才和我娓娓道来一个历史故事："20年前，美国侦察机非法入侵我国南海上空，我国海军派出2架战斗机进行驱赶，但美军侦察机没有乖乖就范，反而肆无忌惮径直冲向其中一架飞机。最终，我国一架飞机尾翼受损，从万米高空坠落大海，飞行员叫王伟，而王伟，也在此次事件中牺牲了……烈士，就是为保卫祖国牺牲的英雄们！在我国，还有千千万万像王伟这样为祖国献身的烈士！"接着，妈妈找出相关被撞现场视频给我看，当听到伯伯说"81192收到，我已无法返航，你们继续前进。"时，我看到了妈妈眼角的泪光，心情顿时沉重了起来。

今天,和妈妈再聊起《我心永向党:家书里的百年信仰》这本书时,妈妈又告诉我,上面那位英勇就义的王伟伯伯,也像书里的英雄们一样,是一名共产党员,他的入党申请书里有一句话,"我只想以一个党员的身份严格要求自己,为党和人民的利益,贡献自己的一切,甚至生命"。最终,他的一句誓言,用生命来作答……

我想,这就是党的光辉,犹如太阳般明亮又炽热地照耀着我的内心,让我坚定人生的方向,让我热血沸腾!祖国正因为有如此多敢于奉献的共产党员带头,才有了如今岁月静好的日子。作为祖国未来的我们,唯有好好学习,报效国家,才能不负烈士们的牺牲,让党的光辉永存,让祖国和人民的明天更美好!

读《和豆豆姐姐一起读
——班里有棵愿望树》有感

作者:莫珂玥　学校:北海市实验学校　指导教师:李波英

　　寒假里,我兴致勃勃地阅读了《和豆豆姐姐一起读——班里有棵愿望树》这本书。豆豆老师的故事深深感动了我。

　　豆豆老师为了把糟糕的三(2)班变成一个优秀的班级,她在教室里做了一棵愿望树,让学生们把自己的愿望写在愿望果上。豆豆老师帮学生们实现了一个又一个愿望,例如:帮助李文卓的爸爸改掉了酗酒的陋习,帮助陈小明的爸爸找到了工作,还帮助班里的女生知道变得更美的方法……豆豆老师经过一段时间的努力,已经把三(2)班这个没人敢要的班级管理得很好了。

　　让我感触最深的是,豆豆老师任教三(2)班的第一天,就遇到了各种棘手的事情,她左右为难,打起了退堂鼓,但是在爸爸妈妈的鼓励下,豆豆老师更加坚定了要继续留下来改变孩子们的想法。豆豆老师有一颗高洁伟大的心灵,她为了教育事业无私奉献、不怕困难的精神让我敬佩不已。

　　在我们的身边,也有人具有和豆豆老师一样的奉献精神。

　　那就是在2020年的春节,新型冠状病毒的肆虐,让原本红红火火的农历新年笼罩了一层阴影。看电影、去图书馆、走亲访友……瞬间,我所有的新年计划彻底泡汤,统统都化为泡影。我失望难过,妈妈安慰我:"孩子,不出门,少出门,勤洗手,戴口罩,既是保护自己,也是为国家做贡献。"从那天开始,我的生活中多了一件事,就是每天关注疫情动态。五十多支医疗队,六千多名医护工作者纷纷驰援武汉……与时间赛跑,跟病毒作战。他们穿上防护服进入隔离病房,为了节省防护用品,也为了降低感染风险,6个小时不吃东西,不喝水,也不上厕所。但是白衣战士们说:"做好防护,保护好自己,就是保护好患者!这点困难不会难倒我们!"

　　2020年4月3日,北海24名白衣战士凯旋!沿途群众挥舞国旗,拉起横幅，夹道欢迎英雄归来。在迎接的终点站，我举着亲手绘制的迎接牌，紧紧握住妈妈的手，心里满怀期待。下午5时许，交警摩托开道，领着英雄回来啦！现场一片掌声与欢呼声！我用力拽着妈妈的手欢呼雀跃："回来了！他们回来了！"时隔59天，英雄们终于和家人朋友拥抱！或大笑！或痛哭！或湿了眼眶微笑……白衣战士们舍小家为国家，谱写了一曲曲英雄赞歌，在我心中，他们是让人敬佩的英雄，是北海的骄傲！白衣战士们和豆豆老师一样，都是用自己最大的力量为他人无私地付出，不求回报。

　　阅读了《和豆豆姐姐一起读——班里有棵愿望树》这本书，我深深领悟到人生需要奉献与牺牲，这样才更有意义。作为新时代的少年儿童，我们要从小树立爱国精神，勤奋学习，将来为祖国奉献自己全部的聪明才智和生命热血！

《妈妈不是我的佣人》读后感

作者:欧雅婷　　学校:合浦县西场镇欧屋小学　　指导教师:莫传丽

"吃自己的饭,流自己的汗,靠天靠地靠父母,不算是好汉。"看完《妈妈不是我的佣人》这本书,我不禁想起了这句话。

书中讲述了一个上五年级的首尔小男孩阿章,因为妈妈怀孕了,爸爸又在首尔工作,暂时转到乡下上学并住在舅舅家。来到乡下上学的阿章,离开了妈妈的照顾,上学时不但作业没带,连颜料也忘带了,结果被老师惩罚,被同学讥笑。生活上也不会自理的阿章,表妹批评他说:"我不知道你的妈妈是不是你的佣人,但我的妈妈不是。"这句话使阿章想到了从前在家里的时候,都是妈妈帮他准备学习用品,利用他睡觉或去上学的空闲时间把他房间整理干净。后来,阿章经历了不断的挫折和失败,从一个懒散、怯弱、自私的小男孩成长为一个独立、勇敢、节俭、关爱他人的小男子汉。

看到阿章,我仿佛看到了自己的影子。我也是个衣来伸手饭来张口的家伙,从不知道整理自己的房间,什么都要妈妈替我做。直到看了这本书,我才深受启发,妈妈不是我的佣人,妈妈每天要工作,还要做许多家务事,很辛苦,我虽然不能帮妈妈分担什么,但我可以把自己管理好,不让妈妈操心,这样不就减轻妈妈的负担了吗?

于是我开始给自己制订计划:自己整理房间,整理书包,自己洗碗,自己安排作息时间和制订学习计划。就先从整理我的床开始吧,早上起床后,我开始叠被子,可怎么叠也叠不整齐,我有点泄气了。这时,我从妈妈的脸上看到了笑容,于是我又来劲了,我把被子铺开来,重新叠,妈妈在一旁指导我,我按着妈妈的方法叠了一遍又一遍,终于被子被我叠得有模有样,我和妈妈都开心地笑了,这时我忽然感到腰酸背痛,哎呀!叠被子原来也是如此累人呀!那么妈妈每天该有多辛苦呀!真是不劳动不知劳动的艰辛。

《妈妈不是我的佣人》不仅给我"吃自己的饭,流自己的汗,靠天靠地靠父母,不算是好汉"的启示,更是时刻警示我坚持做好每件事,要好好珍惜当下的一切。

读《李白诗传》有感

作者:黄麟峼　学校:凭祥市第一小学　指导教师:李程

从古至今,有许多伟大的诗人,有山水田园派诗人王维,有满腹经纶的苏轼,还有豪情万丈的辛弃疾等。今天,我再次翻开《李白诗传》,和大家一起再认识一位爱国诗人——李白。

在李白的诗中,我们可以看到"天生我材必有用,千金散尽还复来"中他对自己才情充满的自信,"人生得意须尽欢,莫使金樽空对月"中他拥抱生活饱满的热情,"安能摧眉折腰事权贵,使我不得开心颜"中他面对屈辱不卑不亢的精神;也可以看到那"飞流直下三千尺"的庐山瀑布、那"手可摘星辰"的百尺危楼、那"呼作白玉盘"的月亮等,他将自己热爱的祖国大好河山变成一串串脍炙人口的诗词和文章,把美景描绘得如梦似幻,淋漓尽致,供后人细细观赏。

我不仅在李白的诗中读出了爱国情怀,还从他的行动中知道他也是那样做的。书中说道:在他60岁生日那年的初秋时节,贼人再起,睢阳再次沦陷,此消息传来,李白不禁有些感慨,也有些激动,他想自己这身老骨头就算是死在沙场,也是一件大快人心的事,也算是了却了这一生所追求的报国之心愿。他忘记了自己已是年逾花甲的老人,只想马上赶去请缨杀敌。他将自己的宝剑擦得雪亮,又买来一匹好马,气宇轩昂地从金陵出发了,他想着自己到了彭城,就会得到将军的赏识,然后便在军营中建功立业,大展宏图。可是他还没到彭城,却连人带马一同病倒了,最后上沙场的愿望因他生病而作罢。李白病得奇怪,连金陵的名医都束手无策,李白也以为自己是大势将去了,但奇怪的是,李白在听闻"安史之乱"完全平定的消息之时,不知道从哪里迸发出来的生命力量,身上的病痛渐渐地退去,他奇迹般地好了起来!

体会了李白的这种爱国精神,我不禁又想起现代的那些爱国志士们。比如"杂交水稻之父"袁隆平爷爷,一直潜心研究杂交水稻,为人类战胜饥饿带来了绿色的希望和金色的收获;在新型冠状病毒肆虐的时候,嘴上说"没有特殊情况不要去武汉",第二天就一个人悄悄到武汉抗疫最前线的 84 岁院士钟南山爷爷,和许多叔叔阿姨们一起冒着生命危险,跟新冠病毒做斗争,让危险的新冠病毒不再在全国蔓延,让我们可以只戴一个口罩就能出门,去看花儿绽放,去看鸟儿飞翔,去看蝴蝶飞舞,还能和小伙伴一起开心地玩耍。一个国家安全和稳定是因为有人在负重前行,我敬佩他们!

  少年智则国智,少年富则国富,少年强则国强,少年独立则国独立,少年自由则国自由,少年进步则国进步,少年胜于欧洲,则国胜于欧洲,少年雄于地球则国雄于地球。我们现在虽然还不能为国效力,但作为新时代的少先队员,我们的爱国可以体现在每天的刻苦学习中,因为只有努力学习,才能为实现自己的理想打下一个很好的基础,才有可能成为国家的栋梁之材,将来更好地报效祖国,我将为这个目标而继续努力学习!习近平爷爷说:我们都在努力奔跑,我们都是追梦人!是啊!为了这个美好的中国梦,这一路的风风雨雨,这一路的艰难困苦,这一路的无边景色,我们都要细细去感受和品味,珍惜每一天,做最好的自己,少年,加油!

读《十万个为什么》有感

作者:陈鸿健　　学校:桂平市江口镇中心小学　　指导教师:农馥婷

为什么我们始终看不到月球的背面?为什么我们不能把海洋当成垃圾桶?为什么我们感觉不到地球在转动?为什么体操运动员手上要擦白色的粉末?一个个千奇百怪的为什么一直陪伴着我成长,也使我产生了烦恼与好奇。因此,母亲给我买了一本《十万个为什么》。

打开《十万个为什么》,每一个章节都引人入胜,它们分别是神秘宇宙、地球大观、动物王国、植物园地、人体奥秘等。在这知识的"海洋"中,不是问题就是解说,不是解说就是问题。哦!对了,还有精美的插图,不怕找不到你想要的问题与解说,其中,我最喜欢的是第二章地球大观里的《为什么我们感觉不到地球在转动》。原来,地球是宇宙间的一艘小船。在它运行的轨道旁没有江河两岸那样的景物,似乎只有远处的星星可以作为我们的参照,但星星离我们实在太远了,在短时间里,由于我们没有可以参照的外界事物,因此很难感觉到地球在转动。而且,周围的事物也跟着我们和地球一起转,这样我们更感觉不到地球在转动了。

《十万个为什么》就像一位老师,为我们讲解问题的答案,解开我们心中的谜团;《十万个为什么》也像宽阔的海洋,里面有无穷无尽的奥秘,等着我们去探索;《十万个为什么》还像宇宙,宇宙里有各种各样的元素吸引着科学家们上前研究。读《十万个为什么》相当于听老师讲解,读《十万个为什么》相当于在宽阔的海洋里探索奥秘,相当于在宇宙中遨游。

读了《十万个为什么》,我的知识丰富了许多,我的视野也更开阔,是它让我相信科学,热爱科学,我觉得这本书是科学家努力研究的结果,科学家们随着一个个"为什么"去研究,探索各种奥秘,才有这些精彩的解答,才会诞生这本书。

长大后,我也要当一名科学家,击破一个个谜团,让"为什么"变成"我懂了"或者"我明白了",许多的未解之谜,会在人类的脚步下逐个被解开。

航天事业 ——读《神舟飞船的故事》有感

作者:岑永耀　　学校:贵港市港南区木格镇黄村小学　　指导教师:覃海燕

在中国,有个飞天梦,但在载人航天技术上,曾经中国与世界一流水平差距较大。

1997年,5名俄罗斯和美国宇航员被邀请到我国访问。中国的小孩子们问了各种各样的问题。美国女子宇航员香农·露西德被问道:"在太空能不能用肉眼看到中国的万里长城?""看不到,"露西德说,"在太空只能看到许多不一样的星球。"听了宇航员的话后中国人更加要实现飞天梦。在20世纪50年代,中国在探索太空的路上确定了目标。1958年5月17日,毛泽东主席发出号召:"我们也要搞人造卫星!"主席一说,同志们纷纷行动了起来。1960年2月19日,中国人自己研制的第一枚T-7M探空火箭在上海郊区的一片稻田里发射成功,航天事业在中国人的努力下又成功迈出了一步。1970年4月24日,西北沙漠深处,中国第一颗人造地球卫星进入云际。要是没有伟大的科学家,我们就没有现在的航天事业。

科学家王永志曾是中国载人航天工程总设计师。20世纪60年代初,中国的航天事业刚刚起步,从第一代战略火箭研制开始,王永志就加入了中国航天事业。从弱到强,中国航天的每一步都有王永志的足迹,他称得上是中国航天事业发展的开拓者和见证者之一。

荆木春曾是中国载人航天工程运载火箭系统总设计师。从1992年起投身载人航天事业后,荆木春一直活跃在火箭研制一线,从方案论证、研制生产、综合测试,到发射试验都能看到荆木春的身影,他为中国的载人航天事业做出了突出贡献。

戚发轫是"神舟"飞船总设计师。在20世纪60年代末,在钱学森的领导下,中国空间技术研究院开始了对载人航天飞船的研究探索,并取得了大量的技术成果。机会是留给有准备的人的,中国载人航天工程正式启动后,工程飞船系统设计的重任落在了戚发轫的肩上。当时,已经 59 岁的戚发轫,院长、总设计师两副担子一肩挑。戚发轫清楚地认识到这项工作的意义重大,是整个民族的期盼,祖国把希望和重任交付给了自己,自己就应该竭尽全力,义无反顾地去拼搏!那时的戚发轫每天都待在飞船研发团队研制火箭,戚发轫把全部智慧凝聚在祖国的航天事业中,中国航天史上以及共和国历史上许许多多的"第一"也自然地融入他的生命中:第一枚导弹、第一枚运载火箭、第一颗人造卫星、第一艘试验飞船、第一次载人航天……在"神舟五号"载人飞船发射成功的那一刻,飞船整流罩上的五星红旗格外显目。看着那鲜艳的五星红旗,戚发轫激动落泪。在他眼中飞翔了无数次的"神舟"号,终于搭载着中国首位航天员腾飞太空。在这一刻中国人感到无比自豪和骄傲!

志存高远,唯有坚持——读《你不努力谁也给不了你想要的生活》有感

作者:文羽萌　　学校:广西桂林兴安县实验小学　　指导教师:蒋松林

我的妈妈是学校图书室的管理员。从我刚开始识字的时候起,我的妈妈就帮我借回一本本的书,让我学会自主地阅读。我不认识的字,她会教我怎么用字典查,我不理解的地方,她会仔细地解释给我听。

或许刚开始时,书对于我来说,是一种可有可无的物件,但当我真正意识到它的乐趣时,书,就已经必不可少了!

今天是我五年级暑假第三周的某一天,妈妈中午回家从图书馆帮我借回了一本书,书名叫《你不努力　谁也给不了你想要的生活》,让我打发下午的悠闲时光。

午饭后,妈妈接到电话匆匆忙忙地上班去了。我洗完了碗,擦干净手,小心翼翼地捧着这本书,舒服地靠在我家墨绿色的沙发上,轻轻地翻开了它。

我看书很喜欢寻找代入感,把自己想象成主人公身临其境一般进入书中的各类场景,在不同的时间与空间中体会作者赋予这本书的喜怒哀乐,以及它所要表达的思想与情感。屋里的光线由明转暗,墙上的钟不紧不慢地走着,在这个稍显闷热的下午,我如饥似渴地一页页翻看着,沉迷在知识的海洋里,徜徉在书中那优美生动而富有哲理的文字之中。

这本书是曾庆灿编著的,中译出版社出版,它由五个章节组合而成,分别是:"努力一点""离你想要的近一点""找到你的最佳状态""坚持到最后""终将微笑"。一个个励志的故事,一段段震撼心灵的文字,每个章节以小见大、由浅入深,讲述着"如何克服困难,一步步走向成功"这一看似简单,实则千难万难的问题。

其中一篇小短文《成功的基石是坚持》让我感触很深。它讲述了一只不起眼的毛毛虫,从小忍受着伙伴们的奚落与轻视,但它从不在意他人的看法,一步

一个脚印,最终实现自己的梦想,蜕变为一只美丽的蝴蝶的故事!

可是破茧成蝶非一朝一夕,我想象着我就是一只丑丑的毛毛虫,我一动不动地蜷缩在自己编织的狭小空间中,这里没有光亮,没有温暖,没有交流,没有陪伴……有的只是无边的黑暗和寂寞……我努力,我坚持,再坚持,经过漫长的等待,眼看就到了破茧而出,即将展翅而飞的时候,却正好是我最脆弱的时候,因为这时已经没有了茧保护我自己,我的翅膀也没有完全展开,无法逃避自己的天敌。可是我不会畏惧,我拼命地让自己成长,不停地强壮自己的翅膀,终于,我飞起来了!我第一次在空中跳出了优美的舞蹈!没错,我这只丑丑的毛毛虫成功了!

破茧成蝶,意味着在面对困境的时候,我们需要有百折不挠、永不放弃的强大内心,经过自己不懈的努力,突破自己的极限,一步步向着自己的目标前进,最终实现自己的梦想,体会到成功的快乐。

其实,在我的生活中,也曾有过类似的经历。

记得我小学一至三年级的时候,特没有自信,有些自卑,性格也很懦弱,同时在班级里也不合群,与同学们的交流很少。平时我总一个人默默地坐在自己的座位上,连头也不敢抬。可想而知,我过的每一天对我来说都是煎熬。

偶然的一次机会,我现场观看了一场大型的舞蹈比赛。选手们自信的笑容以及绝美的身姿深深打动了我,我的心情久久无法平静。

经过两天两夜的考虑,我下定决心请求妈妈帮我报了周末的舞蹈班。我知道如果我不能改变自己,再继续逃避下去,终将会成为一个彻头彻尾的失败者!

后面学舞的过程不忍描述,因为直到现在我回想起来依然胆战心惊。

从最开始的练形体、练身姿、练基本功,比如拉筋、下腰、压腿、踩胯、劈叉……到后面的练体能、练动作、练技巧……每一次去练功房的过程就像是一次上刑场的过程。练舞的过程就是被虐、互虐、自虐的过程。受伤很正常,泪水与汗水早已不算什么。我也曾无数次想过要放弃,最后还是咬紧牙关一次次地挺过来了。

从我三年级开始练舞,到现在我即将升入六年级。比起以前,现在的我,阳光、乐观、自信,整天精神饱满。老师与同学们都说我简直像换了一个人。通过舞蹈我也多次为班级与学校获得了荣誉。

舞蹈对我来说是一种修行,也是一生的必修课。苦是苦了点,但我依然会坚持下去。毕竟世上的事想要成功,不吃苦怎么能够获得呢?

看书的时光总在不经意中流逝,我居然不知道妈妈什么时候已经下班回来了。看着妈妈在厨房忙碌的身影,我伸展了一下自己已经略显僵硬的身体,慢慢地合上了《你不努力　谁也给不了你想要的生活》这本书。

书以"志存高远,唯有坚持"八字结尾。我也将以此为我的座右铭,时刻鞭策我,在今后的学习与生活中更加积极地迎接新的挑战。

党恩永难忘——读《中国共产党简史》有感

作者:易丽雯　学校:灵川县灵川镇中心校　指导教师:蒋丽

暑假,我阅读了《中国共产党简史》一书,对党有了更深刻的认识。读完后,我想起了今年7月1日那一天,那天是中国共产党的100岁生日,我们学校的老师组织我们全体师生在操场上隆重举行了为党庆祝百岁生日的活动。那天我们穿着整齐的校服,站在国旗下,我们把队形站成了一面党旗加数字100。当国歌旋律响起来的时候,我们唱着嘹亮的国歌,看着国旗徐徐上升,我的心情非常激动。不知道现在还有多少人会在这一天,唱响国歌来感谢我们的党呢?不知道还有多少人记得党恩呢?唱完国歌,我们全体师生又唱起了那首家喻户晓的歌曲——《没有共产党就没有新中国》。"没有共产党,就没有新中国……"同学们个个激情澎湃,斗志昂扬。人人都知道,是共产党给了我们美丽的家园,是共产党让我们的生活有了翻天覆地的变化,让我们的生活变得芝麻开花——节节高。

党恩永难忘!听爷爷说,他小的时候,住的房子与现在相比,一个是天上,一个是地下。当时家里穷,住的都是用茅草搭建起来的茅草棚子。门,都不是用木头做的,而是用稻草把芦秆连起来做成的。一到下雨天,雨水就会从房顶上"滴答滴答"地漏下来,屋里面要拿盆接水。不仅如此,如果下雨天刮大风,屋顶上的茅草就会掉下来。真的是:外面下大雨,家里下小雨。跟以前比起来,现在的生活真的是好得无法形容,现在的房屋大都是新建的。一栋栋高楼拔地而起,一所所学校耸立在城市中。每一个地方都在进行城乡综合整治,竭力建设美好住处,竭力营造"天更蓝,水更绿,花更美"的生活环境,将习爷爷的"绿水青山就是金山银山"的宗旨落实到每一个角落,让我们生活在花园一样的环境里。除了住处,听奶奶说,她们那个年代,买个东西都很难。那时,离家最近的商店也要二三十里,而且全都是山路,山路弯弯曲曲的,还不怎么宽。不像现在,各村都有小卖部,买个东西只要走几步路就可以了,而且都是宽阔的水泥路。还有,那个时候,你可别妄想有车载你去这去那,在那个时候,连个自行车的影子都没有,更别说汽车了。想想现在,我们外出可以乘坐公交车、小汽车、火车、轮船、飞机。我们现在的生活与以往的生活相比,真是一个天上一个地下,这都是共产党带领先辈们用他们的生命和鲜血给我们换来的。党给我们的恩惠很多很多!党恩永难忘,我希望每一个中国人都能够好好地感谢我们的党!

　　此刻的我,作为一名少先队员,一名新中国的少年,一定要好好学习,掌握好科学文化知识,为我们伟大祖国的繁荣富强贡献自己的一份力量。少年强,则国强!振兴中华,此刻扬帆,从我做起!

强者,永不言败——读《老人与海》有感

作者:刘绍康　　学校:灵川县宝路小学　　指导教师:阳秋玲

暑假里经过几天,我终于把海明威的中篇小说《老人与海》看了一遍。故事里的每一个人物都令我感触很深。

这个故事写了古巴的老渔夫圣地亚哥在连续八十四天没捕到鱼的情况下,终于钓起了一条大马林鱼。但这条鱼实在太大了,它把老渔夫圣地亚哥的小船在海上拖了三天三夜才筋疲力尽,这时圣地亚哥就用鱼叉把这条鱼杀死了,绑在小船的一边,但在归途中,一再遭到鲨鱼的袭击。最后回港时,只剩下鱼头、鱼尾和一条脊骨了。

首先是那个老渔夫,他有一种永不言败的精神。在钓起大马林鱼后,那条顽固的鱼拉着圣地亚哥跑来跑去,尽管他的左手一再抽筋,可为了自己的生活,他使劲地拽住鱼竿;尽管他的手被鱼线划出一道道血痕,但他还是永不言败,继续坚持着;尽管他辛苦钓起的鱼就要被鲨鱼吃个干净,他还是顽强地跟鲨鱼斗智斗勇;尽管他八十多天没有收获,可他还是天天拥有着希望与自信:一定可以钓起一些鱼的!我十分敬佩这个老渔夫。平常我们遇到一些小困难就叫苦连天。可他从来没有说过自己失败了,要放弃这个事业了,他从来没有说过他再也不愿意当渔夫了,他只是一直坚持着,坚持着……

其次是那一条鱼,虽然它一不小心上了钩,可它就是不愿意承认自己输了。它拖着老渔夫游了三天三夜。不知道这三天三夜它有多累,也许它刚拖了半天不到就已经累了,可生的希望还是有的,它告诉自己,永不言败!

我还非常喜欢那个小男孩,他不会因为老渔夫什么都没有,一事无成,就去嘲笑他、讥讽他,而是快快乐乐地和老渔夫做着无话不谈的好朋友。他有一颗金子般的心!

我觉得自己也很需要这种永不言败的精神。这次的数学期末考试,我因为粗心大意,丢了许多分。当时我就觉得很沮丧,这已经是我第二次考砸了,觉得

自己好像很没用。后来我看了一个故事,是说,爱迪生发明灯泡的时候,试验了一千多种材料才找到一种很好用的。每一次失败的时候,他只是轻描淡写地说:"我并没有失败,我又找到了一种行不通的材料。"比起爱迪生和老渔夫,我那点小困难并不算什么,只要把粗心大意这个坏毛病改了就好了,只要我学会永不言败就一定能成功!

永不言败,这就是《老人与海》告诉我们的人生道理。

读《西游记》有感

作者：王思颖　　学校：灵川县城关第三小学　　指导教师：秦明英

　　《西游记》是我国四大名著之一，是一部老少皆宜的作品，它的内容极为丰富，它融合了佛、道、儒三家的思想和内容，因此很受大家欢迎，我也十分喜欢。每次读这本书时，我总是情不自禁地融入那精彩的故事情节里，心情像大海上的波浪一样，此起彼伏，久久不能平静。

　　《西游记》里的人物有很多，有仁慈虔诚的唐僧，有机智勇敢的孙悟空，有憨态可掬的猪八戒，还有忠厚老实的沙和尚……这本书的主要内容是：孙悟空、猪八戒、沙和尚保护唐僧前往西天取经，一路降妖伏魔，历经九九八十一难，最终修成正果得以成佛。

　　读完这本书后，我十分佩服孙悟空，他七十二变的法力，让我十分羡慕，我也想学会这七十二变的法力，这样我就可以无所不能了，可惜我就是学不会，哎！同时，我也被他们师徒四人勇往直前、锲而不舍、团结协作、不怕困难的精神所打动。看看他们，想想我自己，也有和他们同样的经历。

　　记得那一次，我哭着闹着请求爸爸、妈妈教我骑自行车，他们刚开始是不让我学的，可后来看我那么坚持，就让我学了。我们推着家里的自行车，来到广场上。看到那些哥哥姐姐们骑着自行车，犹如一匹奔驰的骏马，我十分羡慕。妈妈教我学习，我照着妈妈的样子去做，可做了很多次还是没成功，而且总是跌倒，但我一想到哥哥姐姐骑着自行车飞奔的样子，我就暗下决心一定要努力学会骑自行车，于是我又爬起来学，在摔了又爬、爬了又摔的过程中，我终于学会了趟车。然后学习如何掌握车龙头，我想往左转，可车龙头非要往右。我想往右，它又往左。哎，怎么这么难。后来妈妈说："你要往左，就要把车龙头向左转；如果你要往右，就要把车龙头向右转。"我照着妈妈说的去做，终于又学会了掌握车龙头。最后学习踩脚踏板，把左脚放在脚踏板上，右脚蹬地滑行，这个动作我一次就学会了。最后，我把这几个动作连起来，就学会了骑自行车。

《西游记》这本书之所以有那么多人喜欢,我想不仅仅是因为书中有曲折离奇的故事情节,更重要的是它所体现的精神深入人心啊!

读《钢铁是怎样炼成的》有感

作者:文凤逸　　学校:灵川县灵川镇中心校　　指导教师:苏娟娟

今年暑假,在妈妈的引导下,我读了《钢铁是怎样炼成的》这本书。书中保尔·柯察金当过童工,从小就在社会最底层饱受折磨和侮辱。后来,伤病无情地夺走了他的健康,他不得不长卧病榻,在极端困难的条件下,他仍然不向命运屈服,而是克服种种困难,拿起笔,以顽强的毅力进行写作,用另一种方式实践着生命的誓言,成长为一名优秀的无产阶级战士。

保尔那种钢铁般的意志和顽强奋斗的精神,让我为之震撼,与之相比,我感到惭愧。我八岁开始学习弹钢琴,刚开始的一两年,由于兴趣,我无论是上课还是练琴都是比较积极和认真的,可是随着学习的知识增多,曲子的难度增大,我渐渐失去了信心,总是要在妈妈的再三催促下才心不甘情不愿地开始练。经常刚把曲子弹上几遍,我就感到精疲力竭,手指酸痛,不愿意坚持下去,然后我就开始找借口,不是上厕所,就是喝水,要不就是趁妈妈不注意时,拿出自己喜欢的课外书快速地看上几页,甚至会偷偷地拿出手机……那时我就像在蹲监狱,简直是度时如年。直到今年暑假的一天,我在练琴时偷偷地看手机被妈妈抓住了,我狠狠地反抗了一次,大声地说:"我现在真的不想再弹钢琴了,我马上要上六年级了,学业很重,我想好好学习,考一所好初中。"从此以后,我再也没有碰过钢琴了。现在,每当想起《钢铁是怎样炼成的》,想起保尔·柯察金,听到琴行里传出的悠扬的琴声时,我就后悔不已,自己怎么能半途而废呢?怎么能因为遇到一点困难就以学习为借口开脱呢?

人最宝贵的是生命,生命对于每个人只有一次。人的一生应当是丰富而精彩的。当到生命的尽头时,回首往事,不会因虚度年华而悔恨,也不会因碌碌无为而羞愧。是的,无论如何,我们一定要记住:不能虚度光阴,不能让时间匆匆地流逝而一无所成。

《红军长征史》读后感

作者:李宇杰　学校:永福县永安乡军屯小学　指导教师:莫雁

　　一天晚上,我们一家子正准备吃饭。看着妈妈端来的一盘绿油油的青菜,我嘟嘟哝哝地走到一边去了。爸爸见我这样,便说:"孩子,我们现在的美好幸福生活,都是革命战士用鲜血和生命换来的,你不能那么挑食。"我说:"爸爸,我们现在生活好了,挑点食又能怎么样?"……

　　就在那天以后,爸爸给我买了一本《红军长征史》。

　　那本书里记载了许多的故事,比如横翻十八道山脉、渡过二十四条河流……在这些故事当中,让我记忆犹新的是过草地。

　　八月的松潘草地,你稍不留神,就可能会深陷泥潭,难以自拔,有时还可能造成生命危险。这片无边无际、残酷的草原不知道夺走了多少红军战士的生命,但红军战士无所畏惧,默默地埋葬了队友的尸体,继续前进。

　　看完这本书后我陷入了沉思,回忆的大匣打开了——还记得二〇二〇年开年时,一只"黑天鹅"突然袭来,如一场龙卷风残忍地向着各个行业袭去,人们原本平静的生活被彻底打乱了节奏。新型冠状病毒肺炎疫情的到来,不仅让人们春节时不能团聚,而且给整个中国蒙上了一层阴影。

　　那时一群英勇无畏的新时代"红军",不顾自己的安危,勇敢地奔向抗疫的第一线。如嘴上说着"没有特殊情况,不要去武汉"的钟南山院士,自己却义无反顾地前往武汉与病毒做斗争;"年前想去换个发型,结果还真如愿了"的单霞阿姨,为了避免交叉感染,剃了光头;整天都在工作的护士,全然不知自己的脸上早已布满了勒痕;得知自己的亲人也感染了病毒,泣不成声的医生,毅然决定转身救人……我想:他们就是中国新时代的"红军"!

　　在这次疫情"长征"中,中国人民又一次用自己的血肉之躯铸成了一道钢铁长城,把危险留给了自己,把安全留给了我们。他们有着不怕牺牲、为人民着想的精神,他们的精神像一颗颗璀璨的宝石,闪耀着光芒。从他们身上,我懂得了

"舍己为人"的真正含义。

我们要向红军战士学习,要向"抗疫"的叔叔、阿姨学习,学习他们坚持不懈、永不言败的精神,学习他们新时代的"长征"精神,勇做新时代的"小红军"。

读《史记》有感

作者：阳西越　　学校：荔浦市荔城镇第一小学　　指导教师：蒙华玲

　　有这样一本书，它被鲁迅先生称为"史家之绝唱，无韵之离骚"。没错，这部巨作正是《史记》。

　　这是中国历史上的第一部纪传体通史史书，作者是司马迁。他写这本书大约用了13年，其中记载了上至上古传说中的黄帝时代，下至汉武帝太初四年共3000多年的历史。司马迁在这本书中塑造了许多性格鲜明的人物，有能言善辩的张仪，有机智勇敢的蔺相如，有卧薪尝胆的勾践，还有横扫漠北，马踏匈奴的霍去病……总之，司马迁刻画的每一个人物都深刻地印在了我的心里。

　　读完这本书后，我不得不佩服司马迁高深的写作水平，同时我又对书里面描述的人物感到敬佩，其中最让我"念念不忘"的还是三过家门而不入的大禹。

　　大禹的父亲名鲧，是一个部落首领。那一年发大水，百姓民不聊生，鲧被舜帝命令去治理洪水。鲧任劳任怨干了九年，一发大水就带领大家去堵。可是来势汹汹的洪水怎么会被区区几担沙子堵住呢？结果舜帝下令杀了鲧，派他的儿子大禹继续治水。面对滔滔洪水，大禹从父亲的失败中吸取教训，改变了"堵"的办法，对洪水进行疏导；为了治理洪水，他长年在外与民众一起奋战，舍小家为大家，曾经"三过家门而不入"。大禹治水13年，耗尽心血与体力，终于完成了治水的大业。舜帝把这一切看在眼里，最后还把王位禅让给了他。

　　读了《大禹治水》这篇文章后我陷入了思考，大禹和鲧同样努力地治水，为什么只有大禹取得了成功呢？我百思不得其解，后来我认为大禹治水成功是因为使用了正确的方法。这不禁让我想起以前的我跟鲧一样，光使一身蛮力，却事倍功半。

　　在学习上，我总是很努力，从没偷懒过，但是我的成绩老是上不去，父母跟我都十分着急。特别是妈妈，天天都给我布置一大堆课后练习，每天完成学校里的作业后还得匆匆忙忙地完成妈妈布置的任务，心里只想着快点完成任务，从来都没有认真思考过。正是因为我只知道"蛮干",所以我的成绩总是不如意。

在读了大禹治水的故事后,我认为大禹及时总结经验,吸取教训,"对症下药"的方法值得我学习。我跟妈妈商量后也决定改变我的学习方法,只抓自己不懂的问题来思考练习。这样我觉得压在我身上的"学习大山"好像被人搬走了一样,由于勤思考肯专研,遇到难题我也能轻松解答了,我再也不觉得学习是个恐怖的"怪兽"了。后来我悟出了一个道理:做事情找对了方法,就能事半功倍。

《史记》教会了我很多道理,真不愧是一部被鲁迅称为"史家之绝唱,无韵之离骚"的巨作。

《小橘灯》读后感

作者:李承锶　　学校:恭城瑶族自治县三江乡中心小学　　指导教师:欧春燕

一本散发着墨香的冰心所著的《小橘灯》轻放在我的面前,那淡雅朴素的封面,那用真情织成的内容,深深地吸引着我。我按捺不住那份渴望,一次又一次地去翻阅它,品味它。文中的那位小姑娘给我留下了深刻的印象。

她是多么勇敢和镇定啊!作为一个地下党的女儿,当她的父亲离开了家,母亲被特务殴打而吐血后,她却不像一般的孩子一样惊慌失措,哭鼻子,抹眼泪,而是努力帮妈妈做事。妈妈病了,她独自一人打电话、请大夫。更难能可贵的是她对革命充满信心,"不久,我爸爸一定会回来的,那时,我妈妈的病就会好了。我们'大家'也都好了!"冰心奶奶也被小姑娘那纯朴的话语所鼓舞。我想:正是因为小姑娘拥有追求解放、渴望光明的精神,所以她才不怕困难,有着战胜困难的胆量和勇气。

她是多么乐观呀!当冰心奶奶问她想吃什么时,她笑眯眯地回答:"红薯稀饭——我们的年饭。"读到这儿,想想自己的幸福生活,我感到深深地愧疚。每年全家聚在一起,面对色香味俱全的年夜饭时,我常常会嘟起小嘴,很不高兴地说:"又是这些菜!"面对窗外犹如流星般的烟花和噼噼啪啪的爆竹,我还会挑剔地说:"还是这些老花样!"然而小姑娘面对的只是"红薯稀饭"的年夜饭,却如此幸福,如此乐观。

书的结尾细致地描写了小姑娘为冰心奶奶做了小橘灯。小橘灯虽然只是发出了一点光,但它象征着革命必胜。所以,每逢春节,冰心奶奶就会想起小姑娘他们一家。

战争是残酷的,我们今天的幸福生活来之不易。读了这本书,我更加深刻地感受到了这一点,从此,我愿意做小姑娘一样坚强乐观的人,愿意好好学习,愿意为我们中华民族的伟大复兴而奋斗。同学们,让我们一起加油,一起乐观地面对每一件事,随时准备贡献自己的一份力量吧!

读《卢嘉锡的故事》有感

作者:肖景绎　学校:河池市金城江区第三小学　指导教师:唐艳春

　　"光阴似箭,日月如梭。"时间总是悄悄地溜走,欢乐的暑假就像过眼云烟,即将消失不见。在这个短暂而又愉快的假期中,我阅读了一本书,名叫《卢嘉锡的故事》。

　　这本书主要讲述了卢嘉锡的一生,让我看到了一个百折不挠、求真务实的卢嘉锡。他从一个可爱的孩子"摇身一变",成为中国科学院院长。在这之间,他究竟付出了多少?我不是很清楚,但是我从他的一件小事中明白了:只要肯去做,成功就离你不远。

　　在《卢嘉锡的故事》这本书中曾有讲道:卢嘉锡因环境原因,转学上了大同中学三年级。在转学之前,他只有半年时间在育才学社的一、二年级学习,知识掌握还不够牢固,因此三年级的卢嘉锡要面对对他来说十分严峻的学习考验。卢嘉锡是个不肯向困难低头的人,他下定决心要把成绩追上来。经过他长时间的不断努力,后来的他门门功课都很优秀。

　　难道这不就是我们所缺少的坚持不懈精神吗?对,没错!这正是我们所缺少的,且需要的"奋斗精神"。从他的角度来看,这件事只能算是一次小小的成功——他把功课赶上来了。不光是伟大的卢院长有过这样的经历,生活中的每一个人也都"包含其中",可以说这样的小"例子"是十分常见的。比如我,也曾今有过这样的小"例子"。

　　在一次数学课上,我遇到了一道令人十分困扰的题目,使我冥思苦想了好久。无论我怎么去解这道题,仍然都是"打蚊子喂象——不顶用"。在我心灰意冷地准备放弃之时,我的脑海里浮现出一句话:失败乃成功之母。于是我又"重整旗鼓"继续思考解题方案,最后,我成功地解出了那道题,心中一下子感觉轻松了许多。接下来,又一道难题出现在我的眼前,我大概地总结了一下刚才的经验,开始做题。没到一分钟,我就十分顺利地得出了答案。通过这件小事,我意识到：每个人都是平等的，无论做什么事，放弃是一种不可取的做法，如果选择放弃，就注定了要失败，哪怕成功对你来说是天方夜谭也好，你都还可以选择每天进步一点点。相信你一定知道"水滴石穿"这个成语吧，"滴"了一段时间后，"石头"也就自然"穿"了。因为成功，只会留给努力奋斗的人！

  现在，新的学期开始了，我们又有了新的起点，新的目标。让我们扬起小船的风帆，乘风破浪，为了不远处的成功，也为了自己所追求的梦想，去努力奋斗吧！

《外婆》读后感

作者:莫哲轩　　学校:环江毛南族自治县第二小学　　指导教师:覃黎黎

假期妈妈给我买回了几本课外书,其中一本封面是老人和孩子的额头紧贴相视一笑的画面叫《外婆》的书把我怔住,一刹那我产生了一种很奇特的感觉,像是有一种无形的引力,驱使我将书本拿在手上,细细读了起来。

这本书是伍剑老师描写他童年时与外婆一起生活的回忆。书中的外婆是一个慈祥、友善、智慧的人,也是对小孩的教育很重视的女性,这让我联想到我的外婆。

最开始吸引我的情节是那顿他记忆中最丰盛的晚餐,"外婆用干辣椒和生姜烧出来的老鼠肉比野兔肉还要喷香,还要美味。她还用辣椒配上腌菜来炒竹笋,竹笋不仅嘎嘣脆,还有一股淡淡的清香,极为下饭。"读到这,我肚子里的馋虫开始躁动,喉咙管痒痒的,口水分泌增加像快要从我嘴里流出来似的,我赶紧抿了抿嘴唇用力吞咽回去。我想到我的外婆也是厨艺了得的人,一种食材她都能变着法子做出不同口味,蒸的、煮的、烧的、炒的样样都会,做出的菜那是十里飘香。我最喜欢吃外婆包的饺子、豆腐圆和煎的蛋包,外婆说馅料里除了有猪肉、白菜和胡萝卜,还加有提味的香菌、提鲜的虾皮,还有能让馅料吃起来更爽滑的鱼肉,张嘴咬一口,里面鲜美的汁水流入口中,让人相当满足。这是在任何一家小吃店里都吃不到的,这种独特的、外婆的味道让我怀念至今。

"多读点书。书读多了,你就会知道的……"这是外婆常对他说的一句话,她希望他多读书,一来可以学到一些知识,二来又能收收心不再跟着大毛他们满山疯野。我小的时候很乖很听话,没有机会可以到山上去疯野,妈妈上班把我放在外婆家的时候,外婆常常会搂着我窝在藤椅里,给我讲三毛流浪记、孔融让梨还有曹冲称象的故事,一遍又一遍,每次我都听得津津有味,每个故事说到最后,外婆都告诉我一个道理,听得多了加上耳濡目染,我懂得的道理越来越多,也越来越懂事。

外婆六十岁了,她没有像路边的老人那样懒洋洋地坐着晒太阳。每天早晨吃过早餐,外婆就会带我一起去市场买菜,边走边对我说,早上的菜最是新鲜呢!外婆选菜的时候,我就扶着小推车站在她身后,当她付过钱把菜放进车里正要拉的时候,我总是抢着帮外婆拉装菜的小推车,外婆高兴地摸摸我的头,直夸我小小年纪真懂事!外婆越是夸我,我越是积极,现在回想起来这应该是外婆对孩子使用的"鼓励式教育"吧!

　　如今,我的外婆已经病逝三年了,读这本书像打开了我思念的闸门,回忆就像播放的电影,一幕幕在眼前浮现;回忆就像游览画展,一幅画还没看完,另一幅又映入眼帘;回忆就像一根紧绷的弦,极力追忆过去,稍一不留神,就又回到了现实。我再也吃不到她包的饺子,再也听不到她的声音,再也不能抱抱她了……外婆我好想您啊!

党的恩情比海深——读《百年光辉历程 全面建成小康》有感

作者:范若颖　学校:富川瑶族自治县第二小学　指导教师:杨红梅

　　我是一滴水,姑婆山上的一滴水。

　　有一天,闪电划破夜空,暴雨如注,我和别的许多水聚成洪流咆哮而下。流过破败的乡村,流过炮火连天的旷野,流过岌岌可危的石桥,我甚至流到黄士韬、陈勋等无数革命先烈的脸上,爬到党的军旗上,流淌、飞溅、洗涤那风雨如磐的岁月!

　　革命征程十万里,腥风血雨铸和平。当我遥遥听到天安门城楼上一声震古烁今的呼喊:"中华人民共和国今天成立了!"我周围的贺州大地顿时一片欢腾。"没有共产党,就没有新中国"的嘹亮歌声响彻乡野。我终于收起了血与火的光芒,回到了久别的姑婆山,在林间溪涧徜徉。

　　"唱支山歌给党听,我把党来比母亲……"有优美的旋律轻盈地从草间划过,唤醒了正在石缝间酣睡的我。

　　山中岁月容易过,世上繁华已千年。我蓦然发现山下已发生翻天覆地的变化,于是想再次下山走走,去看看新中国的贺州大地。

　　多年前经过的沟渠,岸势犬牙差互,污水盈河。此时只见河湖清澈,鱼翔浅底,沙鸥旋集。纵横交错的铁路、公路像蜘蛛结网,时速250千米的动车让人目眩神迷,鳞次栉比的高楼大厦让人叹为观止,琳琅满目的商品让我目不暇接……好一派激动人心的新景象!

　　我顺着一条宽敞平直的水泥路出村进寨,那些熟悉的断壁残垣早已不在,映入眼帘的,是一栋一栋小洋房。房前大体都有一个大大的院子,墙角或种上花,或栽上菜;院落里摆着轿车、摩托、电瓶车。若赶上过节,就会请来舞龙舞狮队,还有广场舞,甚至也摆戏台听京剧,各村各寨的村民们一年四季欢声笑语,庆祝新时代里国泰民安。我想,党的领导是最英明的,杜甫"安得广厦千万间,大庇天下寒士俱欢颜"的千年夙愿在今天实现了！也只有咱们伟大的党能实现！

我继续前行。在富川县城外，我见远处苍山碧野间矗立着许多大风车。它们张开巨大的翅膀，像一只只白色的鸥鹭振翼欲飞。我知道，这些是风力发电车，翅膀一转，电就源源不断地输送到千家万户，城里乡下就会灯火通明。煤油点灯的日子一去不复返了，是党的光辉照亮了我们的家我们的心啊！

顺着护城河，我来到了古明城下，我听得到城墙毗邻的学堂里莘莘学子朗朗的读书声，也听得到旁边风雨桥上纳凉人闲聊的声音，几个青年还在桥头弹唱吉他。富阳老街一个个的银器店、玉器店、饰品店、油茶店、瑶族服装店吸引了许多游客。我转到一个小院里，一个白须垂胸的老者在演奏古代的音乐，另有几个老人在吟诵古诗古词。我觉得有趣，本想多听一会儿，一首动听的蝴蝶歌又把我吸引到色彩斑斓的虎头村去了。

斗转星移，后来我又去了钟山十里画廊，途经昭平黄姚古镇，处处风景秀丽物阜民丰而让我流连忘返。当我辗转回到姑婆山，回到了灵透的河流瀑布，这里居然也变得更好更美了。她成了一幅美丽的山水画卷，她成了旅游仙境，还成了电视剧的外景拍摄景地。每天山路上游者络绎不绝，伛偻提携，前呼后应的，整座山既安静祥和，又热闹喧腾。我仰望起伏的群山，郁郁葱葱，千山欲燃，万谷凝翠，不由得想起习主席说过的一句话："绿水青山就是金山银山。"是啊，我们砥砺前行，拼搏奋进，把曾经风雨如晦的黑色岁月涂抹殆尽。而绿色，就是现阶段我们的党要做出的最动人的色彩！

作为这绿水青山中的一滴水，我曾经跟随党淌过血与火的峥嵘岁月，眼前的一切更让我深感党恩。我曾想随流奔向大海，但今天，我决定在姑婆山以溪流飞瀑为家，以苍松翠柏为椽，以鸟兽虫鱼为伴，回忆党的长征之歌，俯瞰党的光辉把人间照亮。

跟党走，时刻感念党之恩，党的恩情比海深！——这是我，作为一滴水对自己的箴言！

《手术台就是阵地》读后感

作者：莫文政　　学校：贺州市八步区莲塘镇古柏小学　　指导教师：莫华清

今天，我读了一篇叫《手术台就是阵地》的文章，文章讲的是白求恩医生在抗日战争时期的故事。1939年，在齐会战斗前线不远处的小庙里，白求恩大夫给战场下来的伤员做手术，小庙四周时不时落下炮弹，角落里的瓦片被震得往下掉。他多次拒绝师部卫生部部长多次撤离小庙的要求，坚持与阵地共存亡，他说："手术台就是医生的阵地，战士们还没离开阵地，我怎么能离开手术台？"

读完文章后，我被白求恩大夫的崇高品质和伟大精神感动了。他为了共产主义事业不远万里来到中国，坚持救死扶伤，以自己精湛医术挽救无数抗日战士的生命，自己却永远安眠在中国的大地上。白求恩大夫是为中国人民的解放事业而牺牲的，他崇高的品质和伟大的精神值得我们学习。

白求恩的故事让我想起了去年发生的新冠肺炎疫情。在2020年的春节前夕，新冠肺炎疫情突如其来。面对来势汹汹的新冠病毒，中国共产党力挽狂澜，克服困难，精准施策，无数医护工作者和解放军战士成了最美逆行者，用他们的勇敢为我们筑起了抵挡疫情的长城。钟南山作为领军人物冲锋陷阵，驻扎"重灾区"，面对记者对他身体状况的担忧，他曾毫不犹豫地说："医院就是战场，我们就是战士。"这位精神抖擞、满腔热血、身体强健、意志坚定的战士，谁可曾想过他已经84岁了！他是医者，更是勇者！

现在我们生活在美好的生活里，但是我们要牢记这是无数共产党员用坚定的理想信念，甚至宝贵的生命所换取的。每当我面对困难时，看着胸前的红领巾，我就有无穷的力量，因为红领巾是革命先烈的鲜血染红的，生活在中国这样的国度我怎能不幸福，怎能不勇敢面对困难呢？

作为社会主义的接班人，我们应该向白求恩和钟南山学习，从小就要养成吃苦耐劳、坚忍不拔、舍己为人的精神，努力学习科学文化知识，锻炼好身体，为中华民族的伟大复兴贡献我们的力量。

读《差不多先生》有感

作者：黎嘉豪　学校：钟山县清塘镇中心小学东平教学点　指导教师：陈雄恩

　　胡适先生的《差不多先生》是一篇很别致的作品。当我读起这篇文章如同芒刺在背,别有一种滋味。

　　差不多先生有句"名言":凡事只要差不多就好了,何必太认真呢。这可以说是他的处事良方和为人准则,所以他的名字就叫"差不多"。这"差不多"三个字简直就概括了他的一生,写的是差不多先生一生不肯认真。例如,母亲叫他买红糖,他却买了白糖,还说红糖和白糖差不多,反正都是糖。这样的例子在文中还有很多:山西和陕西差不多;十和千差不多。就算在他生死关头,差不多先生还说:"活人和死人差不多,凡事只要差不多就好了,何必太认真呢?"更可怕的是,差不多先生死后,人们还称赞他的一生不肯算计,不肯认真,是一位有德行的人。无数的人以他为榜样,成为一个又一个的"差不多先生"。

　　在我们今天的生活中,"差不多先生"还时有出现。比如:在课堂上,有的同学说:"做作业和做好作业都差不多,反正是做了"。"增加到"和"增加了"都差不多,反正是"增加"了。市场上小贩缺斤少两,对找他的顾客说:"八两、九两都差不多,你何必那么认真呢?"马路上,驾驶员没有驾驶证,汽车撞人致死,还理直气壮地说:"有没有驾驶证都差不多,会开车就行。"

　　读了《差不多先生》就像注入了一针清醒剂。"差不多"就是不思进取,马虎行事,混日子。长此下去是没有任何前途的,只会碌碌终生。这篇文章在这方面给了我深刻的警醒和启示。

让爱串起你我他——读《爱之链》有感

作者:刘晗茜　学校:贺州市平桂区实验小学　指导教师:黄娟

有人说,爱是一盏灯,黑暗中照亮前行的征程;有人说,爱是一首诗,冰冷中温暖渴求的心灵;我说,爱是环环相扣的链条,让人与人之间充满温馨与感动。

《爱之链》主要写的是:一天傍晚,在乡间公路上,一个穷困潦倒、饥肠辘辘名叫乔依的青年还没找到工作,他热情并无偿地帮助了一位因车胎瘪了而在寒风中几乎绝望的老妇人修好了汽车,老妇人十分感激。

老妇人开着车来到了一个破旧的小餐馆时,得到了一位怀胎八个月却在工作上仍然十分尽职的年轻女店主的悉心照顾,深受感动,留下了一些钱便悄悄地离开。女店主发现了老妇人的纸条,心中充满了爱的暖流。出乎预料的是,那位女店主竟然是乔依的妻子。

多么感人的故事,不需要语言,不需要感谢,更不需要别人的报答,在别人最需要帮助的时候,雪中送炭,在他们看来,这是天经地义的事。帮助别人,便是帮助自己,正如《爱的奉献》里唱的:只要人人都献出一点爱,世界将变成美好的人间。天空对鸟儿的关爱,让鸟儿飞得更高;海水对鱼儿的关爱,让鱼儿畅快地游玩。关爱,是一双搀扶的手;关爱,是一枚带体温的硬币;关爱,是一句体贴的话语;关爱,是一份真诚的援助……关爱是人与人之间沟通最真诚的开始。

可是生活里却有"千万别……"的教训:自己独自在家,千万别给陌生人开门,千万别和陌生人搭腔,给你东西千万别要;如果在路上,就算有钱掉在地上也千万别拾,因为那可能是别人的圈套……"赠人玫瑰,手有余香",当我们关爱别人时,内心也会充满快乐。其实,我们每个人就像是一杯水,给别人关爱就是把自己杯中的水分给别人,而这水是活水,是会回流的,等我们没有水的时候,别人就会帮助我们。所以,关爱他人,就等同于关爱我们自己。

《丁香结》读后感

作者:盘园梅　学校:贺州市平桂区民族学校　指导教师:蒋玉

自从读了《丁香结》这一篇课文后,我受益匪浅,从中明白了许多人生道理。

丁香结,古人认为它负担着解不开的愁怨,是因为丁香枝条上的花蕾,小小的花苞圆圆的,鼓鼓的,恰如衣襟上的盘花扣。而作者宗璞认为丁香结代表着人生道路上的"绊脚石",每个人一辈子都有许多不顺心的事,一件完了,另一件又来,有时候累得令人喘不过气来。所以丁香结年年都有。

"结"是困难,我们要勇敢面对,迎难而上,不逃避。我一直比较胆小,不敢当众朗诵或演讲。上次,我们学校举行朗诵比赛,语文老师对我说:"小美,你说普通话很标准,声音又清脆好听,这次朗诵比赛,你一定要积极参加哦!"听到老师这么鼓励我,我信心倍增,主动报名参加朗诵比赛。根据我的声音条件,老师建议我朗诵朱自清的散文《匆匆》,并且亲自指导我朗诵:在哪些地方停顿,什么地方该读重音,哪些词语应该着重表达,读到哪些句子时应该加上手势等。老师是这么欣赏我,我怎么能让老师失望呢?我勤奋练习,按照老师教我的朗诵技巧,声情并茂地朗诵《匆匆》,以精彩的表现赢得了评委老师的一致好评,最终获得了一等奖。

付出终有回报。当我站在舞台上领奖时,我心中百感交集。我回想起以前自卑的我,多么无助;我想到了老师对我的鼓励和帮助,热泪盈眶。从那以后,我对自己充满了自信,不再自卑懦弱,敢于接受任何挑战,在生活的舞台绽放光彩!解结,一次又一次让我在逆境中成长。

的确,正如宗璞所说:"结,是解不完的;人生中的问题也是解不完的,不然,岂不太平淡无味了吗?"我们赤裸裸地来到这个世界上,就是去做一件事情:"解结"。没错,人生就是去解结的,让我们把一个又一个的"结"解开吧!解结是一件令人快乐的事儿,让我们真正地去体验这种美好的生活!

尊重母亲——读《爱的教育》有感

作者:韦照宸　　学校:金秀瑶族自治县桐木中心小学　　指导教师:罗荣梅

　　《爱的教育》这本书由一篇一篇的日记组成。日记的作者是安利柯,他是一个12岁的小男孩。这些日记就是安利柯用自己的眼光观察注视周围的世界,发现身边社会的温情。他爱身边的每一个人,用自己真诚的心和爱关怀他们。安利柯的父亲母亲都是很善良、有爱心的人,他们用自己的一言一行教育着、影响着安利柯。其中有一篇文章叫《我的母亲》,很让我感动。由于安利柯对母亲说了"非常失礼的话",于是父亲给他写了一封信,信中写了这么一段话:"前几年,你生病的时候,你的母亲夜夜守候在你的小床边,数你的脉搏,听你的呼吸,不能入睡,好多次,她害怕得哭起来,因为她以为他将要失去你了。"

　　读到这里,我想到了我的妈妈。我的妈妈也为我付出了许多。妈妈一直小心呵护着我,怕我冷着、怕我饿着、怕我伤着。有一次我在院子里和小伙伴疯玩着,一不小心重心不稳,"啪"的一声摔倒了。也许是我摔倒的声音吓到了在一旁看着我们的妈妈,她赶紧跑过来扶我起来,担心地上下扫视了我一遍,紧张地问:"哪疼了?"当我回答说不疼的时候,她就叮嘱我说:"下次可要小心点!"看着妈妈心疼的样子,我也觉得愧疚,又让妈妈担心了。

　　母爱就在生活里的点点滴滴中:多少次早上醒来,都能闻到饭菜的香气,难道妈妈晚上都不睡觉吗?妈妈不是厨师,可她总是想方设法地把一道道家常菜做得可口诱人,让我看着都忍不住流口水;每次出去玩,妈妈都交代,不要玩太晚,早点回来……

　　信中安利柯的父亲正是用这个例子来告诉他:母亲是多么关心你,你怎么忍心对母亲说出"非常失礼的话"。母爱是最伟大的、最无私的。尽管母亲看起来不像父亲那样威猛,但母亲应该值得每个儿女尊重。

　　在生活中我看到太多的同学喜欢和妈妈顶嘴,对妈妈说出一句又一句指责的话,让妈妈伤心、难过。"对于亲生的母亲,不该再说无礼的话,万一一时不注意,把话说错了,你该自己从心里悔罪,投身于你母亲的膝下,请求赦免的接吻。"让我们多尊重自己的母亲,不要让她担心、不要让她伤心,让她幸福快乐地生活着吧。

红色精神永流传

作者:莫明泽 学校:融安县实验小学 指导教师:吕荣荣

今天我读了《红色传奇》这本书,这本书主要写了十个革命战士感人的故事,其中给我留下最深刻印象的是《党的女儿黄彩川》的感人故事。

黄彩川,1929年参加革命,在一次战斗中,她不幸中弹,壮烈牺牲,年仅17岁。在她平凡的17年生命里,她用行动书写了不平凡的一生。

黄彩川走了,她牺牲在恒里岩中。可是在红军和村民们的心里,这个乐于助人、聪慧勇敢的姑娘却从未离开。读到这,我思绪万千,黄彩川的勇敢、机敏、聪明是我最缺乏的,遇到困难的时候,我总是容易退缩,习惯选择躲避。记得有一次学校举行朗诵比赛,老师为了锻炼我,把这个机会给了我。妈妈也给我准备了稿子。可是当老师让我站在全班同学面前练习朗诵的时候,我在座位上磨蹭了很久,都没有挪动半点脚步。老师一次又一次地鼓励我,同学们热烈的掌声在教室里一遍又一遍响起。可是我还是没有勇气上去,最后老师对我说:"孩子,想想我们的革命战士吧,想想感人的黄彩川的故事吧,想想他们面对敌人连死都不怕,而这为班争光的事我们有什么理由退缩呢?我们要自信勇敢,要学会迎难而上,如果你连登上讲台都不敢,那你怎么能登上更高的舞台呢?"我犹豫片刻,终于鼓起勇气站上了讲台,那一次我也获得了"十佳朗诵"的称号。

是黄彩川的精神鼓舞着我变得坚强勇敢。今天我们生活在和平的年代,拥有美丽的家园,幸福的生活,而这一切都是无数个像黄彩川一样勇敢的战士,用鲜血换来的。我们可以坐在宽敞明亮的教室里学习,聆听老师的教诲,享受爸爸、妈妈、家人对我们无微不至的关怀,从现在开始我们要更努力,更坚强,更有韧性地面对学习,为实现自己的理想而奋斗,让红色精神永远流传。

党与村庄——读《中国共产党简史》第十一章全面建成小康社会和开启全面建设社会主义现代化国家新征程有感

作者:罗李子汐　　学校:南宁市五一路小学　　指导教师:李莉

我的故乡,是美丽的恭城瑶族自治县的一座小村庄。回想起故乡以前那座贫穷、落后的小山村,如今又看向这座富饶、美丽、风景如画的村庄,我感慨万千。在这短短的十几年里,它发生了天翻地覆的变化,这一切功劳,都要源于我们伟大的中国共产党。清除贫困,改善民生,逐步实现共同富裕,是中国特色社会主义的本质要求,是中国共产党的重要历史使命。党带领我们决战脱贫攻坚取得了决定性胜利。

以前的村庄

以前的村庄,在大瑶山脚下,村民们基本上都是瑶族,村庄后面靠着山,前面是小河,出行十分困难,只能绕山路,那条路弯弯曲曲的,绕来绕去需要绕很远的路才能去到外面县城的大路。小路满是黄泥,路面不平,坑坑洼洼的,有时晚上走夜路,一不小心就会被石头绊一跤,下雨天更是泥泞不堪。村里传下来的一句经典名言用本地话来说就是:天又黑(hao),路又窄(zhao),电筒又没得(meidao)。大家都是边打趣边走这条难走的回家路。记得小时候妈妈带我开车回去,车子经常连村子都开不进去。

那时候,村里的房子基本上都是木头建的,房顶上都是瓦片,修建的时间长了,瓦片经常老旧松动,一到下雨天,经常是外面下大雨,屋子里面下小雨。

村里的人家基本上只在堂屋扯着根花花的电线在屋顶绕来绕去地吊着一个小小的灯泡,一到晚上开了电灯,只有堂屋有微微亮光,有时候天黑得早,干活的人家天黑吃饭的话,有时候连自己做的菜都看不清楚,大家伙都打趣地说吃菜完全看运气。

村子里也没有太多土地,平时村民基本都没有太多的收入,村里的年轻人大多数选择外出打工,村里只剩下了一些老人和留守儿童,小朋友们每天都像盼星星盼月亮似的盼着爸爸妈妈们回家。

现在的村庄

自从21世纪初国务院发布了《中国农村扶贫开发纲要》,在脱贫奔小康的路上,中国共产党人始终牵挂着少数民族这个特殊的群体,全面建成小康社会,一个民族都不能少。在党中央的坚强领导下,精准扶贫,精准脱贫,扶真贫,真扶贫,真脱贫。我们瑶乡的这个小村庄,也获得了国家的扶贫资金和项目的支持,在扶贫的道路上,我们也有了自己的领路人——村第一书记,他带领着我们瑶乡人民,走上了脱贫奔小康的道路。2020年,举全党全国之力的脱贫攻坚战取得了决定性胜利,我们的瑶族小山村实现了"脱贫致富"和"全民奔小康"。

村里贴上了"要致富,先修路"的标语,全体村民在村第一书记的带领下,把以前弯弯曲曲、坑坑洼洼的山路铺平扩宽,修成了一条水泥大道。村里的各家各户也有水泥路可以通到家门口。大货车终于可以开到村子里来搬运农作物了。村边的小河上也建了一座可以通车的小桥。现在出行特别方便,大家再也不用担心路滑一不小心就栽跟头了。

家家户户的住房也得到了改善,一栋栋漂亮的新楼房像雨后春笋般拔地而起,屋里明亮整洁。很多人都买了新家具,一点儿都不比城里的房子差。

村子里的电路也进行了大整改,大人们再也不用自己扯着根电线拖着一个小灯泡到处走了,电线都拉得整齐规范,家里都装上了明亮的LED灯泡,再也不用摸黑吃饭夹菜了。村里的道路两旁也装上了路灯,晚上大家不再窝在家里,都出来散步了,姊姊们在新操场跳起了广场舞,老人们三三两两地围着健身器材运动,聊家常,孩子们在球场打球,跑来跑去,开心极了。

现在的小村庄,还变成了一个全新的旅游景点,贫瘠荒废的土地,全部合理利用种上了大片大片的油菜花和桃树。春天一到,油菜花开满山坡,金黄一片,桃花挂满枝头,白的纯净,粉的可爱,红的艳丽,阳光一照,美丽极了。原来荒弃的山坡上建起了一座座的果园。秋天一到,果实累累。红彤彤的柿子挂满枝头。一车车的游客漫步在花田里果园下,再去农家的庄园吃点绿色蔬菜,喝上一口土鸡汤,晚上,在农家山庄的小木屋里睡上一觉,闻着花香,听着虫鸣,伴着河水的歌声安然入睡。那心情,那滋味,那感受,美妙极了。

家乡也建起了几座瑶族美食加工工厂,城里打工的年轻人在家门口就可以打工有活干了,留守的小朋友们终于盼到了跟爸爸妈妈们团聚的这一天,脸上的笑容也愈发的自信与灿烂。

党是花海,我们是花;党是大树,我们是绿叶;党是草原,我们是小草。我们党为实现第一个百年奋斗目标打下了坚实的基础,巩固了中国特色社会主义制度。忍饥挨饿,生活困顿,这些几千年来困扰中国人民的问题已经一去不复返了,因为有了党的指引,我们的村庄富起来了,强起来了,美起来了,大家都说:日子红红火火的有了新的盼头!这一切,就像梦一样的美好,我也要心向党,争取在党的领导下,做个新时代的好少年,做好共产主义事业的传承人和接班人,为祖国的建设贡献自己的一份力量!

《寻找中国未来地图上的你》读后感

作者:温镁锜 学校:南宁市清川小学 指导教师:梁彩凤

今年暑假,我每天晚上都要坐在床头看一会书,就这样一天看一点,看了很多非常有趣的书,我从中学到了很多知识。其中我最喜欢《寻找中国未来地图上的你》这本书。

2018年新年前夕,习近平主席向全国和全世界人民发表了令人振奋的新年贺词。习主席在贺词中列举了我国在科技创新、重大工程建设领域里的十大成果。本书写的就是这十大成果的故事。希望小读者们从小学习做人,从小学习立志,从小学习创造,长大后能为国家建功立业,在祖国未来的地图上留下自己的足迹。

翻开书籍,一个个名人的故事在我的眼前呈现,制造"慧眼"的科学家何泽慧、中国"量子之父"潘建伟、"杂交水稻之父"袁隆平……其中我最喜欢袁隆平爷爷。中国以占世界不到10%的耕地,养活了占世界20%多的人口,这其中,袁隆平研发的杂交水稻立下了汗马功劳。他也实现了"禾下乘凉"梦,让我们不饿肚子,袁隆平爷爷还种植了海水稻,十分伟大。他因此被称为"杂交水稻之父"、当代"神农氏"。2019年9月17日,中华人民共和国成立70周年之际,袁隆平被授予"共和国勋章"。

我家住在农科院,我们大院里的邻居和袁隆平爷爷一起搞过20年的研究,在电视和杂志上,我还见过他们在稻田边上的合照。

有一次,我去农科院试验田参观,看见科研人员正顶着烈日用纸袋套水稻饱满的种子,防止小鸟啄食,花粉乱飞,还仔细地在上面做好记号。我还看见五颜六色的水稻粒粒饱满:有金黄色的,有紫色的,还有黑色的……有些还可以治病,增强人体抵抗力。看着科研人员在田间忙碌的身影,我心里升起了无限的敬佩之情:他们不惜千辛万苦,认真专注做水稻研究,值得我们尊重和学习。"谁知盘中餐,粒粒皆辛苦。"每一粒粮食都来之不易,所以我们要珍惜粮食。

《寻找中国未来地图上的你》告诉我从小学习立志,从小学习创造的决心。读完这本书后,我心中暗暗下了决心,我会努力学习进步,长大后为祖国建功立业,在祖国未来的地图上留下自己的足迹。

读《海底两万里》有感

作者:叶盛　学校:南宁市江南区吴圩镇中心学校　指导教师:麻翠莲

　　这个暑假,我读了一些课外书,有《十万个为什么》《安徒生童话选》《海底两万里》等,其中我最喜爱的是《海底两万里》,不仅是因为这本书让我知道原来大海里还有那么多新奇古怪的事,还因为这本书是我参加清弦读书会古诗朗诵所获赠的书籍。

　　这本书写于1870年,作者是法国的儒勒·凡尔纳,主要叙述法国生物学者阿龙纳斯教授在海洋深处旅行的故事。故事发生在1866年,当时不少海上航行的船只发现了一只被断定为独角鲸的大怪物,阿龙纳斯教授接受邀请参加追捕行动,在追捕过程中不幸落水,游到怪物的脊背上,被怪物所救。其实这怪物并非什么独角鲸,而是一艘构造奇妙的潜水船——鹦鹉螺号。该潜水船由船长尼摩在太平洋的一座荒岛上建造而成,船身坚固,利用海洋发电。尼摩船长邀请阿龙纳斯一起开始了海底旅行。从太平洋出发,经过珊瑚岛、印度洋、红海、地中海,进入大西洋,看到许多罕见的海底动植物和水中的奇异景象,又经历了许多困难:同鲨鱼搏斗、冰山封路、章鱼袭击等,他们在海底航行两万里后,返回陆地。阿龙纳斯把他所知道的海底秘密公布于世。作者真是独具匠心、巧妙布局、想象丰富,书中的语言不但生动有趣,而且故事情节古怪又离奇,时而将我推入险象环生的险恶境地,时而又把我带进充满诗情画意的美妙境界。

　　读了这本书,我更喜欢大海了。每逢回老家北海,我都去赶海,看到渔民们用来捕鱼的小舰艇,我就将它想象成所谓独角鲸的大怪物——潜水船(鹦鹉螺号),脑子里充满各种幻想。海水退潮了,我漫步在沙滩上,忽然我脚踩到了一条蚯蚓似的虫子,我满脑子问号——这难道是传说中的沙虫?我心中疑惑不懈,它会不会咬我?一会儿这沙虫居然用力地往沙里钻,我担心它钻进沙里找不到,只能用手去抓它。这时,我想起到阿龙纳斯教授勇敢探索的精神,我也仔细观察起沙虫来:它身子软软的,肚子里大多数是小沙子,没有大嘴巴,没有牙,听说这是海中的极品，很好吃。可是怎么能吃虫子呢？吃了它，会不会在肚子里长虫呢？相信你也不敢吃吧！我还是把它放回海洋吧。在我沉默寡言的时候，眼前有个小螃蟹伸出它的大钳子向我招手，好像他早就发现了我，我得意扬扬地冲过去，谁知那家伙飞步如箭，选好它熟悉的路，飞一般地跑回自己的小洞里，我走近一看它还伸出头来，好像要告诉我：来抓我呀！我到家了。我向远处望去，眼下的一片小沙蟹大军把我吓惊呆了，远远看去它们如陆地上的蚂蚁，在海边就如同我们看电视里古装片里的勇士，千军万马，都是朝着有海水的方向前进。可是我们如果想靠近它可没那么容易，因为它在还离我们有十几米时就会发现我们，这"家伙"隐身术一流，在短短几秒钟之内，用它又锋利又敏捷的脚把沙子挖开，身体像颗钻子一样往沙里钻。你想抓到它就只能用工具跟它进行挖沙比赛。我思考了很久，心想它的眼睛能看那么远吗？也许它是靠听声音辨别危险，远远听到人的脚步声，害怕被抓，所以就躲起来。我不但在沙虫、小螃蟹、沙蟹身上发现了有关海洋的奥秘，而且也知道海洋资源丰富。我的赶海之旅虽然没有阿龙纳斯的海底旅行那么丰富多彩，但每次都让我收获满满，如果你有兴趣的话，下次我们一起体验一下赶海之旅吧！

我想，海洋资源也需要人类共同维护，要运用科学方法保护海洋，让海洋造福人类。

读《狼牙山五壮士》有感

作者:徐家欣　学校:南宁市良庆区良庆镇中心学校　指导教师:蒋凤英

"起来!不愿做奴隶的人们!把我们的血肉,筑成我们新的长城!中华民族到了最危险的时候,每个人被迫着发出最后的吼声。起来!起来!起来!我们万众一心,冒着敌人的炮火,前进!冒着敌人的炮火,前进!前进!前进!进!……"

每当我唱这首国歌时,我都会热血沸腾,让我情不自禁地想起许许多多的英雄人物,特别是我最佩服的狼牙山五壮士,现在带领你们去认识这五位英勇顽强的英雄!

《狼牙山五壮士》记叙了马宝玉、胡德林、宋学义、葛振林和胡福才五位英雄为掩护群众和部队撤退,毅然地把敌人引上了狼牙山棋盘陀峰顶绝路的感人故事。子弹用完了,他们就用石头砸,最后马宝玉用尽全力把最后一颗手榴弹投了出去,日军中央立刻炸开了花。日伪军想抓他们,但是马宝玉等人宁死不屈,砸碎枪后壮烈跳崖。

古往今来,也有许许多多的英雄:董存瑞、黄继光、罗盛教……为我们更好的未来抛头颅洒热血,舍身为国。

还有新冠疫情期间的那些"最美逆行者"。2020年刚刚过新年,新型冠状病毒已悄无声息地向我们袭来。当我们为预防病毒而闭门不出时,是小区的工作人员不顾生命危险地保护我们。当一个个病人痛苦地哀号时,是医护人员舍小家为大家地冲到了第一线;当病毒向更多人群扩散时,是年过七旬的钟南山带领许许多多的医护人员,众志成城地与病毒作斗争。

想到这些英雄人物,我又想起了毛泽东主席曾写的《七律·长征》:"红军不怕远征难,万水千山只等闲。五岭逶迤腾细浪,乌蒙磅礴走泥丸。金沙水拍云崖暖,大渡桥横铁索寒。更喜岷山千里雪,三军过后尽开颜。"是呀,连长征这么艰难,红军都看作平常小事,可我们在日常生活中碰上一丁点小事就退缩了,我们的这些日常小事和红军的远征之艰苦相比，根本不值一提。我们还有什么理由惧怕这些小事呢？

看完了《狼牙山五壮士》的故事，我已热泪盈眶，最使我感动的是五位壮士，纵身跳下悬崖时，喊出的那铿锵有力、气壮山河的话："打倒日本帝国主义！中国共产党万岁！"这是英雄的中国人民坚强不屈的声音！

他们永远是祖国的骄傲，民族的自豪！他们舍己为人、坚贞不屈的英雄气概值得我们学习！

2021年是九一八事变90周年，山河虽已无恙，历史仍应铭记，记住曾经的血泪，更记住那些不屈的抗争。

作为新一代少先队员，我们要携起手来，勿忘国耻、振兴中华！成为国家之栋梁，民族之希望，人民之骄傲！

《不一样的卡梅拉》读后感

作者：罗慧蕙　　学校：南宁经济技术开发区第二小学　　指导教师：梅秋燕

　　《不一样的卡梅拉》是一套很好的书，其中，《我想去看海》是我最喜欢的一册。

　　《我想去看海》这本书有一段让我印象深刻。主人公卡梅拉是一只小母鸡，一只不寻常的小母鸡。她拒绝下蛋："下蛋，下蛋，总是下蛋！生活中应该还有更好玩儿的事可以做！"卡梅拉非常喜欢听鸬鹚佩罗讲大海的故事，她极其渴望去看海，但是她的爸爸和朋友们都觉得她怀揣着的是一个非常愚蠢的梦想。有一天晚上，卡梅拉终于按捺不住，离开了家，朝着梦想中的大海走去。她在黑夜里勇敢地前进，她走了很远很远，她那双可怜的小脚已经快没有知觉了。直到天亮，当卡梅拉站在沙丘顶上时，她终于看到了波澜壮阔的大海，真正开启了她的梦想之路。

　　读完这本书，我受到了深深的启发：卡梅拉是一只有超大梦想的小母鸡，她相信自己是独一无二的，可以活出不一样的自己。她不管别人的嘲笑，仍然要坚持梦想；她不管实现梦想要付出多少的艰辛和汗水，仍然会坚持努力；她不管自己是否能最终胜利，仍然坚定自己前进的步伐。我们现实世界也是这样，人总要有梦想，那份属于自己的梦想。有梦想，就要坚持不放弃，努力去实现梦想才不会虚度年华。

　　卡梅拉有梦想，我也有自己的梦想。我的梦想是当一名绘画老师，如果你问我为什么要当一名绘画老师，我觉得绘画老师很厉害，他们眼里看到的、心里想到的都是最美的画面，他们可以把世界上最美的事物呈现在画面中。我还可以带领一些梦想和我一样的小朋友，去描绘生机勃勃百花盛开的春天、艳阳高照荷叶田田的夏天、凉风习习瓜果飘香的秋天、寒风刺骨蜡梅独秀的冬天，用我们的画笔描绘出祖国母亲的大好河山！我会像卡梅拉一样，一直坚定自己的梦想，不管付出多少的艰辛和汗水，我都会一步一个脚印走下去，相信某一天梦想总会开出绚烂的花朵。

阅读完《不一样的卡梅拉》这套书,我收获满满,我深深地爱上了阅读。卡梅拉已悄悄地走进了我的心里,她让我觉得生活多姿多彩,让我的童年不再懵懂无知,让我知道了前进的方向。感谢《不一样的卡梅拉》!

《三字经》读后感

作者:韦力祯　学校:宾阳县洋桥镇东黎学校　指导教师:韦彩红

　　我看过很多书,但令我感悟最深的是《三字经》。它不仅是中华文化的经典作品,也是我的好老师。

　　书中有一个故事最让我感动。这个故事讲的是东汉时,有个小女孩叫黄香。她九岁就开始帮爸爸妈妈做家务,而且还很孝顺父母。天气炎热时她会用小扇子把席子扇凉了才让父母睡;冬天天气寒冷,她又会在父母睡前,把被窝躺暖了才让父母睡……黄香她小小年纪就这么懂事,懂得为父母减轻负担,知道父母在外工作十分劳累,主动承担家里所有家务,还细心地照顾父母,真是一个懂事的、孝顺父母的小女孩。

　　我虽然即将13岁,却还是一个衣来伸手、饭来张口的小公主,在家什么事都不干,吃饭还特别挑食,每次老师布置的作业也是爸爸妈妈帮我检查……我和黄香相比真是自愧不如呀。"孝于亲,所当执。"孝敬父母,理所当然,可我都快13岁了,孝敬过父母吗？倒是妈妈天天为我洗衣、做饭,忙个不停,多累啊。我真惭愧,我比黄香大将近4岁,居然没有好好尽过一次孝。我想这样可不行,正好周末,我得让妈妈"放假"一天,想到就要做到,我立刻忙起来,学着妈妈平时的样子,先是整理房间、打扫卫生;然后洗衣服、洗鞋子;又到厨房里忙了起来,煮饭、洗菜、炒菜。饭和菜都做好了,便喊爸爸、妈妈来吃饭。吃完饭,我又念起了《三字经》,收拾起碗筷……

　　我还喜欢有一段关于古人学习方面的内容:"昔仲尼,师项橐。古圣贤,尚勤学。赵中令,读鲁论,彼既仕,学且勤。披蒲编,削竹简,彼无书,且知勉。头悬梁,锥刺股,彼不教,自勤苦。如囊萤,如映雪,家虽贫,学不辍。如负薪,如挂角,身虽劳,犹苦卓。"这六段话的意思是这样的:孔子曾拜鲁国的神童项橐为老师,他虽然是古代的圣贤,可依然勤奋地学习。宋朝中书令赵普经常手不释卷地阅读《论语》,他虽然做了高官,但依旧勤奋好学;汉朝路温舒在劈开的蒲草上写字,公孙弘在削成片的竹简上抄书。他俩没钱买书,却依然勤奋学习。孙敬把头发挂在屋梁上以免自己读书时打瞌睡,苏秦读书感到疲倦时就用锥子刺大腿。他们无须别人督促,自己就勤奋、刻苦地学习。车胤把萤火虫放在纱袋中用来照明读书,孙康利用积雪的反光来读书。他俩虽然家境贫寒,但是从未停止求学。朱买臣一边背柴一边读书;李密一边放牛一边读书。他们虽然身体劳累,但是仍然刻苦学习。我反复读这一段话,在理解意思后,我非常感动。

　　古人没有我们现在这样优越的条件,爸爸妈妈给我们买了漂亮的书包、文具,我们坐在宽敞明亮的教室里,有辛勤的老师教导着我们。这么好的学习条件,古人是没有的。在这样的条件下,我们不刻苦、努力学习,就辜负了父母、老师对我们的期望。我们要实现自己的理想,就必须从现在做起,好好学习,认真读书,掌握更多的文化知识。

　　《三字经》不但是一本好书,还是古代人们智慧的结晶,是文学的宝藏,是永不褪色的经典。它浓缩了中华上下几千年的历史,一个又一个让人深思的故事,教会我们做人的道理;它短小的篇幅,蕴含着许多深刻的道理,深深地吸引着许多人,不单是它生动有趣的人物历史故事,还有它本身丰富的内涵。伙伴们快和我一起去读这本好书吧!相信你在阅读之后,会有更多的收获。

齐心协力,攻克难关——读《地道战》有感

作者:梁邓泽　　学校:南宁市秀田小学　　指导教师:黄春凤

　　暑假期间,我看了一本扣人心弦的爱国主义革命书籍——《地道战》。当我看完以后,心里顿时感觉到全身上下热血沸腾,有一种久久不能平静的感觉。一方面是对日本鬼子的残暴感到无比憎恨,另一方面又为冀中人民的机智勇敢感到无比骄傲。

　　故事写的是1942—1944年,日本鬼子对翼中平原进行了一次"大扫荡"。面对敌人"杀光、烧光、抢光"的三光政策,冀中人民没有一丝一毫的害怕,他们利用智慧、勇气和力量,齐心协力,一次又一次地利用地道迂回战术把鬼子打得落花流水,片甲不留。文中许多精彩的片段让人不禁拍手叫绝,直呼过瘾。其中,文中让我印象最深刻的是当鬼子进入地道里不是被水坑淹死,就是被插满了锋利竹签的土坑刺死,又或是被埋伏在地洞旁的游击战士杀死的场景。无论多么狡猾、多么凶狠的敌人,面对我们这些"神出鬼没,机智过人"的游击队员却是无计可施,只有等着挨打的份。任凭他们哭爹喊娘,纵有三头六臂也挽回不了他们必败的局势。

　　地道战之所以能够取得胜利,靠的不仅仅是老百姓百折不挠的精神,更是有了团结力量和大众智慧才能打赢这场看似不可能的硬仗。如果我能把这些取胜的秘诀运用到自己的学习和生活中,这将会多么让人受益无穷啊!

　　想到这里,我不禁想起了自己有一次踢足球比赛的事。那天教练说要组织我们同别的球队进行足球比赛。刚开始因为我们队个个急功近利,急于表现自己,都不懂得打配合,虽然个个都积极跑动抢球,但抢到球后却不懂得传球给自己的队友,被对方几个人夹守后失球,在对方强有力的配合下,对方进了2个球。这时教练看到我们个个灰头土脸、一脸沮丧的样子喊了暂停,并给我们传授了取胜秘诀:"队友之间要团结,有默契,懂得配合。在球场上单靠个人的力量想取胜是不可能的,比赛要靠大家共同努力,个人英雄主义不可取,光靠蛮力

行不通,要懂得运用大众的智慧才会赢得比赛的胜利!"听了教练的一席话,我们惭愧得个个低下了头,深刻认识到自己的错误。在接下来的比赛中,我们彼此为对方打气,分工有序,相互配合,最终以 3 比 2 顽强地赢下了这场比赛。胜利后的我们紧紧地相拥在一起,有些同学还流下了感动的泪水。

  历史俱已过往矣,虽然我们现在生活在这个和平年代,远离了硝烟弥漫的日子,但我们应该牢记历史,吸取以往的经验。《地道战》这本书告诉了我们:无论敌人是多么强大,只要我们团结一心,善用智慧,就能打败敌人!在我们的学习和生活中,我们也要把这种精神传承下去,用它来克服人生路上种种未知的"绊脚石",只有这样,我们才会变得越来越好!

《狼国女王》读后感

作者:梁念依 学校:南宁市邕宁区城关第四小学 指导教师:韦健红

寒假期间,我实在无聊,便翻出了一本叫作《狼国女王》的长篇动物小说。我一下子被精彩的故事情节吸引住了。

故事叙述了主人公紫葡萄颇为传奇的一生。紫葡萄是帕雅丁狼群的王后,狼王盔盔为保儿女性命,冒险去虎口夺食,结果不幸遇难。还好紫葡萄及时捕获到一只幼鹿,避免了同类相食,理所当然地坐上狼王宝座,经历种种磨难,她报了杀夫之仇,重伤血瘤虎,最后与同样遭遇虎患、损失惨重的邻居宛莫沙狼群融合,继续担任狼王。

我非常钦佩紫葡萄,因为她慈爱,无私地养育幼儿;她机智勇敢,而且能勇敢地直面命运,从不畏惧,成为狼王,使狼族安宁和谐。生活中,有很多母亲不也是这样无怨无悔地承担起家庭开支和养育儿女的重任,学会隐忍,变得像男人一样坚强。就好比我的妈妈,她只是一个环卫工,一个芸芸众生里的普通人,她也是一位母亲,一位值得尊敬的母亲,柔弱的肩膀挑起了生活的重担,使她在我的生命中变得无比伟大。她是家里的顶梁柱,每天起早贪黑工作,下班后带着一身疲惫回家,还要忙于家务,无微不至地照顾姐姐和我,操心我们的温饱、身体、学习等各种问题。有一次,我看到有人吃小店里卖的膨化食品,嘴馋了也想尝尝,妈妈极力劝阻,说我肠胃不好,不能吃,我却任性地耍小脾气,偏要吃,结果闹起了肚子,上吐下泻,在医院里待了一个星期,望着又要上班又要照顾我而日渐消瘦的妈妈,我心里十分惭愧,后悔当初一时贪嘴,对她的关心置若罔闻,使得她头上又增添了许多银丝……

天下的母亲是最伟大、最值得尊敬的人,是她们创造了这个幸福的世界,感谢所有伟大的母亲,她们都是英雄。

世上无难事，只怕有心人
——《开心果的忧伤》读后感

作者:黄芯瑶　　学校:南宁市邕宁区城关第四小学　　指导教师:黄桂珍

这个暑假我读了《开心果的忧伤》这本书，受益匪浅。

这本书让我明白，只要努力、努力再努力，就没有克服不了的困难。刚开始的时候，乐卡卡常常在班里搞恶作剧、闹小笑话，同学都不喜欢她，但是她用自己独特的方式去化解与同学们之间的矛盾，她经过各种各样的努力，终于让全班同学都喜欢上了她，令人惊讶的是就连经常欺负她的同桌都不再欺负她，还帮她擦桌椅。

还记得有一天晚上，我在家写作业时，有一道数学题不会，我用草稿纸写了又写，可是每一次都不对。正当我垂头丧气、准备放弃的时候，妈妈走过来问道:"怎么了？瑶瑶!"我垂着头，低沉着声音说:"我有一道题不会，已经在草稿本上算了很多遍，可都没有做出来。"妈妈慈爱地摸摸我的头，微笑着对我说:"那你再重新认真地审一次题，看看能不能解决。"我叹气道:"我已经试很多遍了，就是不会，妈妈您可以教我吗？""我记得有个小姑娘看了一本书，叫《开心果的忧伤》，当时还兴冲冲地告诉妈妈，里面的乐卡卡太棒了，遇到困难的时候不但积极乐观，还一直坚持不懈地努力。还说以后要以乐卡卡为榜样，向她学习呢！这个姑娘是谁呀？"妈妈打趣道。我心想，当时确实下定决心要以乐卡卡为榜样，可是我现在却没有做到，霎时，觉得非常羞愧！我小声应道:"是我。""那你现在知道应该怎么做了没有？"妈妈问。我想起了在《开心果的忧伤》里，乐卡卡用她的智慧和努力，把一件件不可能的事情变成可能。我用力地点头应道:"嗯！"于是我又重新认真地审刚刚的数学题，认真地把每一个已知条件都列出来，把解题思路重新梳理了一遍。最后，在我的不懈努力下，终于破解了这道题。

读了这本书让我知道每当我们遇到困难的时候，怨天尤人是没有用的，只有用乐观的心态去面对,只要坚持就一定能解决问题。在以后的生活及学习中,我还会遇到很多的烦恼和难题,所以我也要像乐卡卡一样勇敢地面对困难,只要坚持不懈,就一定能战胜困难。我相信:世上无难事,只怕有心人。

节日的味道 文化的传承

作者：李思远　　学校：南宁市北际路小学　　指导教师：黄艳霞

班级里开展了一场主题为"寻找节日的味道"实践活动，节日还有味道吗？我百思不得其解。直到看了《很想和你过个节：给孩子讲传统节日》这本书时，我找到了答案，原来，节日是真的有味道的！

我迫不及待地在书中找节日的味道。这本书让我了解了一个个多姿多彩的中国传统节日的来源、代表的意义，以及独特的美食文化，感悟到了中国文化的传承、发展以及多元化和包容性，这些都是节日的味道。

我们广西也有自己的专属节日——壮族"三月三"歌圩节，这是壮族一年当中最重要的节日，这天会举行对歌、跳竹竿舞、碰彩蛋等喜庆活动。

今年的"三月三"我也品尝了节日的味道。当天早上，我们身着漂亮的壮族服装欢聚一堂，伴着学校舞蹈队创新编排的歌曲《广西尼的呀》的美妙音乐，对歌起舞。听，同学们的歌声响彻校园，大家热情高昂，把中国共产党的一些问答元素巧妙地融入歌曲中。歌声笑语充满了整个校园，我们这些壮娃娃通过对山歌表达对祖国的赞美和热爱，为壮美广西代言！

我们还在焦老师带领下跳起了《花山拳》，同学们精神抖擞、动作整齐，展现出中国当代少年锐志进取、勇于担当的精神风貌。

下午，迎来了"五彩美食"班会。我们用独特的壮乡特色制作了各式各样的美食，教室瞬间变成了美食房，各种民族美食琳琅满目——五色糯米饭、壮乡三角粽、艾叶糍粑……还有精心设计的建党100周年主题蛋糕。吃着精致的美食，同学们欢快地把歌唱，唱出了壮乡美、唱出了民族团结一家亲。

我品到了节日的味道！

《两份账单》读后感

作者:潘朝兴　　学校:南宁市西乡塘区万秀小学　　指导教师:朱丽婷

　　暑假我看了一本《不让爸妈做我的佣人》。这本书里有许多的文章故事,其中最让我有感触的是《两份账单》的故事。

　　故事中讲道:一个叫布拉德的男孩,他喜欢用钱衡量每一件东西。如果一件东西不是很贵,他便认为它毫无价值。布拉德为家里做了许多事,便向母亲索取8美元报酬,母亲把钱给了他,还给了他一份账单,账单如下:布拉德欠妈妈——教养他0美元;在他得水痘时照顾他0美元;买衣服鞋子和玩具0美元;吃饭和幸福生活0美元;总共欠妈妈0美元。布拉德看了这份账单后十分羞愧,并把钱还给了妈妈。

　　看完这个故事后,回想以前,我也和布拉德一样,感到非常羞愧。只要我有什么不会,我就会叫一声:"妈妈,快来教我。"哪怕很小的一件事也不愿意做,只要喊一声:"爸爸,这个我不会做,快来帮我!"此时爸爸不管在做什么事都会停下来帮我。爸妈无条件帮我做事,让我变得越来越懒惰,哪怕只做一件小事情都要和爸妈讲条件或索取报酬。

　　记得有一次,爸爸妈妈干活回来累了,让我做家务烧饭菜,我便要求妈妈给我两块钱,妈妈不答应,我便赌气跑回自己房间甩门一关,妈妈见状没办法,只好给我两块钱,我才答应去做事。可那时的我却不知钱难赚。现在想起来还真是愧疚。实际是我欠爸妈的养育之恩,他们为了养育我操了多少心啊!恩情一辈子也还不了,更不能忘,可是我怎能向爸妈索取报酬呢?真是太不应该了!当爸妈的只希望尽自己最大的努力,任劳任怨让自己的儿女过得好就心满意足了。

　　唯有爸爸妈妈的爱,是不求回报的,它一直陪伴着我走过人生,走过生命的每个时刻,给我力量,给我勇气,给我美好的回忆。父爱如山,母爱如水,让我们像父母爱我们一样去爱我们的父母吧!

《水浒传》读后感

作者:李洺雨 学校:容县容州镇中心学校

"心在山东身在吴,飘蓬江海谩嗟吁,他时若遂凌云志,敢笑黄巢不丈夫。"《心在山东身在吴》是明代小说家施耐庵创作的一首七言绝句。诗中描写了宋江被发配到江州后的忧郁心情,表达了他想要实现其"凌云志"的迫切愿望。这也是小说《水浒传》中的一个精彩小片段。

《水浒传》乃四大名著之一,书中生动详细地描画了一百零八位英雄好汉,他们各怀绝技、性格鲜明。八十万禁军教头林冲:赛霜骏马骑狮子,出白长枪搦绿沉;管军提辖使青面兽杨志:雕鞍玉勒马嘶风,介胄棱层黑雾蒙;青衣道人入云龙公孙胜:青罗伞盖拥高牙,紫骝马雕鞍稳跨……一百零八将,从性格到长相,个个千差万别,可无论是独一无二的配装,还是战场上的雄姿英发,似乎每一根汗毛都散发着英雄的光芒。及时雨宋江、矮脚虎王英、小温侯吕方……这些朗朗上口的称号,尽显他们独特的好汉气概,又让人过目不忘。然而这些英雄都有着共同的本色,那就是忠义两全。

忠,是什么?忠也者,一其心之谓也。说到忠,在这一百零八位好汉中,李逵对宋江可谓是忠心耿耿。小到宋江想吃鱼,李逵就为他去抓。大到宋江要攻城池,李逵为他两肋插刀。虽然最后是宋江杀死了李逵,但我知道,李逵始终是无怨无悔的。因为他知道,是宋江带领着其余的一百零七位英雄走上正确的道路。于情,于理,这位黑大汉的忠诚,就像一把烧得滚烫的铁钳,深深烙在我的心里。

义,又是什么?义,谓天下合宜之礼。一百零八位英雄中,可谓个个都是讲义气的好汉。他们为朋友赴汤蹈火,把生死置之度外,就是因为一个"义"字;他们为民除害,出生入死,就是因为一个"义"字;他们为国抗辽,奋不顾身,还是因为这个"义"字。"义"虽然只有三画,但这是英雄们用生命与鲜血写出来的。虽然他们最后没有把忠义发展到极限,尽心报国,英雄们或生、或死、或房、或别,但是，煞曜罡星今已矣，谗臣贼子尚依然，谁都没有办法挽回历史的悲剧。

读完《水浒传》，眼中、耳中仍然都是英雄们在谈笑风生，看着他们为自己的理想奋斗是多么令人羡慕。做一个家喻户晓的盖世英雄，应该是每一个男子汉的梦想。但是在危难中救济人这样的事情，除了警察、消防员、军人，不是谁都有机会，谁都能做到。这是为什么呢？因为没有足够的勇气，更没有一命换一命的决心。

作为一名中国少年先锋队队员，做盖世英雄时机还未成熟，但是努力做到忠义两全绝对可以。怎么做到忠义两全呢？我们是共产主义接班人，继承革命先辈的忠于祖国，继承革命先辈的光荣遗志。生在和平时代的我们，不需要像李逵那样一命换一命，需要我们做到有理想，有道德。比如：在公交车上心中有他人，不霸坐，会谦让，不做"霸占他人座位的博士哥"；在学校，对待同学真诚礼貌，学习实事求是；在家里，孝顺长辈，体贴家人，总之，爱国、诚信、友善，是我们小学生的英雄本色。

《钢铁是怎样炼成的》读后感

作者:林崇智　　学校:博白县博白镇第六小学　　指导教师:宾晓萍

只因内心充满了力量,钢就在烈火与骤冷中铸造而成。

——题记

贫困的家庭、苦难的生活没有使他屈服,亲情友情爱情的离去他无怨无悔;即使病魔缠身,也不曾跟命运有一丝的妥协,他以理想为火,以生活为炉,赴汤蹈火,把自己炼就成了一个钢筋铁骨的英雄。他就是保尔·柯察金。

掩卷细思,钢铁到底是怎样炼成的呢?

在那个风雨如磐的时代,茫茫的世界被血泪染遍。倔强、坚强、坚韧不拔的保尔在生命一次又一次受到威胁艰难脱困,即使是恶疾缠身也顽强搏斗,对于一个被病魔夺走健康而不能自理的人来说,选择坚强和刚毅也许是一件难事,但他选择了活着。他忘掉了身体经常发烧带来的剧烈疼痛,忘掉了眼睛的火烧火燎带来的巨大痛苦,以及残酷无情的生活。他不断摔倒,又不断站起来,如同钢铁一般,坚不可摧。

真金不怕火炼,百炼才能成钢。战争的火焰无情地撕扯着他的肌肤,而他,却一声不吭,他终究是沉默的。可在这死一般寂静的黑夜里,黎明的到来,毕竟是无法抗拒的。不是在沉默中爆发,便是在沉默中灭亡。他选择了坚持,因为他有一副顽强的身体,他有一缕不灭的灵魂,他的身体,他的灵魂中,充满了一股永不磨灭的力量,剧烈的疼痛反而让他有了一种活着的感觉。所以,他战胜了黑夜,无情的烈火屈服在他的脚下,他迎来了光明。那挺直的腰板,闪烁着光明,向世界宣告他的成功。

我沉思着,思绪飘荡到了小学时代:

那时,可能是因为太懒了,我对体育运动十分抗拒。但当我看见朋友打篮球时飘逸的身姿;篮球擦网而过的声音;那一声声激动的嘶吼声。便下定决心学好篮球。记得那时,运球时磕磕碰碰,肚皮上下舞动的我惹得旁边的朋友一阵发笑,我便开始怀疑自己是否适合打篮球。我无法接受自己打到汗如雨下了也没能练好最基本的运球——我想到了放弃。但是,保尔的"钢铁精神"让我不能也不舍得放弃,便拾起那湿淋淋的篮球,又开始磨它了,"毕竟没有磨不掉的玩意,磨不掉也是半途而废的结果"。一天过去了,我已经分不出我脸上湿答答的一片是汗还是泪了,但我依旧很开心——因为我做到了坚持,读懂了保尔。

　　正因为保尔告诉了我:人要学着突破自我,才让我有敢于参与的信心。榜样就是一种精神寄托,就是一种力量,它能影响人的一生,让我们受益终身。当遇到挫折时,是"保尔"的力量让我脱离沮丧;当遇到困难时,是"保尔"的力量使我懂得坚强;当得到荣誉时,是"保尔"的力量鼓舞我向着更高的目标奋斗……榜样的力量使我发奋并激励着我前进。榜样无处不在,因为榜样使我坚强!

　　21世纪的钟声已经敲响,我们站在新世纪的门槛上,寻找往日的英雄情结,重塑"保尔精神",意义非同小可。为了我们伟大祖国的繁荣昌盛,让我们以保尔为榜样,去炼就人生,乐观地拥抱未来吧!

穿越历史,展望未来——《红岩》读后感

作者:程业洲　　学校:容县黎村镇中心学校　　指导教师:陈超彬

60年峥嵘岁月,5000年血色中华。

历史的长卷翻过了一篇又一篇,而我们的祖国始终屹立在历史的长河之中。无论是苦难还是辉煌,都必将是人类历史上绚丽的篇章。

秋天——一个充满回忆的季节,一个个记忆的片段在脑海浮现……

风轻轻掠过,午后如金子般灿烂的阳光透过窗户,照亮我桌上的书,那两个字在阳光下显得更加耀眼——《红岩》。

1948—1949年,正是新中国黎明前最黑暗的时候……在这时的山城重庆,中国共产党地下党的活动比任何时期都要活跃,而同样,在此时,敌人的镇压与迫害也比任何时候都要残酷。在渣滓洞和白公馆,无数中国共产党人靠着不屈不挠的精神和毅力,反抗、斗争,谱写出一曲曲生命的赞歌!

在一个个鲜明的人物中,最被大家所熟知的应该就是江姐了——一个坚强的、宁死不屈的共产主义战士,一个真正的英雄! 在渣滓洞集中营,她曾饱受折磨。当竹签钉进她的手指,热血顺着指尖流下,十指连心,而江姐把这种刻骨铭心的痛化作更加坚定的信念,深深地埋进心底。她说:"毒刑拷打是太小的考验。竹签子是竹子做的,共产党员的意志是钢铁铸成的!"她用自己的行动,鼓励、激励难友们坚持斗争。然而最终,江姐为了不暴露越狱的计划,还是毅然决然地走向刑场,用自己的生命,与黑暗抗争,谱写出一曲感人肺腑、令人热血沸腾的生命之歌。

在《红岩》中,有一个很特别的人物,描写他的文字并不算多,但他却给我留下深刻的印象。他的名字叫宋振中,更加广为人知的是他的外号——小萝卜头。

他是一个从小生活在集中营的可怜孩子。大大的头,瘦瘦小小的身子,聪明诱人的大眼睛是他的特点。一天,有许多蝴蝶飞进集中营的铁窗,小萝卜头

抓了一只,装进火柴盒里,而当他正要关上盒子时,突然瞥见那只蝴蝶在盒子里不安地爬动……于是,他意识到蝴蝶失去了自由,便打开盒子,轻轻地说:"飞吧,你飞吧!"这个片段的描写很令我感动,小萝卜头从小没出过集中营,他最渴望的恐怕就是自由吧,在他幼小的心灵深处,不知多么想和蝴蝶一样插上翅膀,飞出集中营的铁栏杆,飞回家……这个从小生活在黑暗的压迫中的孩子,甚至连梦里,都是监狱的景象……这个惹人喜爱的小孩就像一支黑暗中的花,充满了生命力,然而,他还没来得及绽放就被巨大的黑暗吞噬了……

小萝卜头,别哭,擦干眼泪,跟着蝴蝶,飞到你梦想的地方去吧,去一个阳光灿烂,没有一丝阴霾的地方;小萝卜头,别怕,光明即将打败黑暗,胜利已不再遥远,勇敢地向前飞吧,飞吧!

黎明前的黑暗终于快要结束了……

那个黑暗的时代过去了……

风霜雪雨七十载,华夏大地已发生了翻天覆地的变化!中华民族就如同浴火重生的凤凰,五星红旗的光芒照亮了整个大地!

当年江姐和她的难友们在狱中绣的五星红旗已经遍布中国的每一个角落,甚至飘扬在世界之巅!小萝卜头所向往的自由、快乐、幸福,早已在祖国的花朵身上体现得淋漓尽致。

七十年来,我们的祖国经历了辉煌也经历了苦难——

SARS肆虐时,我们的白衣天使在这场没有硝烟的战争中浴血奋战;"5·12"汶川地震、台湾"八八水灾",中华儿女团结一心,众志成城,绘出生命之光,创造了一个又一个的奇迹!在这次席卷全球的新冠疫情中,我们正在努力抗争,愿在我们伟大的民族精神的支持下,在全世界人民的努力下,我们可以尽早取得这场战争的胜利!

当然,我们所取得的成就也是值得骄傲的——从进入WTO到申奥成功,我们大步向前迈进。2008年北京奥运会,更是取得了巨大的成功,五星红旗一次次飘扬在最高最耀眼的地方;在世界航天领域,我们有引以为傲的"神舟"和"嫦娥";在席卷全球的经济危机中,我们在奋力前行……现如今,中华民族已经屹立于世界民族之林。

少年智则国智,少年强则国强。作为中国当代之少年,我们要充分继承并发扬革命先驱的精神,努力做好积累,打好基础,为对祖国做贡献做好准备。七十多年前,是多少英雄甚至无辜百姓的牺牲才换来今天安定的生活,我们有责任和义务维持,并让我们的家园更加美好!80后已经逐渐得到社会的认可,90后也绝不会让社会失望。我们看到了中国的辉煌与苦难,我们在各种压力中成长,我们虽然会有叛逆与任性,但当世界需要我们时,我们一定会毫不犹豫地用那不算太强壮的肩膀扛起那份属于自己的责任！相信我们，相信中国少年！

　　我们的祖国，有着五千年文化的积淀，有七十多年的成长与历练，在苦难与光辉下，我们的祖国在不断复兴，不断进步。在七十多年的蹉跎岁月中，我们的祖国又在历史的长卷中增添了绚烂的一笔！中华儿女在不断努力着，血色中华在世界已越来越耀眼，中国红已红遍全球。相信会有一天，我们能让全世界的人共享我们的成就与辉煌！

《恰同学少年》读后感

作者:朱炎丽　　学校:容县黎村镇思贤中心小学　　指导教师:李俊荣

　　《恰同学少年》是一本很不错的小说,把"红色"写出了别样的色彩。
　　当我坐在客厅里,低头看着《恰同学少年》的时候,总是有一种向上的力量在推动我前进。中国20世纪20年代的少年,就那样深刻地感染了我。
　　是的,当时我不知道我读书是为了什么,为了一个瑰丽的梦想,还是为了一个好的大学以及未来的灿烂的前程。但是,我的心胸是否如此狭窄,只顾着自己,而没有一个确切的激励自己的想法呢。
　　然而他们却不同。我看着润之哥哥是如何在早上晨读"少年强则国强",我看着他是如何在夜灯下苦读,我看着他是怎样意气风发地在外面露宿,我知道他是后来改变中国命运的人。
　　现在,看看我自己,我能够做些什么呢,为了自己而读书,在上课的时候打瞌睡,在下课的时候不着边际地聊天。是因为我心里面完完全全没有可支撑自己的东西,所以我才会如此吗?我总是喊累,总是说读书很累,那是因为我完全没有一股精气神,一股可以改变自己而且可以改变别人的精气神。
　　我想,五四时期青年的那股锐气,是否早已经离我们远去了呢?我们当代的书生,只是为了自己的职业,为了自己而读着书,有多少人看到社会不好的一面而立志要改变这一状况呢?有多少人还想着"为中华之崛起而读书"呢?
　　我常常想要打起精神来,每当想起中国的那一批少年,就觉得又有了力量。虽然时代不同了,可是我们还是可以怀着同样的梦想,为了一个更好的中国而努力读书。
　　问苍茫大地,谁主沉浮。今日中国之责任,仍在我少年。

读《落花生》有感

作者:江晓露　　学校:北流市六靖镇六靖小学　　指导教师:谢群英

　　这个学期,我学了一篇名为《落花生》的课文。它是一篇叙事散文,文章真实地记录了作者小时候种花生、收花生、尝花生以及与父亲议花生的事。

　　再仔细品读《落花生》,其实课文的内容表达了作者不求名利,只求做一个有益于社会的人的远大理想。当我读到"所以你们要像花生,它虽然不好看,可是很有用。"的时候,我体会到了虽然花生没有华丽的外表,却朴实无华、默默奉献、不求名利。这不正是值得我学习的一种精神吗?做人就应该实实在在的,不应该华而不实。我继续往下读时,读到了"那么,人要做有用的人,不要做只讲体面,而对别人没有好处的人。"这时,我体会到了做人就要做诚实守信的人;要做对社会有贡献的人。不要做只讲究外表,不讲诚信的人;对他人以及社会没有贡献的人;甚至祸害社会的人。

　　读了《落花生》这篇课文后,使我想起了我的爷爷。他是一位老教师,他从教四十余年,为教育事业付出了自己辛勤的汗水;他培养出了一代又一代的祖国花朵;他每天早早地到学校,从早晨到傍晚,一直在艰辛地工作着;他呕心沥血,从满头青丝到两鬓斑白,却从来没有一句怨言。当他看着自己培养出的学生登上了成功的殿堂的时候;当他看到自己的学生在接受鲜花和掌声的时候,自己却默默地站在一旁,他也随着人们一起为自己的学生鼓掌,从不居功自傲。

　　他是多么的伟大啊!他多么像落花生一样不求名利、默默奉献啊!

《毛主席不肯换新装》读后感

作者：莫镇鸿　　学校：博白县博白镇第二小学　　指导教师：朱庆春

读完《毛主席不肯换新装》的小故事后，我眼前浮现出一幅感人的画面。它使我深受教育。

《毛主席不肯换新装》一文中讲到毛主席在延安时仅有几件旧衬衫和褪了色的上衣，一条裤子补了又补。警卫员多次建议主席换一件，可主席却说："衣服破点没关系，能多穿一天就多穿一天。"毛主席艰苦朴素的精神打动了我。

我生在新社会长在红旗下，竟忘记了艰苦朴素的光荣传统，经常向爸爸妈妈要这要那，弄得爸爸妈妈很是无奈。比如：每天上学我非要穿时髦一点的衣服，什么褪了色的衣服不穿，打了补丁的衣服不穿，甚至连式样陈旧一点的衣服也不穿。这时任凭爸爸、妈妈、奶奶怎么劝说，我却傲慢地说："我就是不穿。"当奶奶听得不耐烦时，就讲起旧社会的苦，说道虽然现在生活条件好了，更要艰苦朴素。我翘起小嘴巴说："那是旧社会，现在是新社会。"好像新社会就不再需要艰苦朴素了，可以挑吃挑穿了。

现在我终于明白了一个道理。不仅在创业时需要节俭，在普通生活中，同样要节俭，同样要艰苦朴素，我决心改正自我。首先在生活上，我要以毛主席为榜样，不挑吃，不挑穿，也不乱花零用钱。经过一段时间磨炼，我终于养成了生活俭朴的好习惯。现在同学见了我，常常跷起大拇指称赞我，爸爸妈妈也以我为荣。

我认为自己做得还不够，我还要继续发扬艰苦朴素的精神。

《中华成语故事》读后感

作者:张胜强　　学校:玉林市玉州区第三实验小学　　指导教师:马翠玲

　　暑假里,我看了许多书,比如《十万个为什么》《一千零一夜》《中国寓言故事》……可是我最喜欢的一本书是《中华成语故事》,虽然它外表很普通,可是里面的内容很丰富,能让你明白许多道理,书中的一个个故事深深地吸引着我,特别是每一个成语都有一个精彩的小故事。

　　其中,《雪中送炭》这个故事,给我留下了深刻印象。这个故事主要讲的是在宋朝,宋太宗赵光义是个比较关心穷苦人的皇帝。有一年,下大雪了,天气非常寒冷,他在皇宫中突然想起了穷苦百姓,于是就派官员拿着粮食和木炭送给京城那些穷苦人和孤苦伶仃的老人,让他们有米做饭吃,有木炭生火取暖。雪中送炭这个成语表面上的意思就是在寒冷的大雪天,给人送去木炭取暖,让人感到暖和,比喻在别人处于极度困难和危险的境地时,给予物质上的帮助。

　　读了这个成语故事,不时让我想起在2020年的春节来临之际,新型冠状病毒这个令人谈虎色变的字眼,跳跃到了我眼前,这是生命与病毒的对抗。当全世界都陷入恐慌之中时,已有成千上万名医务工作者义无反顾纷纷请战,勇敢"逆行"于第一线,他们没有被吓倒,凭着大无畏的气概,守护着每一位病人。而今年的七月中旬,河南部分地区遭遇了特大暴雨的袭击,在电视上、报纸上、广播中看到或听到都是关于河南暴雨的信息。一夜之间"河南暴雨"的新闻就冲上了热搜第一,牵动了全国人民的心。河南开始大范围强降雨,而郑州则受到了特大暴雨的袭击,然后暴雨连绵不绝。很难想象郑州一个平原地区的城市,竟然能遭受如此大的水灾。据数据统计显示,这几天郑州的降雨量,相当于好几百个西湖的水,倾倒进郑州市。

　　停电、停网、被困,电视上以及网络上爆出无数令人揪心的视频,在屏幕前的我,也为他们担心。地铁里面的水到腰深,本来宽阔的马路,全都是肆虐的"水";四平八稳的轿车,被冲走无数;也有很多人受不了水流的冲击,被冲倒。

在这次雨灾中,无数共产党员和普通群众迅速组成志愿者队伍,战斗在抗洪最前沿,排除安全隐患,营救被困人员。在每一个危险的地方,在交通路口,在汹涌的洪水中,都能看到人民警察的身影。交警冒雨执勤,背起路过的小朋友或老人蹚过深水区;在路况复杂的交通路口,交警始终战斗在风雨中……每一个画面中,我们都可以强烈感受到,哪里有危险,人民警察就会出现在哪里,他们头顶的警徽闪闪发光。我们看到,无数的解放军指战员、武警官兵、消防战士正开赴抗洪抢险第一线,向着洪水的方向开进,他们总是冲锋在前,在人民群众最需要的时候和最需要的地方,他们用青春和热血,保卫人民群众的生命财产安全。

感动人的瞬间还有很多。每当看到这些,我相信很多人和我一样,眼里含满了泪花,心里充满了祈福,但更多的是无数人在关键时候挺身而出舍身忘己的英勇救援场面,闪耀着人性光芒,给我们强烈的内心震撼。水火虽无情,人间有大爱。中华民族团结互助、英勇顽强的品质,已深入骨髓化作血脉和挺直的脊梁,以战胜一切艰难险阻,向着美好的明天砥砺前行。

看了《雪中送炭》这个故事,我明白了什么是"一方有难、八方支援",无论是国家英雄、时代英雄还是平民英雄,他们都有一个共同的名字——中国人!我们是祖国新一代的接班人,是国家的希望,祖国的未来。向英雄学习,勇于担当责任。因为国难当前,少年当自强!唯有努力,才不负韶华!

《乌塔》读后感

作者：张胜强　　学校：玉林市玉州区第三实验小学　　指导教师：马翠玲

今天，我读了《乌塔》这篇文章，文章主要写的是14岁的德国女孩乌塔独自一人游欧洲的故事。乌塔那种热情、开朗、自立能力强的好品质深深地感动了我，让我不由心生敬佩。

我敬佩乌塔的坚韧毅力。乌塔用了三年的时间准备这次跨国旅行，阅读了很多与这些国家有关的书籍，熟悉各国的风土人情。可我呢？做一件事情三天打鱼两天晒网，只要遇到一丝挫折就放弃。记得今年暑假的七月份，因自己体质差经常感冒，假期里在家人的建议下，我每天早晨六点起床和爸妈一起到楼下的市政广场跑步，来锻炼身体。刚开始源于新的事情做起来还蛮有动力的，可才几天下来，在运动下消耗体力，慢慢就变得疲惫起来，早晨我的精神总是萎靡不振，总是感觉每天都睡不够。这不，今天早晨，爸爸又用他那冰冷的手拽着我的腿叫我起床，不管爸爸怎么拽腿，怎么吆喝，我还是死气沉沉的。一会儿，妈妈进来也吆喝着我，我请求妈妈说："今天有些累想多睡一会，就不下去跑步了。"妈妈说："好吧。"见妈妈的脸色语气没有什么异常，我又睡着了。中午吃饭的时候，妈妈语重心长地对我说："要想体质好，锻炼就得要坚持，今天锻炼一天，明天休息一天，一切由着自己的性子来，想锻炼就锻炼，不想锻炼就不锻炼，这是不行的，要想锻炼好身体，就必须持之以恒，不能有一点间断，否则就成了三天打鱼两天晒网。"听了妈妈的话，我陷入了深思，深刻反省着今天自己的所作所为，心里不是滋味。与乌塔相比，我真是无地自容。

我敬佩乌塔细心周到、勇敢。乌塔在家里就设计好了旅行路线和日程，每到一地就先查警察局的电话号码，以便遇到危险和困难时请求帮助。再给家里拨个电话或寄张明信片报平安。我能像乌塔那样独自一个人外出旅游吗？这对我来说，答案是否定的。每天早上是妈妈煮好早饭；上学放学是爸爸接送；晚上写作业时有妈妈陪着写；说到外出旅游也是爸妈一起陪同。再想想乌塔是怎么做的,难道我们不应该学习乌塔那种不依赖父母的精神吗?

  我敬佩乌塔的独立自主能力。乌塔为了挣旅费,每个周末去帮餐馆或超级市场分发广告单,假期还到别人家里照看小孩。我又想起了我自己,平时别说什么挣钱了,就连公交车费、零花钱都是爸妈给的,而我也从来没有想到独自一个人旅游,相比之下,才知道自己与他人之间巨大的差距。我记得陶行知爷爷说过:"靠人,靠天,靠祖上,不算是好汉。"我们更应该"滴自己的汗,吃自己的饭,自己的事自己干。"

  读了《乌塔》这篇文章让我明白了,"读万卷书,行万里路",光从电视和书本认识世界总不完美,只有亲身经历才能有深刻的感受,积极尝试、勇于实践,才能认识世界,体验事物真正的美。花盆里长不出苍松,鸟笼里飞不出雄鹰。我们是国家的栋梁,是未来的希望,为了祖国的明天,我们要学习乌塔独立生活的能力,克服依赖父母的思想,做一个自强自立的孩子!

《绿山墙的安妮》读后感

作者:陈思妤　学校:玉林市玉州区第三实验小学　指导教师:邓燕

　　一本好书就像一位好朋友,与你分享生活的喜怒哀乐,有人说,一本好书就像是一扇窗户,为你打开外面精彩的世界;也有人说,一本好书就像是开满鲜花的花园,散发着阵阵芳香……而我读过的《绿山墙的安妮》,在我的脑海深处烙下了深深的印象……

　　记得那是一个安静的早晨,妈妈神秘地朝我递过来一本书,说:"小可,我觉得你会爱上这本书的。"我很不以为然,心想:什么书会有这么大的魔力?接过书,我漫不经心地翻起来,慢慢地,我就被它深深吸引了,我的思绪跟着书中情节变化跌宕起伏,看到精彩的地方,我忍不住笑出声来,看到悲伤的情节,眼泪夺眶而出,我沉浸在书里欲罢不能,从早晨读到傍晚,一天之内就把书读完了。

　　我记得很清楚,书中的主人公马修,患有心脏病,但是他为了找个劳作帮手,打算领养一个男孩子,不想阴差阳错,孤儿院送来的是一个满头红发、满脸雀斑的小女孩,她就是主人公安妮——一个天真、善良、自尊自强、爱幻想的女孩。最让我陶醉的情节是安妮把自己的头发染成了绿色,后来怎么洗都无法令其褪色,最后不得不把头发剪了,我对这个情节深有感触,是因为我有过极为类似的体验。

　　记得有一年暑假,我一个人在家看电视,见广告里出现一群女孩,美妆艳服,好靓丽啊!我突发奇想:自己打扮起来是不是也会这么美呢?要不,就试试。说干就干,我穿上自己最满意的一件旗袍,把头发梳了梳,夹上自己最爱的蝴蝶发夹,家里没有化妆品,我就找来水彩笔和记号笔。一切准备就绪,我按遥控器把电视转到化妆频道,开始照猫画虎。我跟着电视里的老师,用记号笔给自己描上眼线,用水彩笔给自己描上眼影和腮红……再加上妈妈的一双金色高跟鞋,我穿上后简直是美若天仙了!我满意地对着镜子里的自己说:"此女只应天上有,人间哪得几回闻哪!"

正当我还陶醉在自己的创意里时,门开了——"啊,鬼!"一阵尖利的叫声把我拉回了现实。原来是妈妈回来了,眼前的她已经吓得瘫倒在地。我连忙上前去扶起妈妈,笑着说:"妈妈,是我,你的女儿小美妞呀,你怎么啦?"我边笑边扶,结果乐极生悲,脚下一歪,"咔"的一声,穿高跟鞋的脚传来一阵痛楚——我的脚扭了,我疼得坐在地上大哭。妈妈却在一边转惊为喜,大笑起来。"妈妈,我生气了,人家的脚都疼死了,你还笑得那么开心。"妈妈却还指着我的脸说:"哈哈哈,你是一只美美熊猫。"我破涕为笑,看了一眼镜子,我那"美丽的脸",全花了……

从这个故事中,我还想到了自己。安妮是个重感情的孩子,她凭着自己的努力考上了大学,但为了照顾生病的玛莉拉,却放弃了学业。在她心中,亲情是最重要的,而我呢?想起那件事,我不禁自愧不如。那是一个冬日,天气很冷,寒风刺骨,滴水成冰,妈妈有事要出门,就让我帮她洗碗。我端起碗,走进厨房打开水龙头接了一盘水,准备开工。可当我的手碰到那冰冷的水时,不禁打了一个冷战。"这天气真冷,洗碗多累呀。不如让妹妹帮我洗吧!"我突然有了主意,于是往妹妹的房间走去。"妹妹,和你商量个事。""嗯,什么事了?""帮我洗碗好不?"妹妹放下手中的书说道:"可以。"说着,她蹦蹦跳跳地走进厨房,看着她的小手被冷水冻得一青一紫时,我的脸红了,顿时火辣辣的,想到安妮不顾一切照顾妹妹玛莉拉,而我……不!我不能这样了,于是我冲进厨房,接过妹妹手里的碗,我要让那刻骨铭心的亲情在我的内心深处扎根。

从安妮的身上我更加体会到亲情的可贵。有的母亲,在大地震中咬破自己的手指给儿子吮吸;有的女儿,放弃学业照顾身患重病的爸爸;有的兄弟,捐出自己的肝给家人;有的爸爸,在被刺穿心脏的情况下将女儿平安送到外国……合上书,我深深地陶醉其中,闭上眼睛,我仿佛融入一股股亲情之中。

书籍是打开知识大门的钥匙。而我从《绿山墙的安妮》的阅读中发现,一本好书是触发回忆、激发情感的点金石。我们在书籍里徜徉,在对照书籍中的世界的同时品味自己的生活,引发更深层的思考,获得完全不同的体验,从而使自己的生命更加丰厚,让亲情开放着永恒之花!

人心齐，"巨石"移——《愚公移山》读后感

作者：宾惠芳　学校：博白县那林镇乐民村小学　指导教师：刘烨

我是个小书迷，喜欢看童话故事，也喜欢看寓言故事，但我最喜欢看的是神话故事，神话故事富有夸张幻想的形式，人物形象都是神或半人半神，蕴含着丰富的哲理，耐人寻味，令人向往，所以我对神话故事情有独钟。

放假了，我欣喜若狂，又可以看我爱看的书了。让我感受最深的是《愚公移山》这个故事。故事讲的是：主人公愚公不畏艰辛，带领所有人去开山，以便捷交通。最后愚公的精神感动天帝，天帝派遣两神相助。这个故事告诉我们做任何事情都要有一个明确的目标，对着这个目标努力，无论途中遇见什么困难都要坚持不懈；只要我们有毅力、有恒心，小小的积累也能获得巨大的成功。

令我内心震撼的是愚公说的话，当智叟嘲讽他时，他却说了这样一段话：即使我死了，还有儿子，儿子又生了孙子，孙子又有了儿子，儿子又有了孙子，子子孙孙，无穷无尽。山又不会增高扩大，我怎么会挖不平呢？我反反复复读了好几遍，一件往事又浮现在我眼前。

三年级的时候，我们每个班都分配有一块劳动基地，可以种自己最喜欢的蔬菜，劳动果实可以和同学或家人分享。我们高兴得咧开了嘴，迫不及待奔向菜地。可是展现在我们眼前的，是一堆堆石头块，这些大都是拆我们旧教学楼的废石，我们高涨的情绪顿时像瓢泼了冷水一般。小乐大声嚷嚷道："这，这是什么鬼菜地，石头堆里能种菜？俺就不信。"另一个同学又说："我们年纪那么小，哪有那么大力气，不累死我们才怪。"大家垂头丧气走开了，都不想蹚这趟浑水。老师马上拦住我们，鼓励我们说："这点小事难不倒我们的，我们一块块挖，一天天挖！石头又不会再长出来，我们一定可以把它挖完的，大家赶紧动手。"说完就拿起锄头挖石块。班长小深大声说："你们不记得愚公精神吗？愚公90多岁了，两座大山都被移走，这点石头算什么？"男同学全都鼓足了劲，用锄头挖，用铲子铲，一块块"巨石"被他们连根拔起了，他们高兴地欢呼起来！老师也

为他们竖起大拇指点赞。女同学也紧跟其后。老师也实在是聪明,为了提高效率,把我们男女同学分成两组比赛,赢的那组可以免费领菜种。比赛的方式确实有效果,同学们忙得热火朝天,顾不上擦汗,顾不上喝水,有的同学没有锄头,用棍子撬,真是人多力量大,经过两天的奋战,一块块"巨石"被我们全部拔出。老师也被我们不怕苦、不怕累、不服输的精神所折服,奖励我们多种多样的菜种,男女同学都有份。过了不久,我们品尝到了自己的劳动果实,品尝到了成功的喜悦。

俗话说"人心齐,泰山移",而我们真实的写照是:人心齐,"巨石移"。不畏困难,坚持不懈,就一定会成功,愚公精神永远激励我前进。

以邰丽华为镜,建功新时代
——读《踏上新征程,建功新时代》有感

作者:吕柳润　　学校:陆川县温泉镇中心学校温汤校区　　指导教师:丘红梅

今年的暑假我又一次翻阅了《踏上新征程,建功新时代》这本书。这本书仿佛让我追忆了辉煌的昨天,让我对令人振奋的今天更激动和自豪,让我对未来的明天更向往。书中描述的英雄人物和杰出的人才无不让我肃然起敬,如"天眼之父"南仁东、"卫星之父"孙家栋……,但最引起我注意的是聋哑人舞蹈家邰丽华。

在她两岁的时候,因为发生一场意外,邰丽华失去了听力。很难想象一个生活在无声世界里的人,怎样度过一个人撑伞、一个人玩耍的困境,但即使这样,她从来没有放弃自己的生命与追求。她以乐观、积极、向上的态度笑对人生,用残缺创造了美伦绝伦的作品——《千手观音》,而且凭着这种特殊的美她荣获了"2005年感动中国人物"。

当我几次领略她的风采时,心灵依然会受到撼动,这是一个多么了不起的舞蹈演员啊!与她相比,我有健全的身体,但是我没有用身体告诉大家我生活得精彩,我惭愧;与她相比,我有一双明亮的眼睛,但是我还没有找到真正的光明,我惭愧;与她相比,我有一双厚实的手,但是我还没有用它学会写毛笔字,我惭愧。

虽然邰丽华不能听,不能说,但庆幸的是她没有怨恨,没有消沉,没有堕落,她用坚强的意志告诉我们,每个人都能够活得精彩。

古今中外像这样逆境出人才的事例不少:屈原被流放,创作了《离骚》;蒲松龄四次落榜,写出著作《聊斋志异》;美国的大发明家爱迪生,小时候家里买不起书,买不起做实验用的器材,他就到处收集瓶罐。一次,他在火车上做实验,不小心引起了爆炸,车长给了他一记耳光,他的一只耳朵就这样被打聋了。生活上的困苦,身体上的缺陷,并没有使他灰心,他更加勤奋地学习,终于成了一个

举世闻名的科学家。

  试问这些人才的成功是偶然的吗?不,那绝对不是偶然!我不由得想起了拿破仑曾经说过的一句话"最困难之时,就是离成功不远之日",只要能像邰丽华那样坚持不懈,不后退,就一定能够出彩,所以当你还在报怨作业多、数学难时;当你还在抱怨生活艰苦、天气炎热无法静下心来学习时;当你还在抱怨舞蹈课不能坚持,挨老师批评时……我们是否该想想邰丽华这样的一位身残志坚的榜样?是否也该找找我们自己身上的种种缺点?

  残缺的美也是一种美,榜样就在身边,邰丽华就是一面闪亮的镜子,让我们以她为镜,谨记习总书记的教导,扣好人生第一粒扣子,在中华民族伟大复兴的新征程上,建功新时代,为实现"两个一百年"奋斗目标、实现中华民族伟大复兴的中国梦不懈奋斗!

《邯郸学步》读后感

作者:陈露玲　　学校:陆川县珊罗镇大山小学　　指导教师:邱文光

暑假里,我读过很多成语故事,如《瓜田李下》《不翼而飞》《唇亡齿寒》《孤注一掷》《邯郸学步》等。其中让我印象最深刻的是《邯郸学步》。

《邯郸学步》讲述的是在两千年前,燕国一个叫寿陵的地方有一位不知道自己姓什名谁的人。他不愁吃不愁穿,论样貌长相也算得上是中等的人才。但他有个奇怪的爱好,就是喜欢学别人。

一天,他在外面听人说邯郸那边的人走路很奇怪,于是他就带上一点盘缠去了邯郸。去到之后,他就开始学邯郸人走路,无论男的、女的、老的、少的都学。最后,他学过头了,忘记自己怎么走路了,盘缠也用尽了,只好爬着回家。

看完这个故事,我感到很生气。之所以这个人会去学邯郸人走路,是因为他觉得邯郸人走路走得很奇怪,自己要去学一下。如果这个人不去乱学别人走路的话,他就不会忘记自己原来是怎么走的,更不会爬着回去了。

我在日常生活中也有过类似于这样的事情。比如学英语,英语有英式和美式两种发音。我觉得美式发音好听,于是也试着学美式发音,但在学校里英语老师要求我们学的是英式发音。有一次在上英语课时,老师教新的英语单词,但我习惯性地用美式发音,搞得全班同学都在笑话我,让我觉得很尴尬。老师也在纠正我的发音,当时我是及时纠正了,但过后我还是在用美式发音。后来妈妈为了让我纠正发音可是费了九牛二虎之力的,每天都陪着我读英语课文,当我读错了她就及时让我纠正。花了整整一个月的时间,好不容易才让我纠正了发音。

经过这件事情后,我觉得不要轻易地去模仿别人,要做一个有主见的人。如果那个人当时不要道听途说去学邯郸人走路,相信自己的走路方式,就不会造成最后忘记怎么走路而要爬着回家的后果。所以我们要相信自己,不要每件事情都听别人的。

初中组

读《中国梦》有感

作者：杜依亭　　学校：凌云县伶站瑶族乡初级中学　　指导教师：黄建向

人生如船，梦想如帆，在梦想的推动下，我们去拼搏，去努力充实人生。中华儿女，人人有梦，人人梦圆则中国梦圆。

中国梦，在习近平总书记的解读中是"实现中华民族伟大复兴，就是中华民族近代以来最伟大的梦想。这个梦想，凝聚了几代中国人的夙愿，体现了中华民族和中国人民的整体利益，是每一个中华儿女的共同期盼。历史告诉我们，每个人的前途命运都与国家和民族的前途命运紧密相连。国家好、民族好，大家才会好。"这一解读既饱含着对近代以来中国历史的深刻洞悉，又彰显了全国各族人民的共同愿望和宏伟愿景，为党带领人民开创未来指明了前进的方向。

它，推动我们进步，推动我国改革开放的脚步永不停息！

这一"中国梦"的理念的提出是在历史的沉淀下的产物，伴随着世界上另一场梦的破碎。1840年，落后自大的腐败清政府不得不在英国的坚船利炮下低头，一系列屈辱的苦难接踵而至，这些都让满腔热血的有志青年愤愤不已，也让很多人明白了这样一条铁律：落后就要挨打，生存必须自强。

中华民族这头雄狮渐渐被唤醒，这场彻彻底底的反帝反封建的民族革命之风，真正地让封建思想淡出舞台。在这场没有先例的伟大革命中靠摸着石头过河的踏实精神从大革命的失败中总结经验，在长征中蛰伏，逆转局势，后停止内战，一致抗日，从奋起反抗国民党军的全面内战到毛泽东同志在天安门广场庄严宣誓："中华人民共和国中央人民政府今天成立了！"这是一次多么漂亮的转身，这是当时梦想的最好践行。

随着时代的进步，中国梦又有了新的内容。有这样一群时代的印记：铁人王进喜、向雷锋同志学习雷锋精神、人民公仆焦裕禄等。为助长经济腾飞，改革开放的浪潮，让深圳这个小渔村成长为现在的经济开发特区，在中国特色社会主义的道路上，我们创造了只属于自己的惊人纪录，为世界带来"中国奇迹"——同时期世界上大国最快的经济增长速度、最快的对外贸易增长速度、最快的外汇储备增长速度、最快且人数最多的脱贫致富速度、最大规模的社会保障体系。中国梦,在践行,生命不息,奋斗不止,共产党人,在路上!

  中国梦是个人的梦,同时也是民族的梦。少年智则国智,少年强则国强,少年有梦则民族有望,少年追梦则国家昌盛。只要我们紧密团结,万众一心,为实现共同梦想而奋斗,实现梦想的力量就会无比强大,我们这个国家,中华民族的伟大复兴定能早日到来。有句话,我觉得很受用。无论什么困难,除以13亿都很小;无论多小的力量,乘以13亿,都将是一股不可比拟的力量。以史为镜,审视自我,才能不断进步。百年社会主义的探索、发展和苦难让我们明白,实干兴邦,空谈误国。成就中国梦,是实现中华民族伟大复兴的阶段性历程,也是中国特色社会主义发展道路的伟大历程。

  00后的我们,对于社会进步也是深有体会的,一部分来自整体科技的进步,给我们的生活带来了便利,一部分来自国家在发生重大事件时的表现,我们经历过"5·12"汶川大地震,举国之内,抗震救灾,大爱无疆,终于渡过了这场灾难。2008年北京奥运会中国代表队喜获51金、21银、28铜,位居榜首,举国同欢!2010年上海世博会,仍是很多当过志愿者的学长学姐们挥之不去的永恒记忆。我们党现在面临的挑战还有很多,需要我们一代又一代的人奋斗不息,迎接挑战,我坚信,中华民族的伟大复兴指日可待!

  生命不息,奋斗不止;众志成城,梦圆东方。

读《中国近代气象学的奠基人：竺可桢的故事》有感

作者：吴鹏志　　学校：百色市百色中学　　指导教师：卢斌

在奋斗的百年征程上，我们国家涌现出一批知识渊博的科学家，其中有这么一位科学家，他打破了外国人禁锢我国气象事业的枷锁，他就是20世纪杰出的气象学家——竺可桢。

竺可桢于1910年留洋海外，1918年学成回国。当时的中国被列强分割，统治阶级风雨飘摇，社会局势动荡不安。导致中国在许多科学领域都是一片空白，其中较为严重的便是气象学，被国外科学家完全垄断。竺可桢不忍看到这样的景象，他振臂一呼"我们中国的气象不能再受洋人的掌控了！"于是，他毅然投身于我国的气象事业。在荆棘丛生的北极阁的荒山顶上，竺可桢和同事们仅用一年多的时间和有限的资金，克服重重困难，1930年建立了我国的第一座气象站——北极阁气象站。在别人的质疑声中开始了中国的气象研究工作。随后，在泰山顶峰气象站的建设过程中，碰到运输物资困难，遭遇歹徒打劫的问题，竺可桢都是在中天门下车，徒步攀登几百米，一路艰辛地攀登到工地慰问工作人员并解决问题。1936年6月泰山日观峰上的气象站建设完工。随着一个个气象站的建成，中国气象事业得到了迅速的发展。竺可桢为发展我国科学事业，特别是气象科学做出了开拓性贡献，就算到了晚年，他也依旧孜孜不倦地工作，直到生命的最后一刻。

任何一项事业的成功，都不是一马平川，从无到有，创业的艰辛是别人难以体会到的。竺可桢碰到困难，从来没有退缩，而是一件一件地去克服。包括他在浙江大学做校长时，都是以这样的态度去面对困难的。竺可桢在浙大最为混乱的时候，受命担任校长，13年来，他领导浙大，在多次民主运动中，为了真理，为了同学们的安全，竺可桢不辞劳苦，为学校奔走。浙大历经四次迁校，图书、仪器和人员，基本没有损伤。而且学校还求得发展，该校被英国友人誉为东方的剑桥。竺可桢抱着一颗爱国之心,为国家事业的发展鞠躬尽瘁。

今天,重读这些科学家的事迹,让我深深感动。竺可桢对待困难的态度,让我深刻反省自己。我觉得自己在学习上就是缺乏这种面对困难的态度,所以难以达到一种新高度。记得有一次,老师给我们布置了一篇文言文的预习作业。说实话,我对文言文的惧怕程度无异于老鼠见了猫,一碰到与文言文有关的事情,我的大脑就会传来刀绞般的痛苦感觉。正当我为文章愁眉不展时,同桌却不屑一顾地说:"切!这有何难,直接抄教辅嘛。"对哦!同桌的话如电灯泡一般照亮了我的思绪。于是,我与同桌一起抄起了教辅。第二天上课时,老师来检测我们的预习情况。一开始,老师只是问一些句子的大意和赏析,同学们个个都能对答如流,可不知为何,老师的眉头却渐渐皱成了"川"字。这时,老师问:"请同学们谈谈对文章情感的理解。"顿时,教室里鸦雀无声,所有人都低下了头。老师看到后叹了一口气,语重心长地说道:"学习是需要有自己的理解和感受的,不能一味照搬别人的思想和成果,放弃自我钻研和自我探究。"大家听后深受启发,羞愧不已。老师给了同学们一次改正的机会,要求再次预习这篇文言文。这次,所有人都认真研读,不敢有一丝马虎,老师听完同学们的回答后,紧皱的眉头舒展开来了,脸上露出了欣慰的微笑。

竺可桢不仅为我国的气象学做出了重大的贡献,更为我们留下了一笔珍贵的精神财富。作为新时代的中学生,我们更应该用好这笔财富,在求学的道路上,不畏艰险,刻苦钻研,用一份份满意的答卷谱写我们无悔的青春!为社会主义建设事业添砖加瓦!

读《华罗庚的故事》有感

作者：满洪铭　　学校：百色市百色中学　　指导教师：卢斌

华罗庚数学奖、陈省身数学奖、钟家庆数学奖是中国数学界有着崇高声誉的 3 个奖项。华罗庚数学奖主要奖励中国有杰出学术成就和社会贡献的 50 岁以上的资深数学家，是一种"终身成就奖"；陈省身数学奖奖励中国有杰出学术成就的中青年数学家，是一种"斩关夺隘奖"；钟家庆数学奖奖励中国最优秀的在读以及获得学位不久的数学研究生，是一种"初出茅庐奖"。由此可见华罗庚奖的分量。

华罗庚何许人，为何以他的名字来命名一个数学奖项？带着疑惑，我读了《华罗庚的故事》这本书，一种感动、敬佩、自豪之情在我心头涌动。

一个沉迷于数学运算的人

贫穷，病痛，别人的嘲讽也阻挡不了他对数学的热爱。因为家贫，16 岁的华罗庚开始了他杂货店掌柜兼伙计的辛酸历程。但他却把杂货店当作学校，守着三尺柜台，凭着自己仅有的几本书，向数学高峰不断地攀登。有时遇到解不开的题，他吃饭也想，走路也想，卖东西时也想，整个人如呆似痴，傻了一样。在他身上，我深深地体会到，兴趣是最好的老师。

一个热爱祖国的人

华罗庚是多么热爱自己的祖国呀，虽然他身处异乡——美国，可新中国成立的消息刚刚传来，他就放弃国外优厚的待遇和舒适的生活，归心似箭立即动身回国，为新中国的建设和中国科学技术的发展而努力。回到祖国以后，他便立刻投身教育事业，精心地培养和扶持有才华的年轻人，并利用自己所擅长的科技、数学去亲自实践，把优秀的创造方法传授给工人们，使工厂的生产效率大大提高。

1972 年，华罗庚来到湖北，荆门地区一工厂反映他们的白纱卡的质量问题总是解决不了，华罗庚师生二人日夜苦干，在 19 道工序上搞优选，反复试验，很快就把白纱卡的一等品率从 13% 提升至 62%。人们有了信心,继续努力,最后,使白纱卡的一等品率直线上升到 90%。在短短的六天时间里,运用统筹法,工人们硬是完成了原本需要 20 天的工作量。

爱国,让华罗庚把知识转化为生产力,促进了我国经济的发展。

一个敢于挑战权威的人

一个偶然的机会,华罗庚借阅了苏家驹教授的《代数式的五次方程之解法》。他觉得苏教授有几处地方说得不对,想写一篇文章阐述自己的观点,可是没写几行,他就停笔了。苏教授大名鼎鼎,而自己只是个无名小辈,万一教授怪罪下来,自己岂不是连饭碗都要砸掉吗?但他还是在王维克老师的鼓励下,写出了《苏家驹之代数的五次方程式解法不能成立之理由》,这篇论文,并发表在上海的科学杂志上,震惊了世界。

我为今天强大的祖国而自豪,我为我们国家有华罗庚这样的科学家而自豪。我们作为祖国的一代新人,肩负祖国的未来,我们要以怎样的态度去奋斗呢?应该学习华罗庚先生那种爱国与敢于探索的精神,接过建设祖国的大旗,在心中种下爱国的种子,勤奋努力地学习科学知识,敢于探索,不断充实自己,为祖国的未来而奋斗。

少年进步,则国进步
——读《中国共产党简史》有感

作者:班英定　　学校:北海市第二实验学校　　指导教师:王敏芳

合上《中国共产党简史》这本书,里面仍有很多事情令我记忆犹新,热血沸腾。回望过去,碧波荡漾的嘉兴南湖,一群年轻的爱国志士来到一艘普通的游船上,用自己的青春和热血点燃了革命的火炬,从此,这火种燃起了中华民族的希望;从此,这火种引领了无数中华儿女前进的方向。

今年是中国共产党成立100周年,回顾党的百年历史,我真正体会了"没有共产党,就没有新中国!"是伟大的中国共产党把中国从旧社会的黑暗和日军铁蹄的侵略中拯救了出来;我们也不会忘记,是伟大的中国共产党领导中国人民一步步摆脱了曾经贫穷落后的面貌;我们更不会忘记,是伟大的中国共产党带领祖国一步步走向繁荣富强。我们经历了从站起来、富起来到强起来的伟大征程,在这一伟大征程中,年轻一代扮演着重要角色。

一百多年前,梁启超先生曾说:"今日之责任不在他人,而全在我少年,少年强则国强,……,少年进步则国进步"。可见青少年一代,是国家的未来和希望,将是国家的栋梁、社会改革的先锋、民族振兴的希望。我们伟大的党是由一群平均年龄只有27岁的年轻人创建的,抗战时期的"红小鬼"也为抗日事业做出巨大贡献,刘胡兰、黄继光、邱少云、黄文秀等英雄人物的事迹彰显青年一代的担当。在经济腾飞、国力日益强大的今天,我们青少年更应志存高远。少年强则国强,少年进步则国进步,只要我们强大、不断进步,领跑时代,领跑未来,国家也必将领跑世界。2020年那场新冠疫情的暴发让人始料未及。疫情就是命令,白衣就是战袍,新冠肺炎疫情发生以来,广大医务工作者、青年志愿者、党员志愿者义无反顾冲上疫情防控第一线,同时间赛跑,与病魔较量,顽强拼搏,日夜奋战,始终把人民群众生命安全和身体健康放在首位,全力以赴救治患者,尽显青年担当,成为抗击疫情的中坚力量。

在刚结束的东京奥运会上，我国体育代表团取得了38金、32银、18铜的好成绩，列奖牌榜第二位，而本届奥运会，中国运动员的平均年龄只有25.4岁，其中年纪最小的运动员只有14岁，她是跳水运动员全红婵，而这个最小的运动员在比赛中给了全世界的观众令人惊叹的表现，她在10米跳台决赛中表现优异，5跳3个满分，打破奥运纪录夺金，而该项目的第二名也是我国15岁的运动员陈芋汐。同样惊艳的还有在女子平衡木决赛中，我国的两名00后运动员也分获金银牌，……，在本届奥运会上，我国获金牌的运动员除了少数的几个是三十几岁外，其余都是30岁以下，其中00后金牌运动员共13位，他们为升国旗、奏国歌，为实现奥运梦想，挥洒汗水，超越自我，奋力向世界展示中国青年的力量。

"少年进步则国进步"，我们青少年要学习生命至上、举国同心、舍生忘死、尊重科学、命运与共的伟大抗疫精神，每个人都从我做起，保护自己也是保护他人，负起责任，增强全体社会成员生态保护意识和公共安全意识，形成科学健康文明的生活方式，把爱国主义精神体现在抗疫的方方面面，推动整个社会的发展和进步，践行青春担当。

"少年进步则国进步"，我们青少年要学习奥运健儿们勇敢拼搏的精神，以"十年磨一剑"练就过硬本领，沉淀厚重底气，像一颗种子，抓住青春年华，从书本、从榜样、从群众中广泛吸收养分，在实践的泥土里不断探索、深深扎根，下足苦功夫、练就好"内功"，为破土发芽、成就理想蓄满能量；同时要时刻保持蓬勃的朝气，敢为人先的锐气，逢山开路、遇河架桥的意志，在做好每一件小事、完成每一项任务、履行每一项职责中见精神，在劈波斩浪中开拓前进，在攻坚克难中创造业绩，以青春之我、奋斗之我，为祖国建设添砖加瓦。

"少年进步则国进步"，我们青少年要勇于担当，不仅要会干事，还要能扛事，有时甚至有所牺牲。在乒乓球领域，大满贯是选手梦寐以求的最高荣誉，"五冠王"刘诗雯距离自己的大满贯，只差一个奥运会单打冠军，但在个人荣誉和团队荣誉面前，她选择了后者；女排健儿朱婷手腕受伤仍坚持扣球，……，奥运健儿们用小我融入大我，用实干诠释担当。我们青年要志存高远，站位大局，拿出"明知山有虎，偏向虎山行"的勇气，摆出"狭路相逢勇者胜"的态度，主动挑起更重的担子，努力做出更大的贡献，让青春之花绽放更加璀璨的光芒。

我们党的一百年，是矢志践行初心使命的一百年，是筚路蓝缕奠基立业的一百年，是创造辉煌开辟未来的一百年。"百年恰是风华正茂，百年仍需风雨兼程"，作为新时代好少年，我们是祖国的未来，民族的希望，我们要脚踏实地，志存高远，勇往直前。

《钢铁是怎样炼成的》读后感

作者:徐炎坤　学校:平南县思旺镇第一初级中学　指导教师:袁桂添

　　《钢铁是怎样炼成的》这本书介绍了主人公保尔从少年到成年的坎坷经历。故事情节时而让人惊羡,时而令人紧张,但是,保尔的精神永存,他坚韧的品质折服了读者的心。

　　在这条硝烟弥漫的路上敌人的枪弹教会他什么是勇敢,同伴的鲜血教会他什么是忠诚,家园的沦陷教会他什么是奋发。

　　他,保尔,只是一个平凡人,和所有的平凡人一样,都经历了人生的各种挑战。与常人不同的是,面对那些令人生不如死的疾病和残酷的挫折他都咬着牙,挺过来了。他也曾彷徨无助过,也曾想要放弃,曾经想要自杀,但他顽强的意志最终战胜了一切。他敢于直面惨淡的人生,敢于正视淋漓的鲜血,他创造了传奇。

　　读到这里,我不禁想到,如果我是他……

　　如果我是他,我会在自己优秀的同伴失败后,冲上去与敌人拼搏吗?不,我只会看到敌人的强大,他那么优秀,都战败了,我就更加不行了。从来没有去做过,更没有想过该怎样战胜敌人。

　　如果我是他,我会在自己身患重病的同时,想尽一切办法,努力归队吗?不,我只会感叹生命的不公,整天想着怎样悠闲地度过余生,不会去想着怎样重新工作,更不会努力去做。

　　思考着保尔的种种经历,我不禁又迷惑起来,究竟是什么样的力量支撑着保尔不断克服心中的恐惧、现实中的困难?仅仅是他顽强的意志吗?一个声音自心底传出:不,不是的,是坚守的传念!……对呀!是信念,信念是无尽黑夜里一颗璀璨的星辰,让人们看到希望,是它划破了黎明前的黑暗,为人类带来了光明;信念是一朵芳香馥郁的花,花开是美好的,花落也是美好的;信念是一条奔流不息的河,无论经过多少崇山峻岭都要奔流入海;信念是开启成功之门的金钥匙,让人生的路途散发清新的花香。那么,坚守呢?也许坚守是一种感动,它就像春日充满诗情的蒙蒙细雨,就像夏日涂抹湖面的一抹夕阳,就像秋风中紧紧抓住树干的枯叶,就像冬日阳光下闪光的最后一片白雪……坚守自己的信念,就朝成功迈进了一大步。

  保尔一幕幕感人的事迹、顽强的意志、坚定的信念深深地感染了我。我不禁想起了从前的自己:少次测验成绩总是不理想,为此,我还经常在背后抹眼泪,望着深蓝的夜空销魂……内心很难过很委屈,遇上小小的挫折,就轻言放弃,从不肯持之以恒地做一件事……和这些成功人士相比,我简直无地自容!我应该坚强!失败算什么,失败过后也许就是成功。既然渴望成功,我就必须摆正自己的位置,坚定自己的信念,顽强地克服困难。

  古人云:天将降大任于是人也,必先苦其心志,劳其筋骨,饿其体肤,空乏其身,行拂乱其所为,所以动心忍性,曾益其所不能。不要失去信心,只要坚持不懈,就终会有好的结果。生命是多么可贵啊!我们只有坚毅地生存,坚毅地生活,活出精彩,才不枉老天赐给我们的生命之旅啊!

一把利剑直击心灵——读《狂人日记》有感

作者:江雨欣　　学校:贵港市港南区八塘街道第一初级中学　　指导教师:戴红英

数次拿起书后又放下,心中仍是百感交集,掀起了暴风骤雨般的思潮,汹涌着,汹涌着,久久不能平静,久久不能从书中脱出身来。

头顶仿佛挂着一轮月亮,月光洒在前方的路上,赵家的狗多看了我两眼,似乎怕我,似乎想害我,有着狮子似的凶心,兔子的怯弱,狐狸的狡猾……

越是读下去,越是胆战心惊、毛骨悚然;但更像被一把利剑直击灵魂,把身心重塑了个遍。

这部出自鲁迅先生的,我国现代文学史上第一篇白话小说——《狂人日记》,是向旧社会、旧礼教挑战的"战书",也是每个中国人的必修课、必读物。这篇短短的小说运用了日记和精神病人内心的独白方式,把活在封建社会里的一个恐惧、多疑、有知觉障碍和逻辑思维不健全的迫害妄想症患者描绘得栩栩如生。

书中似乎讲了精神病患者倍受精神伤害的故事,然而透过现象看本质,俨然是"吃人"的本质!

"我翻开历史一查,这历史没有年代,歪歪斜斜的每页上都写着'仁义道德'几个字。我横竖睡不着,仔细看了半夜,才从字缝里看出字来,满本都写着两个字是'吃人'!"

这段犀利精辟的文字让我心头一震,余震连连,反复咀嚼,反复品味,终于也翻开历史一查,可算能品出真正的滋味来了——

在那个人人被封建礼教观念严重束缚的时代,国人的奴性根深蒂固,如同行尸走肉一般,没有自己的思想,亦没有为人的正直与善良,从上到下,剥削与被剥削——剥削的也被剥削着,被剥削的也在剥削着——总的来说便是封建的旧社会"吃人"而人也在"吃人"!

腐朽的国家由一群腐朽的行尸走肉堆砌,怎会不风雨飘摇?

"吃人"是鲁迅对封建社会本质做出的最深刻的概括,亦是一把磨炼多年的利剑,执于先生之手,直击每个装聋作哑、麻木愚钝、残酷冷血的灵魂。

恍惚间,我仿佛穿越回一百多年前,透过窗看到了深夜点灯的书房里,鲁迅先生红着眼眶执笔写《狂人日记》的样子。与先生共情,我的脑海里也如电影放映般闪过这些片段——

城内正在处死一名犯人,两旁的老百姓瞪大了满是血丝的眼,满是期待与焦急。等人头落地,鲜血飞溅的时候,那些个个手里拿着碗的百姓蜂蛹而上,尽是非人的疯狂之态——只为让碗里的馒头沾上那名犯人的血。

耳边回荡着——"是热乎的!我赶上热乎的血了哈哈哈哈哈""太好了,太好了……人血馒头,我的孩子有救了!"

尖锐刺耳,刺痛灵魂。

"别,别杀我!我不想死……别杀我!求求你们了,别杀我……"

"表哥?!表哥!你一定要救救我,有人要杀我!他们都追着要杀我!他们拿着一个三寸长的刀,非常锋利,上面有血,外面全是血……"

悄无声息地听着,看着,竟早已泪流满面。

赵贵翁、街上的人、打孩子的女人、两个医生、狼子村的佃户,甚至自己的亲哥哥、亲娘也都吃人!最后,竟连"我"也未必没有吃过人……

中国社会几千年的历史,在"我"眼中,简直就是一部"吃人"的历史!

我沉闷抑郁了许久,抬头却见——

鲁迅先生仍在奋笔疾书,窗棂中透出点点烛光,就好像是中国浓黑夜色中的一点光亮。

微弱得耀眼。

我忽然又开朗了起来。

——"是的,我虽然自有我的确信,然而说到希望,却是不能抹杀的,因为希望是在于将来。"

先生,我们现在走着一条路,是您开辟的路;我们现在过着的生活,也是您希望的新生活——您,看到了吗?

向光而生——读《红星照耀中国》有感

作者:李思叡　学校:荔浦市荔城镇初级中学　指导教师:蒙爱明

薄阳欲开,红星闪耀,向光而生。

身在井隅,挫败给这无力的拼搏增添了几分黑白。前进的道路上总是四处碰壁,但只要相信,光总会照亮这片大地,我们终将灿烂一场。

合上书,脑海中浮现书中的情节,我明白了,只有在黑暗中含泪微笑走过,才明白那是通向光明的必经之路。红星照耀这大地,赐予它永恒的希望与光明。

《红星照耀中国》真实记录了埃德加·斯诺在中国西北革命根据地进行实地采访的所见所闻,报道了中国和中国工农红军以及许多红军领袖、红军将领的情况。

如果说我不曾见过太阳,撕开云雾,你就是光。毛泽东、周恩来、贺龙,他们是黑暗中的一道不朽的光,带领中国工农红军一路前行。他们生于平凡,但是他们的精神伟大,他们是初升的旭日,驱散黑暗,带来光明;他们是飘扬的旗帜,昭示信念,指明方向;他们是中国人民永远信仰的光,红星闪耀,中华现辉煌!

黑暗总是让人恐惧和窒息的,但如果黑暗中突然透出一束光的话,所有的恐惧都将不复存在。两万五千里的长征道路,多少艰难和困苦,四渡赤水、巧渡金沙江、飞夺泸定桥……这漫漫长征路既艰险又漫长,但这些艰难被毛泽东们一一攻克。毛泽东是光,这束光,激发了井冈山上的革命理想,照亮了长征路上的前进方向,照耀了宝塔山上的民族希望,指引了百万雄师横渡长江。真可谓"星星之火,可以燎原。"最终在毛泽东等人的带领下,长征取得胜利。在长征途中,我们可以感受到毛泽东他们坚定不移的革命理想和信念、患难与共的团结精神和不畏艰难险阻的革命英雄主义精神。或许在长征路上,他们苦过、累过、痛过也迷茫过。但他们从未放弃,因为他们是中国共产党,向着希望而生!

黎明时分,破晓将至,我国也曾有这样一个人,他会在烈日炎炎下与水稻打交道,他用自己的一生,在种稻的路上矢志不渝地探索,他就是我们可敬的袁隆平爷爷。是他在目睹人民饥饿后,双手紧握着决心——穷尽一生,也要让中国人吃饱饭。袁隆平爷爷和许多共产党人的一生都在为国家奋斗。他们如神韵般照耀,传递着希望、光明。柳暗花明时总有前进的路在脚下延伸。人民向着光而生,与中国共产党共同奋斗!

这是最好的时代吗?也许还不算是,但我们仍可以与之共舞,去抗衡、冲破、呐喊,永不止息。

我的生命忠于党,我的信仰光芒万丈。中国共产党,挽救民族于危难之中,是白日荒原中盛放的鲜花。《离骚》中有言:"路漫漫其修远兮,吾将上下而求索。"无论是万里长征路,还是建党百年路,都会有艰难,但是中国共产党从未停止步伐,一路向前。中国共产党是光明的化身,带着人民向光而生,毕竟每一道光都有意义,或温暖过去,或照亮未来。时代在变,初心不改,牢记使命。"为中华之崛起而读书!"光明终将驱散黑暗,春天的花朵也终会盛开,红星的光辉也将照耀中华。

少年时代,以青春为船,向着光明破浪前行,党是青春之船的掌舵人,带领我们驶向梦想的彼岸,跟着中国共产党,向光而生!

读《钢铁是怎样炼成的》有感

作者:黎欣　　学校:荔浦市青山镇青山初级中学　　指导教师:卓祥玉

　　月光倾落在杂乱的桌面上,书页上那几个鲜红的大字被衬得格外醒目——《钢铁是怎样炼成的》。岁月徜过悠悠史前,仿佛昨日的一切都还呈现在眼帘。

　　十月革命,一位穷苦而又生活在社会最底层的少年保尔·柯察金,在战争爆发后,邂逅了自己的人生导师朱赫来并习到了英式拳击,是朱赫来赋予他革命的热情,以至于让保尔为这项忠诚的事业付出了自己的青春乃至生命。

　　人最宝贵的是生命。生命对于每个人只有一次。人的一生应当这样度过:当他回首往事的时候,他不会因为虚度年华而悔恨,也不会因为碌碌无为而羞愧;在临死的时候,他能够说:"我的整个生命和全部精力,都献给了世界上最壮丽的事业——为人类的解放而斗争。"这是保尔一生的写照,日夜被病魔折磨,他仍旧无言放弃,在亲人的鼓励下,他用坚强与毅力书写下了——《暴风雨所诞生的》。

　　已是渐入深秋了,瑟瑟的凉风掠过树梢,卷落片片树叶。我迈着沉着的步伐踏在归家的小巷上,手上已被揉得稀碎的考卷犹如千万斤石头重重地压在我的心口。与其说我害怕回家,不如说我是没有勇气去面对父母的责备。顿步,我放下书包倚在巷边的长椅上,目光呆滞地投向无边无垠的远方。秋的步子扬起无数尘土,枯叶伴着秋姑娘的节奏从我眼前翩然消逝,随后便落叶归根了。思绪逐渐远去,或许在未知的远方几许枯黄的秋叶正顺着巷外的小河流向无边的蔚蓝海洋。叶似乎完成了它一生的使命:萌芽——嫩绿——深绿——枯黄——归根。从它生长出来那一刻就拼命汲取养料,再到枯萎后的归根化肥。日日夜夜的烈阳高照或风吹雨打它从来都毫无怨言,只是默默无闻地回报与贡献……冰冷的寒风渗入外套使我不禁打了个寒战,回过神来,手里那张揉皱的考卷不自觉映入了眼帘。愣了片刻才缓缓地意识到自己是多么自愧不如。我总在催促自己要挑灯夜读、刻苦攻书,因为读书是农村孩子最好的出路,但当成绩下来的那一刻却掐灭了我那渺小的心火。

　　无论是人尽皆知的英雄豪杰保尔,还是巷边那毫不起眼的枯叶。一位保家卫国,英勇拼搏,身残志坚著成巨作;一位知恩图报,默默无闻。二者不论是谁都能够坚持不懈,不言劳苦地完成使命,实现自己的愿望,而我却因为一点波折就放弃了自我,贪玩弃学,害怕责备而畏畏缩缩……"人最宝贵的是生命。生命对于每个人只有一次……他不会因为虚度年华而悔恨……"不知何时脑海里已经浮想联翩,仿佛以往的情景再现。刹那间,两条水痕滑过脸庞,继而断裂成珠在心房留下了难以磨灭的滴痕,是羞愧还是悔恨,不得而知……

　　钢铁淬炼意志,枯叶敲响警钟。青春年少的我,应珍惜时间,踏实进取,树立远大理想和坚定信仰,排除万难,让青春在铁的意志中、叶的滋生下绽放芳华!

追寻红色记忆,传承百年精神
——读《抗日英烈事迹读本》有感

作者:付元艺　　学校:恭城瑶族自治县莲花镇初级中学　　指导教师:石远征

百年历史波澜壮阔,百年征程历久弥新。一百年前,在一艘小小的红船上中国共产党诞生了。今年正值建党一百周年,人间正道是沧桑,百年风雨兼程铸就百年光辉历程。蓦然回首,我们又怎能不心潮澎湃,感慨万千呢?

在那些不堪回首的岁月里,在日本法西斯铁蹄下,中国大地到处是人间地狱,城市遭到轰炸,村庄遭到焚烧,父老兄弟遭到屠杀,母亲姐妹遭到蹂躏,大好河山惨遭践踏,浩浩长江滚动着鲜红的血浪,这是人类文明史上骇人听闻的暴行。日军的野蛮侵略,激起了中国人民的奋勇抵抗。在波澜壮阔的全民族抗战中,全体中华儿女万众一心、众志成城,经过长达14年艰苦卓绝的全国抗战。艰辛的14年抗战中,在中国共产党倡导建立的以国共合作为基础的抗日民族统一战线旗帜下,全国人民义无反顾投身到抗击日本侵略者的洪流之中。《抗日英烈事迹读本》一书中记录了在抗日战争中顽强奋战、为国捐躯的以杨靖宇、赵尚志、左权等为代表的300名著名抗日英烈和英雄群体名录。他们向世界展示了天下兴亡匹夫有责的爱国情怀,视死如归、宁死不屈的民族气节,不畏强暴、血战到底的英雄气概,百折不挠、坚韧不拔的必胜信念。他们更是中国人民弥足珍贵的精神财富,永远是激励中国人民克服一切艰难险阻、为实现中华民族伟大复兴而奋斗的强大精神动力。

走在日新月异的现在,走向光明宏大的未来,我们这个英雄的国家从来不缺英雄,将来也必定会英雄辈出。也正是因为英雄的存在,我们才在百年风雨沧桑中一路豪情一路歌,书写了开天辟地、改天换地、翻天覆地、惊天动地的历史篇章。

2020年初,湖北武汉因新冠肺炎疫情封城。疫情中,有危难和风险,也有温暖和逆行,许多人和事让人感动。

难忘那一张再也发不出去的请柬。2020年2月20日,武汉医生彭银华病逝。如果没有这次疫情,他应该作为主角举办婚礼。然而,面对疫情,他毅然推迟了婚礼。他说:"让更多有家人的同事多休息,我年轻,我先顶上。"谁知他再也没有回来,留下了再也发不出去的结婚请柬。29岁的他,倒在了抗击疫情的第一线。难道他没有思念过爱人吗?但他心中有更重要的东西,那就是医者仁心的大爱。

崇尚英雄才会产生英雄,新时代是成就英雄的时代。在中国这片古老的土地上,从不缺少英雄,也许他们曾默默无闻,但每当危难之际,总有人站出来"挽狂澜于既倒,扶大厦之将倾"。因为有了他们,我们才从过去自信地走到现在。因为有了他们,我们也必将豪迈走向未来。英雄是民族最闪亮的坐标。崇尚英雄,是对英烈的怀念和崇敬,也是我们义不容辞的责任和使命。

作为一名新时代少年,只有走进英雄群体才能近距离感受英雄的力量,只有踏上英雄土地才能真切领悟英雄的精神内涵。我要向英雄看齐,向英雄学习。在追寻红色记忆中,传承百年精神,不负韶华不负心,不负青春不负梦!

读万卷书　圆中国梦

作者:廖可人　学校:贺州市八步区第三初级中学　指导教师:覃玉娇　周梦思

　　高尔基说过:"书是人类进步的阶梯。"初秋,火烧的枫叶承载着校园的琅琅书声,似从远方而来,如闻其声,如观其行,如见其人。百花墙上的鎏金牌匾,寄托着我们对读书的渴望。

　　小时候,我懵懂地读着朗朗上口的《唐诗三百首》。虽不知其意,却似与诗人一同游山,一同泛舟,一同赏景……韩愈的《劝学》中说:"书山有路勤为径,学海无涯苦作舟。"是我如今的人生写照。长大后,我开始捧着耐人寻味的小说,她是一个不甘受辱、淳朴善良的女性代表,她,便是由夏洛蒂·勃朗特撰写的《简·爱》。我为她的自强自立,敢于斗争,敢于追求的女性形象所沉迷,所沦陷。作为一个凡人,一生中尝过多少肉体上的痛苦和心灵上的屈辱,使她终于几近绝望地面对过去的痛苦,"像所有反抗的奴隶一样,在绝望中决定豁出去了"的呐喊:"我向往自由,我渴望自由……至少给我一份新工作吧!"我仿佛透过简·爱看到了一群群同仇敌忾的学生,一位位视死如归的革命烈士为中国,为中华民族,读书,战斗,唤醒愚昧无知的人民,唤醒沉睡的中国雄狮而抛头颅,洒热血,为拯救水深火热的中国而读书,学习。像鲁迅、李大钊、陈独秀等革命家、思想家自始至终都为解放人民思想而奋斗。这似乎也是简·爱,将否定陈规、藐视习俗、追求个性解放、主张自尊自重表现得淋漓尽致。而现在,我迷恋上了歌唱祖国的诗集,他以"最伟大的歌手"要求、鞭策自己,他便是"土地的歌唱者"——艾青。《艾青诗选》是一首首以生命点燃黑暗下的辰星熠熠的诗篇,倾诉了一代人的抑郁、忧伤、悲愤和理想。他,是作为一个悲苦的种族争取解放、摆脱枷锁、获得自由的歌手。无论是烽火连天的战乱岁月,还是如今解放的和平年代,唯有读书、写作才能激起人民对外顽强抗争,对内团结一致。

　　回顾历史的长河,一位位学无止境的学者犹如那散落在点点水光中的贝壳。孙中山曾说:"我一生的嗜好,除了革命外,只有好读书,我一天不读书,便不能生活。"在旧中国那个仿佛永无天日的时代,无际的黑暗笼罩在偌大的中国土地上,民不聊生的年代,孙中山却仍依旧不放弃阅读,如今生活在和平安定年代的我们,又有什么理由不读书呢?还有王符的"凡欲显勋绩扬光烈者,莫良于学矣。"相信我们每个人都希望自己能为祖国的伟大复兴而奋斗终生,都期盼能学有所成,亦有所用。想要建功立业,发扬精神,独自创下一番天地,这依附于什么?自然是学习,读书。古人言:"能读千赋,自能为之。"读书,真乃人世间一大盛事。

  周恩来说过:"为中华之崛起而读书。"我们今日为梦想能得以翱翔而读书,明日为追逐中华民族伟大复兴的中国梦而奋斗拼搏。读书,是为了讴歌为中华民族之解放战争而以身殉国的英雄,更是为了激起一个哀伤的民族、愤懑的民族渴求解放的意志。

  唯书有色,艳于西子。书中那散发着淡淡墨香的毛皮纸上跃动的文字,轻灵似蝶扑闪灵动的翅膀,闪烁如黑夜中透着银光的无数星辰。似山涧那潺潺的清泉,犹如天上散淡的白云,无拘无束,闲散安逸,是一位学者倾尽一生的宝贵财富,如饥似渴,似鸟归林。就像买超的《枕边书》中所言:"读书是无处不可的,于山中可读书,得其空灵;于海上可读书,得其辽阔;于花荫下可读书,得其馨香;于月夜可读书,得其静谧。"总而言之,于何处不可读书?于何时不可读书?像匡衡凿壁借光,孙敬悬梁刺股,车胤囊萤夜读……哪儿有勤奋读书,哪儿就有成功。正所谓,路漫漫其修远兮,吾将上下而求索。

  劳于读书,逸于作文。走进那个书香溢满的校园,当书声遍布每个角落,整个校园自成天地,我们在最平凡的校园中,做着高贵的举动。读书,改变你的容貌,丰富你的思想,提升你的思维逻辑,改善你的言行举止。你在阅读上花费的每一秒钟,都会沉淀成未来更好的自己。

  读书,不仅是为成就更好的自己,也是让梦想承载着中华民族伟大复兴的中国梦,翱翔于九天。腹有诗书气自华,唯有阅读能致远,唯有下笔能永续华章。

《骆驼祥子》读后感

作者:黄钰敏　　学校:贺州市八步区第三初级中学　　指导教师:罗红梅

　　《骆驼祥子》这是一个可悲的故事,讲述了北京老城里活生生的一幕,祥子来自农村,在他拉上租来的洋车以后,立志要买一辆属于自己的车,做一个独立的劳动者,他年轻力壮,正当生命的黄金时代。在强烈的信心的鼓舞和支持下,经过三年的努力他用自己的血汗换来了一辆洋车。但是没过多久,军队乱兵抢走了他的车,接着反动政府的侦探又诈去了他仅有的积蓄,因车厂主人躲避特务追踪还使他丢了比较安定的工作,虎妞对他的那种"推脱不开的爱情"又给他的身心带来磨难,迎着这一个个的打击,他做过挣扎,仍然执拗地想用更大的努力来实现自己的梦想,但这一切都是徒然的:用虎妞的积蓄买了一辆车,很快又不得不卖掉(卖了料理虎妞的丧事),他的这一愿望像个鬼影永远抓不住,在经过多次挫折以后,他的梦想终于完全破灭,他所爱的小福子的自杀,吹熄了他心中最后一朵希望的火光。

　　他丧失了对生活的信心,从上进好强沦为自甘堕落,原来那个正直善良的祥子,被生活的磨盘碾得粉碎,这个悲剧有力地揭露了旧社会把人变成鬼的暴行。祥子是一个性格鲜明的普通车夫的形象,在他身上具有劳动人民的许多优良品质,他善良纯朴,热爱劳动,对生活具有骆驼一般积极和坚韧的精神,平常他好像能忍受一切委屈,但在他的性格中也蕴藏着反抗的要求,他在杨宅的发怒辞职,对车厂主人刘四的报复心理,都可以说明这一点。他一贯要强和奋斗,也正是基于卑贱的社会地位的一种表现,他不愿听从高妈的话放高利贷,不想贪图刘四的六十辆车,不愿听虎妞的话去做小买卖,都说明他所认为的"有了自己的车就有一切"并不是想借此往上爬,剥削别人,他所梦想的不过是以自己的劳动求得一种独立自主的生活。作者描写了他在曹宅被侦探敲去了自己辛苦所得的积蓄以后,最关心的却是曹先生的委托,就因为曹先生在他看来是个好人,还描写了他对于老马和小马祖孙俩的关心,表现出他的善良和正直。他的悲剧之所以能够激起读者强烈的同情，除了他的社会地位和不公平的遭遇外，这些性格特点也起到了无法磨灭的作用，像这样勤俭和要强的人最后也终于变成了头等的"刺儿头"，走上了堕落的道路，就格外清楚地揭露出不合理的社会腐蚀人们心灵的罪恶。

  这个故事是一个悲剧，彻彻底底的一个悲剧。曾经勤劳坚韧，有着自己奋斗目标的人最后却沦为了社会垃圾。从前的祥子善良淳朴、正直诚实，对生活如骆驼一样积极和坚持，周围的人都是做一日和尚，撞一日钟，而祥子却不安于现状，他为了美好生活而努力奋斗，他宁愿冒着极大的风险去多赚一点钱，来达到自己想要的生活，他不断地追求，追求成功，追求幸福，然而即使是这样，也终究没有改变他最后的悲惨结局。

  也许这才是现实，残酷，悲哀，无可奈何，理想和现实总是充满了矛盾，它们往往不能调和，然而它们却又同时存在，社会是现实的，它不会为了一个人的理想而改变，也不会是完美无瑕的，人们为了自己的理想而奋斗，但是最终却不一定能够真正获得成功，就像祥子一样，他努力，就是为了寻求美好的生活，但是结局却是那样的悲惨。

  对于骆驼祥子，我感到遗憾，感到惋惜，也感到无奈，但也感到敬佩，我佩服他从前的坚强，从前的上进，然而他最终没能战胜自己，没能战胜社会，终究还是被打败了，也许是因为社会的黑暗，也许是因为个人的因素，不管怎样，环境对人的改变或多或少起着不可忽视的作用，如果当时的社会治安好一点，祥子也许就能实现他的理想，也许就不会变成一具行尸走肉。人离不开社会，而社会又决定着人。如果当时的人无法处理好现实与理想、社会与自己的关系，很有可能就会失去原本的自我。

  人是有思想的动物，应该有自己的理想和目标，但要因人而异，因社会而异，如果总是无法实现理想，那么就有可能变成祥子，堕落衰败，厌恶生活，毕竟一生都坚韧不拔的人是少数的，追求本身就是一个不断改变的过程，然而这一过程会很复杂，人很容易失去自我，失去自我就会迷失方向，甚至堕落。

  作品本身写道：苦人的懒是努力而落了空的自然结果，苦人的耍刺儿含有一些公理。又说：人把自己从野兽中提拔出，可是到现在，人还把自己的同类驱到野兽里去。祥子还在那文化之城，可是变成了走兽，一点也不是他自己的过错。老舍先生正是从这样一种认识出发，怀着对于被凌辱与被损害者的深切同情写下这个悲剧的。

  读完这本书，我对祥子的评价是这样的：我认为祥子是一个经不住生活的考验而失去生活的人。

  我们要心怀理想，勇于克服困难，即使挫折连连，也要勇敢去面对。

不忘初心，砥砺前行——读《骆驼祥子》有感

作者：周洋洋　　学校：贺州市八步区实验初级中学　　指导教师：植丽梅

旧社会把人变成鬼，新社会把鬼变成人。如今的社会如此静好，安能不奋斗？

——题记

抚卷细细地咀嚼老舍这如泣如诉的文字，恍然间一匹骆驼逆着光向我的记忆走来，他旁边的祥子也正在追求着曾经的光。

一支妙笔，一曲笙箫，勾勒出一个充满冷暖炎凉、黑暗光明的人间社会。细细咀嚼文字，我渐渐地领略了老舍先生的写作意图，祥子不仅是祥子，更是底层劳动人民的一个代表，他诉说着人间悲凉，倾听着世间痛苦，抚慰着零点希冀，讲述了在那个鲁迅先生笔下"吃人"的社会，一个不怕苦、要强的人最终因没有实现愿望而变成了一个彻头彻尾的"刺头儿"的故事。祥子的"三起三落"，让我明白了：人失去奋斗目标，就和行尸走肉没什么区别了，即使再苦再累，也要坚持最初的梦并为之奋斗。

《骆驼祥子》记录了一个叫祥子车夫的悲惨命运，祥子是一个纯真老实、乐观正直的人，虽然拉车辛苦而且赚得也不多，但是祥子愿意吃苦，他为了理想而奋斗。"他就像一棵树，上下没有一个地方不挺脱的。"我非常欣赏最初祥子身上那一股强烈的"骆驼精神"。什么是"骆驼精神"？忆古今，风起云涌，那些在长征路途中爬雪山过草地的坚韧身躯；那些在井冈山浴血奋战的英勇身躯；那些誓死捍卫国家奋不顾身的背影；那些在黄沙漫天的沙漠中无所畏惧的身影。他们在出现在每个艰险的角落，不管如何艰险他们总是头也不回地大步向前，这些和祥子一样有志向的青年，像一只只不畏风雨的骆驼，一步一个脚印，脚踏实地，沉着稳重，面对困难坚持不懈，这就是"骆驼精神"。现在作为21世纪的青少年，我们也要具备是这种砥砺前行的精神，方可以成就大事。

可就是这样一个正义坚强的青年却被埋没在黑暗中，祥子开始变得与曾经

所厌恶的人一样，丢失了自己的心，罪魁祸首是那个黑暗的社会让他忘却了初心。因此，只有面对风雨和迈出步伐的勇气是不够的，一定要不忘初心，砥砺前行。

回首望，有多少人和祥子一样饱受了旧社会的风吹雨打之苦，可是这些有志气的青年并没有向黑暗的现实屈服，有谭嗣同就义前题在狱中壁上的绝命诗"我自横刀向天笑，去留肝胆两昆仑"，旧中国因变法而流血者，自嗣同始，决心一死，愿以身殉法来唤醒和警策国人。还有"吾志所向，一往无前，愈挫愈奋，再接再厉"的国父孙中山，他在外漂泊流浪十年，在辛亥革命的胜利果实被袁世凯窃取后又倡导"护国运动""护法运动""二次革命"……

这些伟人在抛头颅，洒热血的年代，作为革命的先驱者，他们为了人类解放的伟大事业燃烧自我的生命，克服艰难，不断迈出前行的脚步！

信念之光，曾点亮祥子心中的黑暗，也曾支撑着新中国度过了一个又一个孤独的黑夜——国人们有野心，凭毅力，开启了近代强国路上的伟大征程。南仁东在贵州穷山峻岭中，奋斗路从壮年走向暮年，72岁的他，把仿佛撒不完的精力留给了"中国天眼"；林鸣为理想而战，呕心沥血，终架起奇迹一般的港珠澳大桥；欧阳自远一心只做"追月人"，毕生投入他执着的科研事业，百折不挠，使嫦娥登月不再只是神话……无数平凡而又不平凡的人燃灯前行，他们秉着信念之光，不断奋进向前，他们用行动对不忘初心做了最好的诠释。祥子的反面例子和现代科研人员的正面例子告诉生于这个时代的我们，更应该且行且珍惜，也要抓住时代潮流中的大好机会，坚守初心，不放弃心中的希望！正如同这句工整的嘉言隽语所叙说那样："筚路蓝缕创伟业，初心不忘再启航。"

忆往昔今，风起云涌。祥子在警示我们，革命先辈们给我们留下"振兴中华，乃吾辈之责"的使命。今天，我们生于伟大的祖国，欣逢伟大的新时代，国家政治稳定，经济发展，文化繁荣，社会和谐，人民生活水平不断提高，这些都为我们提供了良好的社会条件。"少年心事当拏云，谁念幽寒坐呜呃"，身为少年，我们胸中有丘壑，心里有山河，要想祖国更强盛，最重要的是依靠青年人勇挑重担，通往现代化强国的漫漫长路，困难重重，以敢于入世的心胆，见诸行动，用电光火石般的生命照亮祖国崛起的远方，为新时代贡献自己的力量！但我们要牢记初心，砥砺前行！

1921年开启了自强不息的奋斗历史画卷，我们一定能够创造奇迹。每次奋不顾身，都是一次收获，勇往直前，是无产阶级革命者的选择，百年只不过是考验，美好生活目标终将不断实现。我们要将自己的使命永远放在心间，初心不变，面对再多艰险也不退缩。

《魂系中华赤子心》读后感

作者:龙梁莉　学校:柳江区进德中学

读了《魂系中华赤子心》这本书,我被钱学森那不忘祖国、甘愿为祖国无私奉献的精神深深打动!

《魂系中华赤子心》这本书主要讲了钱学森去美国留学,在美国学有所成后,看到祖国艰难缓慢发展,他毅然决定回到祖国发展,只是像他这样的人才,美国人怎么能轻易"放虎归山"？于是,他受到了美国移民局与规划局的阻挠,祖国更是成了他魂牵梦绕的地方。

不知等待了多久,又是多少个思乡之泪湿枕边的日夜,最后,在周总理的帮助下,他才得以回到离别了20年的祖国。

钱学森那颗赤诚的爱国之心多么值得我们学习!他在美国,明明可以享受优厚的待遇,可他却放弃了这一切,一心想着为国奉献!这种爱国的精神,难道不令人敬佩吗？

虽然他在美国取得许多的成就,许多的荣誉,但是他一点也不动摇,因为,美国再好也不是他的祖国,他始终觉得,自己毕生所学应是用来报效祖国的,是为祖国服务的!

钱学森在美国被关进看守所时,仅仅15天,他的体重就下降了30磅,晚上,每隔一小时特务就进来开一次灯,打搅他休息。日复一日,他精神上陷于极度的紧张状态。但仍然不变的是,他心中依旧恋着祖国!

在美国,祖国就像那"所谓伊人,在水一方",钱学森就像那苦苦寻求"伊人"的"君子",归国之路"道阻且长"。

钱学森让我联想到,古往今来,爱国之人不计其数:林则徐虎门销烟;董存瑞舍身炸暗堡;詹天佑修建京张铁路……

当鸦片侵蚀着中国人的灵魂,乱雾迷烟几乎完全笼罩了中国这片古老的土地,没有人敢反抗,也无人甘愿反抗,因为他们那堕落的灵魂和软弱不堪的身体,已经无力再去斗争。

曾经拥有尖牙利爪的大老虎,像吃了迷药,沉睡了过去。当年八方来朝的大国,俨然成为一块即将被瓜分的肥肉。

林则徐像那"众人皆醉我独醒"的屈原,在虎门销毁了搜剿上来的所有鸦片。他想扯动老虎身上的皮毛,让它醒来!可最终,他成为鸦片战争打响的"契机",成为众矢之的。

多么的可悲啊,但林则徐并不后悔!他坚定认为自己是正确的,他那样热爱着祖国,他无愧于心!

董存瑞在解放河北省隆化县的战斗中,以身做支架,炸毁了敌人的桥形碉堡,为队伍打开了前进的道路。他牺牲时,年仅19岁。

如此年轻的生命,却甘愿为祖国赴汤蹈火,正如《义勇军进行曲》所写的:把我们的血肉,筑成我们新的长城。

在经历了百年欺压屈辱之后,这样甘愿赴汤蹈火的人只会前赴后继,中国这只猛虎已然觉醒!

詹天佑,一位伟大的工程师,他不怕艰难,不怕人们的嘲笑,在中国一无资本、二无技术、三无人才的情况下,接受修建京张铁路的任务。在外国人看来,计划需要用900万元,需要七年的时间才能修成京张铁路。为维护中国人的尊严,争一口气,詹天佑只用了500万元,四年时间就修成了。

他的倔强,代表着中国人的倔强;中国的尊严,代表着他的尊严;他的强大,源于他的那份赤子之心;中国的强大,亦是他更强大的后盾。

读了《魂系中华赤子心》这本书,我深知:"少年智则国智,少年强则国强",我是中华民族的一员,只有坚持不懈地刻苦学习,将来才能报效祖国,让祖国变得更加繁荣富强!

囚歌激励着我们奋勇前进——读《红岩》有感

作者:皮峻诚　　学校:南宁市第十四中学　　指导教师:谢玲玲

重庆,山城。这个山水之中的城市,在1946年5月5日,成为国民党反动派的陪都。在《红岩》中,作者描写了两个著名的集中营,一个叫渣滓洞,另一个叫白公馆。在这里,关押着无数心向红旗的共产党员、无辜被捕的学生,还有亲共的国民革命军将领。在这里,有坚贞不屈的共产党员高呼革命万岁,有心潮澎湃的青年写下坚贞不屈的囚歌,还有慈祥的母亲抚摸着新生命的脸庞,虽然有一张张邪恶的嘴脸在身后,但他们还是大声地唱出了属于自己的"囚歌"!有江姐的"毒刑拷打,那是太小的考验!竹签子是竹子做的,共产党员的意志是钢铁";有许云峰的"一个人的生命和无产阶级永葆青春的革命事业联系在一起,那是无上的光荣";还有成岗的"这就是我——一个共产党员的'自白',高唱凯歌埋葬蒋家王朝"。

如今硝烟散去,国内局势稳定,经济发展,人民幸福,社会和谐,但天下还很不太平,东海南海方向风起云涌,"台独"顽固分子还很猖狂。个别西方国家甚至想把我们封锁,意使我们沦为19世纪清政府的模样,遏制中国高质量发展,使我们成为他们胯下的奴仆,就像关在囚笼里一样。他们正如那些狡猾的特务,希望限制我们的行动,对我们实行极端手段,迫使我们低头、下跪,这可能吗?这不可能,因为我们心中有革命先烈高唱的"囚歌",激昂的歌声至今萦绕在我们心中、激励着我们前进,它告诉我们,只要团结起来坚持斗争,就能实现美好的明天;它告诉我们,只要善于打碎一个旧世界,就能开创一个新世界;它告诉我们,不能甘做别人的奴隶,要为正义公理而斗争!这些是我们反抗外来侵略者的精神武器!

今天的中国,就算那些西方国家再狠、再毒,也阻止不了我们的发展。因为我们有三首"囚歌",而它们在《红岩》中都有体现:

第一首是"团结"的囚歌。我们自古就是一个团结的民族,虽然有时小打小闹,但在关键时刻我们仍会团结起来,就像万里长城上的每一块砖,共克困难。书中,当江姐被捕时,双枪老太婆率游击队连夜追杀国民党车队;当狱中的战士龙光华去世时,所有囚犯同时抗议,闹绝食,就为了给战士举办一场庄严的葬礼;在越狱时,同志们一个个肩并肩地冲上枪口,为逃跑的同志争取时间。这难道不是团结吗?这样的民族会轻而易举被消灭吗?

  第二首是"坚强"的囚歌。我们是有坚强意志的民族,如蜿蜒在山岭中的长城,牢不可破。华子良在狱中装疯卖傻多年,终于逮到机会,逃出囚笼,带着解放军杀进了山城,装疯多年,需要多大的勇气和毅力!江姐、许云峰、成岗等在酷刑中也受到了敌人的软磨硬泡,在狱中,江姐被特务毒打,无论是四十八套、八十四套,还是一百八十四套美国刑罚,也都撬不出半个字!在反动派的"鸿门宴"上,特务头子端来了酒杯,背后有举着照相机的记者,许云峰审判似的说:"告诉你们!共产党人绝不像你们国民党这样卑鄙,拿人民的血汗去填灌肮脏的肠胃!要干杯,你们自己去干吧!"当成岗被反动派屠夫折磨时,在特务头子的奸笑下,他大笔挥墨写下了《我的'自白书'》,这难道不能说明我们的坚强吗?这就是伟大民族的表现!

  第三首是"信仰"的囚歌。我们的人民军队为什么战无不胜?因为我们有信仰。书中,支撑那些人活下去的,其根本就是信仰。一个人没有信仰,就像一条咸鱼,像一个没有生存意义的人。每一个共产党员都是一个有信仰的人,狱中囚犯们高唱国际歌,谱写了一首首坚贞的囚歌,编织着鲜红的五星红旗。虽然在又小又臭的监狱,但他们心中已经到了天安门,只可惜他们中大部分已经没有机会见到我们强大的祖国了。但他们仍然是我们民族的榜样。有了这三首"囚歌",哪怕是武装到牙齿的对手,我们心理上不会怕他,行动上更不会怕他!

  我们记住心中的"囚歌",不是为了记住痛苦,而是为了忘却痛苦,心向未来;是为了开天辟地,睡狮觉醒;是为了奋勇向前,共克艰难。我们的"囚歌",在山城的上空,在祖国的天空,在每个国人的心中,嘹亮地回响着。我相信,只要我们万众一心,攻坚克难,不忘初心,牢记使命,就能开创未来,走向辉煌!

  唱吧!属于我们的"囚歌",它永远激励着我们奋勇前进!

抛弃懦弱，觉醒反抗——《四世同堂》读后感

作者：余思洁　　学校：南宁市天桃实验学校　　指导教师：曹浩隽

许多年前，在那遥远的北平城，在一条被称作"小羊圈"的胡同里，住着一家四世同堂，在太平盛世里享尽天伦之乐。这样的场景让每一个看过《四世同堂》的人都记忆犹新，老舍在这本小说里向读者讲述了一个家族的故事，展现了一个民族的变迁。

《四世同堂》主要讲述了抗战时期生活在北平城的祁家人困苦的生活和缓慢艰难的、浸染着血和泪的觉醒过程，以普通老百姓的角度控诉了侵略者的罪恶行径，表达了对和平的追求。书中天真活泼的小顺儿，坚贞不屈的钱诗人，善良勇敢的冠高弟，都让人心生喜爱，其中令我印象最深刻的便是祁瑞宣了。

提到瑞宣，就不得不提起他在国的存亡和家的安危之间的选择，老舍先生在文章中用细腻的笔触将瑞宣那颗满是纠结与痛苦的心剖开，呈现在了读者们的眼前。瑞宣是新时代的青年，有着一颗至诚的爱国心，在家园遭到侵略的时候，他渴望着离开北平上前线，他也是旧中国的儿子，无法挣脱家庭责任的束缚，只好无可奈何地留在北平，一面忧心着战争的发展，一面操心着家人们的温饱，正如书中所说："他没法不羡慕老三瑞全，可他是祁家的长子！他不能够离开！"报国的愿望和家庭的责任，几乎要把瑞宣给分成两半，他只好带着对国家深深的愧疚和对自己懦弱的痛恨，平凡地过下去。

在瑞宣的身上，我不仅看到了一个爱国青年在国家和家庭之间的抉择，更看到了新思想与旧传统的碰撞，看到了中华民族在绝境中觉醒的反抗精神。瑞宣反映了当时中国大部分人的样子——怯弱，犹豫不决，不敢抗争。鸦片战争，甲午海战……这样的懦弱，让东亚雄狮在侵略者面前低下了头，正是千千万万个这样的瑞宣，压制了中华民族的血性，使中国沦落到被人践踏的地步，所幸他被战争打醒了，在面对受尽敌人侮辱投河自尽的父亲天佑的时候，再看到因敌人封城而被饿死的女儿小妞子的时候，他的心愤怒了，坚定了，觉醒了！

阅读到这一段时，我眼前出现的不只是瑞宣，还有无数为反抗侵略而抛头颅洒热血的革命者：慷慨就义的赵一曼、刘胡兰，英勇作战的叶挺、邱少云……他们都是那个时代中国的觉醒者，这不仅是瑞宣的觉醒，更是东亚雄狮的觉醒。正是千千万万个这样的瑞宣才使中华民族站了起来，战胜了侵略者，人民终将当家作主，正义的战斗终将胜利！

硝烟弥散的岁月渐渐远去了，这段四世同堂的悲歌也尘封在了人们的记忆中。但是，中华民族受尽屈辱的历史不应该被遗忘，中华民族反抗的号角声更应该被铭记。少年强则国强。我们这一代，作为中国百年奋斗的经历者、见证者，我们感受着国家的日益强大；作为新时代的青年，推动国家的进步与发展也是我们每个人的责任。今天，中国已是一个国泰民安的世界强国，在这样幸福的生活里，我们更应该感谢我们的祖国，肩负起建设国家的重任，将爱国之心报国之志化为前进的动力，刻苦学习，迎难而上，坚持不懈地追求自己的理想。做一个爱祖国，有理想的追梦人！像瑞宣那样用一颗真诚的心去爱国吧，像瑞宣那样用尽全力去报国吧，振兴中华是我们和平年代的斗争！

《四世同堂》是一个家族的故事，是一个民族历史的缩影，它所书写的家国情仇、革命史诗是值得每个中国人去阅读的。小羊圈里起风了，这家四世同堂在和平与欢乐中延续了下去……

永不熄灭的火焰——读《林海雪原》有感

作者:张枥匀 学校:南宁市天桃实验学校 指导教师:周蓉

"小分队冒着像飞砂一样硬的狂风暴雪,在摔了无数的跟头以后,爬上山顶。这股穿山风,已经掠山而过……山沟全被雪填平了,和山背一样高,成了一片平平雪修的大广场。山沟里的树,连梢也不见了。"

这段话选自曲波的《林海雪原》,也是书中令我印象最为深刻的一段话。党的百年华诞到来,我怀着爱国和对英雄烈士的敬畏之心,细细品读了《林海雪原》,内心受到极大触动。

《林海雪原》主要讲述了1946年冬天,东北民主联军的一支小分队在团参谋长少剑波的率领下,深入林海雪原执行剿匪任务,侦查英雄杨子荣与威虎山"座山雕"匪帮斗智斗勇的故事。

"以最深的敬意,献给我英雄的战友杨子荣、高波等同志。"这是本书的第一句话。"杨子荣"这个名字,深深地烙在我的心里。当剿匪行动需要他,他义无反顾扛起重担,向最危险的地方迈进。三天艰苦演习,狂练土匪习气,"满脸青灰,头发长长,满脸络腮胡子",只为伪装成已被消灭的另一伙土匪——许大马棒的饲马副官胡彪。杨子荣同志年龄不小,军龄不长,却参加了大大小小上百次战斗,将生死置之度外。他在剿匪行动中与敌人周旋,凭借身上的大智大勇博取了敌人的信任,为剿匪行动做出巨大贡献。杨子荣同志的母亲和妻子,在他伪装成土匪时,误以为他是真正的土匪,面对亲朋好友时抬不起头来。直到杨子荣同志牺牲,身份大白,人们才明白:杨子荣同志作战期间隐姓埋名。为国为民,他甘愿付出一切,出色地完成了上级交给他的艰巨任务,是当之无愧的英雄。而他牺牲时,年仅30岁。

我永远记得1946年的冬天,一支来自东北民主联军的小分队,在茫茫雪原中与敌人艰苦作战,在无数潜在危险面前,战士们内心无所畏惧,以顽强意志、破竹之势,用鲜血换来了胜利,捍卫了祖国的每一寸领土。1956年,小分队战士之一的曲波,将这段热血故事,以四十余万字汇聚成《林海雪原》一书,狂风暴雪中那团永不熄灭的火焰,令人为之动容。这本书只有几百页,捧在手中,我却感觉有千斤般沉重。书中如杨子荣同志一般的解放军战士们,为脚下这片中华大地、百姓的和平生活而不惜牺牲自己。我终于明白了战士们奋斗的意义。

今天的盛世如他们所愿。革命先辈们抛头颅、洒热血,让我们过上了幸福美好的生活,他们是茫茫雪原中永不熄灭的火焰,亦是我们心中永远的英雄。回首往事,伟大的中国共产党,带领着人民群众奋斗,建立了新中国,开拓发展中国特色社会主义道路,使中华民族复兴道路迈上了新台阶。一路走来,多少坎坷,多少磨难,无数英雄人民冲锋陷阵。第二个百年奋斗征程已经启航,阅读完《林海雪原》,我深受启发,少年强则国强,青少年作为社会主义事业的建设者和接班人,肩负重任,应永远铭记革命先辈们的光荣事迹,听党话跟党走,坚定信念,努力学习,志存高远,发扬无私奉献精神,敢于拼搏,敢于奋斗,为中华民族伟大复兴之路添砖加瓦!

《狂人日记》读后感

作者：林奥宸　　学校：南宁市第十四中学　　指导教师：陈玲

初读此文章时，只觉晦涩难懂。读完那天夜里，脑中萦绕着两字——"吃人"，疑团久久不能散去，越想越感觉背后发凉，辗转难眠。后来便将"吃人"的事忘却了，再见这《狂人日记》已是半年后。

再读此文，心情不知应用愤慨还是悲哀来形容。愤慨是由于这些吃人的人并非不讲礼教的人，而或许便是这礼教为吃人戴上了虚伪的面具。这很大程度上反映了那个时代的乱象，令人无奈。悲哀则是因为狂人虽害怕被吃，却也有意无意参与了"吃人"。

狂人日记诞生在封建礼教余蕴尚存、民智未开的年代——混乱、屈辱是它的代名词。鲁迅先生却以此篇鸿文意在昭示那愚弱莠民们，路到底该如何走。同时，他为无数华胄的觉醒而浩歌。这无疑是一部气往轹古、辞来切今的巨作。

当我在文中一次次看见"吃人"，似感受到先生写下这两字时的力度与其中蕴含的气蕴。又好像感受到这两字没有温度，如同乱世中一颗又一颗麻木不仁的心。这两字铿锵有力，如一记重拳捶在每位国人心中。

文中的"狂人"，并非一个真正的"狂人"，他的嘴中也绝非些胡言乱语，反而是赤裸裸的现实。他窥见了封建礼教的残酷，不过两字——吃人。没有年代的历史上歪歪斜斜写着"仁义道德"，而字缝中却是"吃人"！许多人只是苟延残喘、得过且过地在这世上活着，他们不愿承认"吃人"的猥琐行径，日子不过是在盘算中流逝。

百年前，鲁迅先生发现中国社会人们普遍存在看客心理。"人血馒头"等诸如此类的事情层出不穷，一次又一次上演着"吃人"的戏码。而如今，这种现象真消失了吗？还是依附在阳光后潮湿阴暗的角落？如今，随着消息传播速度的加快，那躲在阴暗面的事件终究要被暴露在阳光之下。无论是普遍存在的老人跌倒无人敢扶的事件，还是近期发生的××地铁事件。当我们遇事揣摩他人想法,瞻前顾后,最终冷漠地置之不理时,这与"吃人"又有何不同?不还是那般麻木的看客心理吗?或许我们会想——反正不是发生在我身上,我无权干涉——其实是不想干涉。这时的我们,有意无意地扼杀了遭遇困难的人们对美好社会的念想,将他人日后对社会、对旁人所抱的期待吞噬。

有些时候,我们深陷"吃人"的牢笼,却不知自己究竟在干何事。是大环境给了我们认为自己所为是正确的行径的错觉。正因为如此我们更应当保持清醒,努力将个人思想提升,不要做一个愚弱的国民。

《狂人日记》的最后,狂人问还有无吃过人的人,发出了"救救孩子"的呼吁。百年前,先辈们用实际行动回应,用流血与牺牲践行了自己伟大的理想,展现了自己坚毅的品格。百年后,我们是否具备了勇敢与黑暗斗争的能力?

觉醒

作者：罗远熹　　学校：南宁市天桃实验学校　　指导教师：黄其瑞

《觉醒年代》是一部影视剧作品，上映至今，观众讨论度极高。与以往的题材不同的是，它描述的背景是在一个新思想、新文化、新体制与旧思想、旧文化、旧体制交替的时代，即从1915年袁世凯复辟到1921年的共产党成立。何为复辟，在辛亥革命推翻了封建帝制之后，1915年清朝腐败的制度就被袁世凯复活了，且在共和国成立不足六年就复辟了两次。当时掌权的人员，不愿意接受新鲜的事物，大部分人还坚持着保守主义，不愿意改变，从清朝的闭关锁国开始，中国就开始落后于这个世界。

中国犹如蝼蚁一般，在与其他国家签订的大部分不平等条约中，没有主动权，成为半封建半殖民地的一个国家。当时的思想家、革命家评价中国已经到了无药可救的地步。

在辫子军攻击京城的时候，有些人选择戴上假辫子嘴里嚷嚷着"支持清朝，皇帝万岁"。有些被新青年影响的人民则喊着"推翻皇帝，建立共和"。李大钊先生在演讲中最令我印象深刻的一句话是："你们可以蹂躏我们的民国，但是你蹂躏不了我们心中的共和。"共和在当时已经慢慢渗入人们的思想之中。

当我在《觉醒年代》中看到一个人被砍了头，大家纷纷挤上去，没有一个人觉得可惜，凑在一旁也只为沾一点血做成人血馒头，封建迷信让他们自认为可以以此治疗肺结核病，便跟疯了一样去抢夺，毫无尊严地下跪乞求的时候，我在想，这大概就是鲁迅先生《药》中提及的所谓的"人血馒头"吧。

陈独秀先生创办新青年杂志，目的是推行白话文，推行让大家都能读懂的文字。剧中的陈独秀，为了救国，集思广益，吸纳人才，让有思想觉悟的人才都来编写这部新青年杂志。"自主的而非奴隶的；进步的而非保守的；进取的而非退隐的；世界的而非锁国的；实利的而非虚文的；科学的而非想象的。"陈独秀的这六句话一直是当时所追求的。除此之外,陈独秀认为尊孔应该是在思想上面而不是在政治上面,孔子的儒家思想在董仲舒罢黜百家独尊儒术后已变了味,后来的统治者也把孔子思想当成治国的工具,拿来愚弄民众。孔子思想治国已经印在保皇派的思想里。

不同的事让我想到前面陈独秀在回国的船上,有两名中国人因为没有票而被船上的外国兵摁在地上踩躏,而一旁的中国人只会冷眼旁观没有人愿意去帮助他们,甚至觉得他们丢脸,对他们指指点点。有人觉得他们的同胞没有打麻将重要,麻将被扔进水中被认为没有必要,而当自己的同胞被踩躏时,他们只会嘲笑。

当时的社会里,人们不顾一切,不顾自己的尊严,大街上随处可见为了吃一口饭,给孩子治病而下跪的妇女,有如疯子一般在下雨的街上对掉在泥坑里的食物进行抢夺,还有的为了一点点的钱财而下跪的人们。当时的政治如此腐败,陈独秀、周树人、李大钊等想方设法去救国,改变人们的思想。

"鱼缸里的金鱼和在一个水坑里的小鱼;在车上吃着面包和在外面淋雨的孩子;在辫子军攻进来时害怕的小孩子和旁边高兴得奏乐的老人;想要做出改变支持新的东西的代表,只愿意坚守旧的不愿意接受新的东西的代表……"一幕幕剧中的画面在我脑海中久久不能淡去,与其说当时的人是这样的,还不如说社会风气亦是如此,他们都胆小、怕事、懦弱,没有尊严。

回望过去,中国在一百年前是个如此混乱腐败无能的国家,被操控,没有自主权。看了《觉醒年代》,会知道鲁迅是在一个什么样子的情况下写出《狂人日记》;看了《觉醒年代》,会知道李大钊为了国家的振兴说出来的一句句"我不怕";看了《觉醒年代》,会知道陈独秀以及他的两个孩子陈延年和陈乔年的骨气,他们捡到钱会等失主来找,想凭自己的努力去国外留学,会因为一个遇到困难的人挺身而出去帮助他,杂志被浇湿,不图钱,只想要一句对不起。他们的骨气正是当时的中国所需要的。

"觉醒",到底是什么意思,"觉醒"首先是思想上的觉醒,再到行为上的实践,再到广大劳动人民的觉醒。中国是一个社会主义国家,是一个以劳动人民为主的国家,只有当人民的心中有国家有党,才为真正的觉醒。觉醒的不单是国家、统治者,更要是基层的人民。那时候的文人、思想家通过写文章来鼓励最基层的人民,新文化运动,一个思想解放的运动,一个以李大钊、鲁迅、陈独秀、胡适为核心的运动。鲁迅弃医从文,用文字救人民。再到后来的五四运动,文人在想法子拯救中国,救中国于水火之中。在新青年杂志出版之后,中国青年的思想在觉醒,在为中华之崛起而努力。

　　"世上没有救世主,也没有神仙上帝,要创造大家的幸福,只有靠我们自己。"我们的幸福生活都是先辈们用鲜血铸成的,我们要感激现在的幸福生活来之不易,要把先辈们的精神传承下去,代代相传。

读《平凡的世界》《皮囊》有感

作者：李仲杰　　学校：广西大学附属中学　　指导教师：王梓因

"中国特色社会主义是我们党带领人民历经千辛万苦找到的实现中国梦的正确道路，也是广大青年应该牢固确立的人生信念。"——习近平

邀明月让历史皎洁，是一纸红书；颂历史以歌功德，是一纸红书。宠辱不惊，看庭前花开花落，以淡泊从容踏上百年路；去留无意，望天上云卷云舒，以一纸红书，阅启新征程。

"其实我们每个人的生活都是一个平凡的世界，即使最平凡的人，也要为他生活的那个世界奋斗。"始于平凡，不甘于平庸。路遥先生笔下的孙少平、孙少安两兄弟便是如此。纵使命运使然，仍然将新生的欲望折成一只船，渡过了挫折后的痛苦和沮丧。盖起的红砖房，是前进的起点。舍弃了儿女情长，纵使偶尔生活退步，仍不缺勇气，去吹散浮云。黄透的枫叶，赭尽的橡叶，一捧黄土，一个平凡的世界。时代提供了方向，纵使痛苦与欢乐交织，挫折与追求冲突，劳动与爱情相离，我们会有这样的认识：珍重生活而不玩世不恭，勇于进取而不偏隅苟安。古人云："古人今人若流水，共看明月皆如此。"或许你曾追忆似水年华，点点滴滴犹如浮光掠影，当时的明艳消散，只有那奋斗的泪泉，映着点点繁星。后来我们终于明白，生活似流水，时而平展，时而曲折。当华美的叶片落尽，生命的脉络才历历可见。奋斗百年，恍若昨日。一纸红书，说尽其中无限事。

"皮囊是拿来用的，不是用来享受的。"蔡崇达的《皮囊》之下，是真实的血肉之躯锁住一个饱满的灵魂。"——人活着就是为了这一口气"。面对已下通令的拆迁房，面对母亲的执拗，他新盖了两层房——即使没过几年就会被拆除。令我沉思的有包容、尊严和责任。那些刻在骨头里的故事，那些我们始终要回答的问题——"只恐夜深花睡去，故烧高烛照红妆。"任凭光线渐暗，烧一抹烛光，照亮前路。王蒙在《烦恼》中写道：把烦恼当作脸上的灰尘，衣上的污垢，染之不惊，随时洗拂。我们的皮囊也是如此，纵使污头垢面，常保洁净的心灵，也

是生命的深泉涌流……而塞缪尔·厄尔曼写有：衰微只及肌肤，热忱抛却，颓唐必致灵魂。岁月悠悠，只让勇锐盖过怯懦，进取压倒苟安！回顾百年，奋勇前行的我们仍不缺在月下歌唱的勇气！漫天秋色，朦胧了秦时明月，是一份担当，让我们于洪流中从容；大漠孤烟，清癯了东篱南山，是一份尊严，让我们无须声张，避开车马喧嚣。

　　文字源于生活，生活孕育了文字。作家用文字诠释生活，我们借文字理解生活。当一层又一层时代的薄纱被剥开，我们理应去思考、传承并去开启属于当代青年的新征程！

　　或许以往我们畏惧旧法陈规，彼时的我们，应如李白执酒壶洒千金般潇洒；或许以往我们怯于世俗言语，彼时的我们，应如严子陵藐视权贵般桀骜。青春气贯长虹，冲天豪气，莫不是我辈人理应之举？习近平主席曾说："当代中国青年要在感悟时代、紧跟时代中珍惜韶华，在火热的青春中放飞人生梦想，在拼搏的青春中成就事业华章。"我们的华章正在不断地谱写。

　　文字给予了我们时代的感悟。韶华依旧，青春火热，何不将对梦想的欲望折成一只船，奋力扬起红色的风帆。

我们也有一面五星红旗——读《魔窟》有感

作者：李艳芳　　学校：南宁市天桃实验学校　　指导教师：周蓉

"身既死兮神以灵，子魂魄兮为鬼雄。"20世纪，无数的革命烈士在重庆歌乐山为了祖国解放、人民生活幸福安定的伟大事业而深陷敌人的迫害中。新中国成立，他们却倒在共产党领导的解放战争胜利的黎明前夕……可他们英勇无畏的英雄事迹与坚贞不屈的革命精神永远铭记在我们心中。中国青少年爱国主义教育丛书、红岩魂纪实系列——《魔窟》揭开了国民党反动派在歌乐山"集中营"不可告人的卑劣面纱。书中记载着国民党特务们在渣滓洞制造了大量的屠杀惨案，共产党员们在铁锁链、竹签、老虎凳等鼎镬刀锯的摧残下宁死不屈，始终坚贞不渝，坚定自己的信念，展现出了共产党员们英勇无畏的精神风貌。

1949年11月27日，重庆解放前夕，国民党反动派溃逃前，在他们的集中营——白公馆、渣滓洞监狱里，实施了骇人听闻的惨案，一夜之间，200多位革命者恨饮枪弹，血祭歌乐山。江竹筠——我们耳熟能详的江姐，就是壮烈牺牲的一员。她担任中华职业学校地下党组织负责人，从事青年学生工作。特务用尽各种酷刑，甚至残酷地将竹签钉进江姐的十指，妄想从这个年轻的女共产党员身上找到对付共产党的突破口，江姐靠着她坚强的意志与坚定的信念，宁死不屈，告诉反动派："你们可以打断我的头，要组织是没有的。""毒刑拷打，那是太小的考验！竹签子是竹子做的，共产党员的意志是钢铁！"江姐头可断血可流的英勇精神，使我热血沸腾。

在监管森严的监狱里，她"藏匿"了两件铁质工具，试图带着深陷囹圄的革命者们越狱，逃离这暗无天日的"魔窟"，无论受到什么样的酷刑，她从没有一刻放弃过反抗斗争。

我怀着无比敬畏之心，来到《魔窟》中提到的重庆歌乐山，倾听着导游的解说。走过摆满刑具的刑房，迈进曾经关押革命者的逼仄的牢房，来到悬挂着烈士们在狱中制作的那面红旗的橱窗前，仿佛看到新中国成立这振奋人心的消息传到监狱,革命烈士们在夜深人静时,他们轻言轻语议论着新中国的五星红旗的五角星都是缝在哪个角落?轻飘飘的针,在他们手中如同千斤重似的,他们的手在红色的被单上颤抖着,缝制着,偶尔还要侧耳倾听,防范着反革命牢头忽然闯入……最后他们把红旗深深地藏在监牢的地板下面。他们心里默默地念着《我们也有一面五星红旗》:

> 我们有床红色的绣花被面,
> 把花拆掉吧,这里有剪刀。
> 拿黄纸剪成五颗明亮的星,贴在角上,
> 再找根竹竿,就是帐竿也罢!
> 瞧呀,这是我们的旗帜!
> 鲜明的旗帜,腥红的旗帜,
> 我们用血换来的旗帜!
> 美丽吗?看我挥舞它吧!
> 别要性急,把它藏起来呀!
> 等解放大军来了那天,
> 从敌人的集中营里,我们举起大红旗,
> 洒着自由的眼泪,
> 一齐出去!

渣滓洞及白公馆的英烈们,鲜有人等到解放大军来临,他们大部分牺牲在重庆解放前夕那一夜,他们所拥有的对自身理想的追求与坚定的信念正是作为学习阶段的青少年的我们所需要培养并为之奋斗的。

"红色基因就是要传承。中华民族从站起来、富起来到强起来,经历了多少坎坷,创造了多少奇迹,要让后代牢记,我们要不忘初心,永远不可迷失了方向和道路。"习总书记的这段重要讲话时时萦绕在耳边,让我们铭记,中华民族的崛起是数代革命者用鲜血换来的。

21世纪,我们生活在一个没有战火纷飞的和平年代,生活在富强、民主、自由的中国大地,拥有着快乐、幸福与对未来的无限期望。作为青少年,我们肩负着建设国家的使命,这一使命指引着我们用实际行动去传承革命者们的坚定信念与大无畏精神;激励着我们要拼搏创新、脚踏实地做好每件事;鞭策着生在红旗下,长在春风里的我们用努力与坚持勤奋刻苦地学习,去圆自己的梦,我们每个人的中国梦!

《克拉拉的箱子》读后感

作者：罗翊堃　　学校：南宁市碧翠园学校　　指导教师：江晚秋

"童年，于每个人来讲都是快乐的、幸福的。"

大人们总是用"无忧无虑""天真快乐"这些词汇来描述形容小孩们的童年岁月。或许是因为他们淡忘了自己的孩童时光，或许是因为他们从来没有真正地读懂过童年。"幼年的糖果之帆，真美；幼年的玩具之船，真好；少年的纯真之梦，真纯。六一儿童节到了，愿儿童乘着糖果之帆坐着玩具之船，追寻心灵美丽的梦。"童年或许是天真透明的，但它绝非纯粹快乐无忧的，年幼的心灵有属于它的忧伤与不安、暗淡与恐惧，他们隐秘地藏在内心的某个角落中。失去与分离，黑暗与死亡，这些令人害怕伤感而又无力改变，只能无奈叹息的生命元素，终将在童年时光的某一阶点，悄然走到小孩的面前——它名叫《克拉拉的箱子》。

这本书是一位名叫克拉拉的老师与学生们之间讨论关于爱，讨论关于死亡与分别的故事。

乐观慈爱的克拉拉老师身患绝症，学生们很舍不得她，想帮她完成她的愿望。孩子们最后送给了克拉拉老师一个箱子。这是一个特别的箱子，它五颜六色的，箱子里画着书，画着马，还有大海和海中的小鱼儿，箱盖上画着热气球，载着克拉拉老师在白云间飘来飘去，飘得越来越高，但克拉拉老师不会消失，她会一直在天上的某个地方。箱子边上画有五线谱和音符，孩子们说这是天使唱的歌，会在天堂唱这首歌给老师听……"葬礼需要的是严肃，不需要那些色彩斑斓的配饰。"但这些孩子们打破了这样的规矩。

这个箱子对克拉拉老师来说，是学生们对她的纯粹无比的爱。克拉拉老师让我知道了，要用乐观的态度去接受痛苦的现实。还要大胆地去正视死亡，令我敬佩又感慨。朱利也是一样的，父母的分手、母亲丧女的隐痛以及克拉拉老师即将离去的事实，都令他敏感的心灵经历恐惧、忧伤与痛苦的洗礼……在他面对一连串的死亡和失去的冲击,最终经历了所有的事后。大家都只愿意躲进各自的蜗牛壳里,捂住耳朵不视不语不听,谁都没有做好准备去面对死亡,因为死亡是沉重的,没人能承受这份压力。更何况,克拉拉老师是那么亲的人,但她终要离去。值得庆幸的是,最终,在面对不完美的现实,在经历了糅合着困惑与痛苦的生命探索之后,他终于明白了,克拉拉老师希望他走上的那条人生之路:即使生活充满了困苦,可如果我们得到一点点希望,那么也要乐观坦然地接受现实,乐观开朗,让生命绽放无限光彩。

这本书让我明白了,不要去回避现实生活中的残酷。因为回避是解决不了任何问题的,我们要勇敢大胆地面对现实,坚持"昂首阔步的信念"! 前进! 再前进! 只要我们相信自己就一定能行。我们一起展开翅膀,张开双臂,勇敢地翱翔吧! 哪怕身陷绝境,也不放弃希望。带着"生存下去的勇气"即使摔得遍体鳞伤,也会坚强地站起来! 不断地对自己说:"我能行!"成功之路是不平坦的,要不懈地追求才能到达胜利的彼岸。相信"存在意义的憧憬"期待自己在以后的人生道路上能有更多的精彩,就要不断地超越自己,实现自己的梦想。成功在于奋斗,奋斗之后才会有成功的喜悦。克拉拉老师和朱利就是很好的榜样! 这本书还让我明白了老师的爱是无私的! 爱是永恒的! 虽然老师给予我们的力量是无限的! 但是老师对同学们的爱和同学们对老师的爱都是最真挚纯洁的! 感谢克拉拉老师和朱利让捧起这本书的人读到了活着的美好与生命的高贵,感谢克拉拉老师和朱利提醒着我们品味每一次呼吸,珍藏每一缕阳光。

"克拉拉老师,就如同太阳照耀着我们的生机,也如同着太阳花指引着我们前进。"作为一位教师,作为一位知识的传授者,她非常清楚地晓得一切的恐惧都出于对世界的未知和不了解。所以,除了教授课本上的知识,她还将生命的智慧与存在的光彩万丈展现给她的学生看,大胆地正视死亡,看到生命中黯淡的一面,让他们的成长愈发坚强愈发有力。在面临即将逝去的生命她表现出的坚韧力量、乐观态度,对现实中一切的痛苦,敢于接纳、承担都令人为之敬佩而感慨。而作为她的受益者都会接下她的精神,继续传递。

"一切都将消逝,曾经盛开,然后凋零。在轮回中它理解了重生的意义。落叶归根,痕迹将会存留,但一切又将回到原点。"

读《狼国女王》有感

作者:梁欣雨　　学校:南宁市江南区壮锦初级中学　　指导教师:李念英

在读四年级以前我几乎都没有读过任何一本课外书,并非家里没有,恰恰相反家里的课外书都已经多到可以堆成山了,妈妈每天都在叫我多读一些书,可是我对它们始终都提不起兴趣。但是在四年级的时候我发现了一本名为《狼国女王》的书。刚开始我也和之前一样,把这本书随手一放就不再理会了,直到有一天我在妈妈的催促下收拾房间时,才再一次看到了这一本书,这一次我并没有把他随手一放,而是拿起来随便地翻了两页,发现这本书十分的有趣。就是从这个时候开始,我慢慢地爱上了读小说《狼国女王》,这也成为我爱上小说的开端。《狼国女王》是我最喜欢的一本书,现在再拿出来封面上不知道什么时候多了几道痕,也不知道什么时候书页开始发黄了。

《狼国女王》主要讲述了一只母狼紫葡萄在她的丈夫帕雅丁狼群现任狼王盔盔离世后,被狼群中威望最大的母狼朵朵菊推选为狼群里的女王,在成为狼群之首的时候,有几匹大公狼心有不服,经常挑衅紫葡萄,紫葡萄为了提高威望、树立威严,带领狼群去猎杀牦牛群里的小牛犊充饥,但是在猎杀过程中出了差错,不但没有猎杀到小牛犊,还让"小嚏"牺牲了。她的心里很不是滋味……随后她在狼群领地纠纷、冬季寻找食物、树立狼群中的威信等大小事中逐渐成长为这个族群里果断、顽强、铁面无私的女王,她创造出了一个属于狼国女王的辉煌时代。

在这本书中有一章让我印象十分深刻——奇特的领养仪式。这一章主要讲述了大公狼黑三和雌狼羊踢踢在鹦鹉嘴大溶洞守护狼崽的时候,遇到了一年前咬死前任狼王盔盔的血瘤虎,黑三和羊踢踢拼死守护狼崽,在外带着狼群捕猎的紫葡萄发现鹦鹉嘴大溶洞出事后便飞奔回去,作为一家之主的紫葡萄心急火燎,恨不得立刻插上翅膀飞回去看个究竟。当赶回来时,黑三和羊踢踢都受了不轻的伤,但还好,狼崽们都没有事。第二天早上,黑三已经成了一匹冰冻狼,此时的羊踢踢也就剩最后一口气了,当她看见紫葡萄把她的孩子当成自己的孩子时,她也安心地闭上了眼。

在这个故事中有一段话是这样写的:"大公狼黑三的那张脸已被撕开了,一只眼睛像玻璃珠子一样从眼眶里掉了出来,模样十分恐怖,雌狼羊踢踢浑身是血,差不多快变成一只血狼了。"这一句话通过外貌描写,形象生动地写出了黑三和羊踢踢当时与血瘤虎对抗的凶残画面,也衬托出了他们对狼崽的爱护之情。

在这个故事中,我不禁感叹他们的勇敢无畏和誓死保卫幼崽的决心。从这件事中,我又想起了另外一件事。那时的我才刚上初一,面对科目一下子从三科增加到了八科,课时从一天的七节课变成了九节课,作业也从一天的三科作业变成了五科作业,这让我不禁抱怨起来:"一天要上那么多的课,晚上还要写那么多的作业,还背那么多的书,这简直就是地狱生活啊。"现在再回想那时候不习惯一下子跨度那么大的初中生活,再看看《狼国女王》里那担起大任的女王紫葡萄、奋力想要保护妻子和孩子的黑三、到死也放心不下孩子的羊踢踢……我都有些感觉那个时候的我就像一个小学生一样,而我还生活在这个美丽幸福的地方,他们与我相比,每天都要担惊受怕,寒冷的冬天还要出去寻找食物,还要提防比自己大不知道多少倍的猛兽。我的生活不知道比他们好多少,我却还在抱怨这点小事,真是惭愧啊!

刚开始我看到这本书的时候我就很好奇狼群之首不应该是大公狼吗?为什么这里的狼群之首却是一只雌狼呢?当我读完这本书以后,我知道只要坚持努力、做好表率、树立好自己的威信,同时也要了解每一匹狼,雌狼也可以成为狼群之首。这本书给我的启示就是对自己要有信心,遇事迎难而上、不怕困难、不怕危险,也不会因为一点点的小挫折就半途而废,坚持不懈做好自己,这样终会收获一个美好结果的。

《红星照耀中国》观后感

作者：曹又今　学校：南宁市第四中学

  时光的年轮碾出辙印，顺着深浅的痕迹，我跟随斯诺的步伐，去寻觅那颗闪耀的红星。

  一幕景缓缓呈现眼前，只见得满目疮痍。身着破旧麻衣的人们蓬头垢面，挤挤挨挨在残垣断壁间，凝洁的血痂布满面庞，衣服被厚厚的灰尘笼罩。有人恐惧无措的目光中含着乞求与伤痛；有人对着一旁的尸体不住垂泪，低声呜咽。斯诺感到震惊，我亦是。这是战争真正的残酷啊！

  斯诺最初来到中国，是为了寻找东方的魅力，可他带来的那张白纸并没有记载想象中的绚丽美景，而是被鲜血染红，被战乱覆盖，这令他的内心五味杂陈。我加快脚步紧跟着他，正式开启前往苏区的旅程。

  一路辗转颠簸，未曾停歇，斯诺太渴望见到毛主席，渴望见到"红色中国"。

  眼前已是辽阔的陕北黄土高原，黄沙漫地，沟壑纵横，连绵不绝，满目的恢宏壮观。不知从何处传来一句悠长婉转的陕北民歌，响彻整片峡谷。红星便在这片土地上冉冉升起。

  毛主席的身影在红星下愈来愈清晰。他热情欢迎斯诺，欣然接受斯诺的采访；他被国民党悬赏抓捕，却毫不介意与农民在大街上并肩而行，愉快地谈论些家常琐事；他居住在简陋的窑洞中，只有一件铺盖，几件随身衣物，却从不觉艰苦。他是坚定地高呼"人民才是真正的英雄"的不屈伟人，也是谈及逝去的战士而眼角湿润的感情深邃的平凡之人。

  我在这次红色之旅中，又重新认识了这位百年间被无数人敬仰的英雄。

  一路上，我见到许多"红小鬼"。他们昂扬向上，充满活力，他们骄傲地大声回答斯诺："你不用为这件小事而感谢一个同志！"他们不畏艰险，英勇坚强，曾跟随红军一起爬雪山，过草地，走完二万五千里长征。他们积极乐观、热情开朗。在被斯诺问及路程是否艰苦时，毅然笑道："不苦不苦，有同志们在一起，行军是不苦的。我们革命青年不能想到事情是不是困难或辛苦,我们只能想到我们面前的任务!"我所见到的,是朝阳般喷薄而出的希望啊!

紧接着,我跟随斯诺到达战场一线,目睹了战场上的枪林弹雨。无数战士在血泊中倒下,无数战士身上密密麻麻的伤痕添了一道又一道。那些牺牲,那些伤疤,堆砌起红军的信念,燃起他们心底的家国情,换来红军一次又一次胜利,也为当地的人民赢得一方安宁。

如鲁迅所言"为中国人生存而流血奋斗者,我得引以为同志,而且以为是光荣的。"那颗闪耀的红星,是红军战士们用自己的鲜血铸成的。

跨越时光的列车即将到达终点,电影也接近尾声,我的思绪回到今日的新时代。嫦娥五号"可上九天揽月",奋斗号"可下五洋捉鳖";"复兴号"高铁风驰电掣;C919客机翱翔东海之滨;"北斗卫星"完成全球组网;"天问一号"开启探测火星之旅……在红星的照耀下,中国创造了一个个奇迹,书写下一个个传奇。

电影的最后,军帽上的红星在光芒中闪烁,铿锵有力的话语直击心扉——"红星照耀中国,也必将照耀世界!"

是的,无论如何斗转星移,无论多少铅华洗尽,那颗闪耀的红星将永远在历史洪流中熠熠生辉,照耀未来的征程。

读《钦州红色传奇故事》有感

作者:彭佳慧　　学校:钦州市钦南区尖山中学　　指导教师:陈洁

我们赞美大海的浩瀚,是否会想到河流奔腾中的坎坷与执着?我们赞美高山的雄伟,是否会想到土石积淀中的漫长与沉默?我们赞美景色的秀美,是否会想到万物生长中的艰辛与蓬勃?我们赞美祖国的繁荣,是否会想到无数英雄默默付出与牺牲?

就在暑假之前,老师发给了我们每人一本——《钦州红色传奇故事》,我看完以后,深深地感慨:哪有什么岁月静好,不过是有人替我们负重前行罢了!

钦州,我可爱的家乡!你不但物产丰富,而且孕育了无数革命英雄。有刘永福、冯子材南下抗法,有撒播红色火种的钟竹筠,有狱中革命伴侣的钟古和章英,有"我们都是战友"的吴明绍,有机智勇敢的徐梅初,有智取"那天"的朱守刚,有夜袭独山的张君廷……他们付出的不仅仅是他们的青春,还有他们宝贵的生命!他们创下无数的奇迹,如果这种奇迹有颜色,那一定是中国红,先血红,英雄红!不是吗?女共产党员钟竹筠,生于贫苦农村家庭,受到革命思想的熏陶,投身革命的洪流中,在斗争中逐步成长。1926年10月,钟竹筠含泪告别了病重的丈夫——韩盈和嗷嗷待哺的儿子,毅然踏上了西往异乡防城建党的新历程。1927年5月下旬,钟竹筠的丈夫惨遭杀害,钟竹筠忍着悲痛,继续在东兴芒街一带坚持地下斗争。9月一天晚上,她被秘密拘押,面对凶恶的敌人的逼问,她回答道:"革命不会完!最终完的是你们这伙人面兽心的反动派!要宰要割任你!……"1929年5月30日,她镇定自若地轻蔑地扫视了刽子手,然后昂首挺胸高呼:"中国人民万岁!中国共产党万岁!"在响亮的口号中,钟竹筠英勇就义,年仅26岁。

一个个英雄飒爽英姿,他们的一生短暂而又辉煌。他们有的是孩子的好父亲,有的是母亲的好孩子,有的是妻子的好丈夫,有的是患难见真情的友人,有的是年近七旬的老人。他们牵挂着家庭,更牵挂着祖国;他们是家的好儿女,他们更是国家的好儿女；他们是家的顶梁柱，他们更是国家的好栋梁；他们不是某一时空被定格的画面，而是感染着一个时代，乃至千秋万代的民族战士。他们的出现，让历史长河激起一连串的涟漪，让历史震撼，让家乡崛起，让人们骄傲！在他们面前，是尘埃，就会被扫除；是黑暗，就会被消灭；是敌人，就会被打倒！他们推动着民族的发展，推动着历史的前进，无论何时何地，"英雄"这个词永不褪色。

腥风血雨的年代，千里血迹，万里伏尸。他们曾走过绿茵遍野，也曾踏过枯骨万里。他们在黑暗中仰望光明，他们细数着千年的辱没，他们深潜在光年之外，那注定是万丈光芒的！

在我们看来，幸福是家人安康，合家美满；幸福是心想事成，步步高升；幸福是发财致富，功成名就。而在他们看来，幸福是国泰民安，无灾无难；幸福是祖国繁盛，民族振兴；幸福是吃穿不愁，温饱足食。他们的幸福是"零落成泥碾作尘，只有香如故"的圣洁，是"壮志饥餐胡虏肉，笑谈渴饮匈奴血"的豪壮；是"先天下之忧而忧，后天下之乐而乐"的胸怀，是"人生自古谁无死，留取丹心照汗青"的气节。什么是美？我想是当他们亲眼看见这如他们所期盼的盛世之中华，繁华之都市，幸福之人民，而露出的那一抹微笑，便是了。

总有那么一些人，为了国家，为了民族，为了家乡，抛头颅，洒热血；总有那么一些人，为了国家，为了民族，为了家乡，舍弃小家，成就大家，宁死不屈，视死如归。钦州的江上奔流着的是革命先辈们的鲜血，钦州的山上生长着的是革命先辈们的精神，钦州人的身上流传着的是革命先辈们的基因。在山河破碎的年代，先辈们奋勇杀敌，保家卫国；在百废待兴的年代，先辈们一砖一瓦建设家园。如今，我们青年一代必将牢记使命，担当有为，谱写最绚丽的青春之歌。"破茧方成蝶，涅槃才成凤"，"枫叶经霜艳，梅花透雪香"。

古时繁华我们未生，旧时磨难我们未经，现世安荣我们已许深情，我们生逢盛世，定当不负盛世，不负英雄，不负革命，我们此生愿以寸心寄华夏，且将岁月赠山河！

《四世同堂》读后感

作者:钟睎曈　学校:梧州市第十五中学　指导教师:全金燕

我泱泱华夏,一撇一捺都是脊梁。

——题记

"千里万光影,仇恨燃九城……"这铿锵有力的京韵大鼓,敲开了那扇藏在《四世同堂》里的大门。我轻抚书卷,任由书页在温柔的灯光下翻飞……

《四世同堂》是老舍先生的代表作之一,它讲述了四代人共同生活在同一个家,却有着迥然不同的命运。透过一个个小人物,能看到当时中国的转折,那寂寥的光影,落在了四代人身上。书中人物的嬉笑怒骂,构成一个社会的小缩影,每一个人的悲喜,都随着时代的浪花翻滚着。

老大祁瑞宣是全书的主线。他承担了老三祁瑞全的责任,让弟弟尽心为国家奋斗。之后,在一连串事件的触动下,他开始找寻自己生命的意义。在家庭观念和民族意识的矛盾斗争中,他始终坚持民族大义,不向日本人屈服,最后走上了反抗侵略的斗争道路。

这不屈的心,更直接表现在另一个人物钱墨吟身上。钱墨吟原是旧式文人,整日消极避世,但在日本坦克隆隆开过北平大街时,他猛然醒悟。他冒险救助素不相识的王排长,为小儿子的牺牲而自豪,最后,在一番波折之后,他离家走上了秘密的抗日道路。

这不屈的心,还体现在祁瑞宣的三弟祁瑞全身上。祁瑞全在日本入侵不久,就离家奔赴抗日战场,在日本投降前夕,又出现在北平秘密战线的战场上,机智勇敢地同敌人周旋。在与敌人的纠缠中,他懂得了如何战斗,也懂得了为国尽忠的意义。

读完《四世同堂》之后,我若有所思,究竟是什么力量,让祁家(除祁瑞丰)和钱老人不被金钱腐蚀,不会放弃尊严苟且偷生,甚至以死来捍卫国家和亲人?那应该是一种流淌在血液中、镌刻在骨子里的坚定不移的信念感吧!

信念是思想的支柱,而我在日常生活中总是缺乏坚定的信念,很多事情经常半途而废,没有坚持下去。从老舍的字里行间,我第一次感到了惭愧,在社会变化,国仇家恨交织之时,书中不少人物依旧能坚定信念,毫不动摇。我一个生活在和平年代的人,有什么资格在困难面前轻易退缩呢?

　　当一道很难的奥数题再次摆在我面前,我一次次挑战却又一次次失败。焦躁像藤蔓一样慢慢爬上我的心,紧紧缠绕在心间。这时,《四世同堂》这本书中那些有着坚定信念的人物形象,清晰地浮现在我脑海里。我顿时冷静下来,再次拿起草稿纸开始新一轮战斗,最后,当我把正确答案填上的那一刻,内心既冷静又有着隐约的兴奋感。原来,信念真能给予我无穷勇气!

　　前途是光明的,道路是曲折的。大至国家发展,在云谲波诡的国际形势下乘风破浪;小至个人的学习生活,在书山题海的艰难险阻面前奋力攀登,都需要一种坚定不移的信念感和使命感,才能开拓出前进的道路。

　　天下兴亡,匹夫有责!当以吾辈之青春,护我盛世之中华!

赓续红色血脉,争做时代新人
——读《毛泽东诗词集》有感

作者:邓英喆　学校:梧州市第十五中学　指导教师:卢思因

　　古人曰"有朋自远方来,不亦乐乎",然则于我则必言"有书自爷爷家借来,不亦读乎"。每年寒暑假我都回老家,顺便到爷爷的书房"进修",我总是无法自拔地"跌"进那两柜子的老书里。

　　其中《曹操集》乃我之最爱,其"对酒当歌,人生几何"的感慨、"老骥伏枥,志在千里"的壮心、"白骨露于野,千里无鸡鸣"的伤怀和横溢的才华,深深地折服了我。

　　我想:曹操生活的战乱年代得以造就他,成为出色的文学家、政治家、军事家,而历史上还有哪位伟人如此才华超众呢?于是我又想到了我们的毛主席。

　　毛主席生活的年代是怎样的,我们的初中学习内容中,没有详细描述,故也不能深刻体会到他们在那时的思想感情,于是我从乡下借来一本《毛泽东诗词集》来学习了解,自此回到一个红色的世界。

　　它首先为我解答的问题是:长征路如何,红军军心又如何。

　　在《七律·长征》中便高度概括了五个长征路上的场景。"五岭逶迤腾细浪,乌蒙磅礴走泥丸"体现出红军将士的乐观豁达,"更喜岷山千里雪"等句也写出红军苦尽甘来的欢愉。

　　在《清平乐·六盘山》中,红军又攻破天险腊子口,翻越六盘山,将士们蓄势待发,只等"吹角连营",将那反动"苍龙"束缚。

　　他们抛头颅洒热血,为打开新民主革命新局面,不知牺牲了多少人。几首诗词中,热情赞扬了红军不惧困难、英勇顽强的革命英雄主义精神。同时我也在想,我们在新"长征"路上也应如此,要坚定信念,一步一步不停地向目标走去,不论在通往鲜花的路上有多少荆棘,都要直面困难。

　　读书总是这样,带着问题和兴趣才能引人入胜。最近,我又带着个新的问号钻入这本诗词集,读了一首能与我们年轻人引起共鸣的词:《沁园春·长沙》。

这首词是毛主席刚过而立之年重游橘子洲,回忆同学和联想到当时的革命形势而作的,那么他们年轻时之心又如何?

毛主席站在湘江边望到一片层林尽染、百舸争流的湘江寒图,而他真正看到的何止这些,他看到的"万山红遍"其实是当时"星火燎原"的写照,表达的是对革命形势的乐观心态。放下书来,我们看到中国共产党走的光明前途,看到当时"风流人物"的赤红的热血与力量,长江后浪推前浪,看到了现代年轻人的建设热情。

词中第三四句"万类霜天竞自由"和"问苍茫大地,谁主沉浮"的感叹,表现了词人的博大胸怀,道出了青春时代我们与他同样的向往自由的内心。

"恰同学少年,风华正茂"形象概括了革命者年轻时雄姿英发的战斗风貌和豪迈气概。我们当代青少年又何曾没想过"指点江山,激扬文字"呢,也应有奋勇前进、劈波斩浪、"中流击水"、"浪遏飞舟"的理想抱负啊。

少年兴则国兴,少年强则国强,青少年是祖国的希望。如果没有他们"粪土当年万户侯"的热血,哪儿能有现在的新中国?如果我们青少年不扎实学识,吃苦耐劳,立志报国,哪能挺起民族脊梁,担起时代使命,建设强国伟业?

读了毛主席的诗词,我明白了什么样的年代就造就什么样的人,如今我们的任务也有所不同。时代已把中国号巨轮的船舵交到我们手中,我们要坚定不移、风雨无阻地驶向复兴彼岸。虽然今天我们离彼岸比历史上任何时候都要近,但国家安全的影响因素比历史上任何时候都要复杂,我们时刻都不能松懈,要脚踏实地,做好自己本分之事,全心全意投入学习、工作中,在建设祖国的一小步中谱写壮丽的青春篇章,为中华民族伟大复兴而奋斗!

夕往无数风流人物,为民主革命洒热血!

今来万千吾辈青年,挺民族脊梁献青春!

当该思考时——读《艾青诗选》有感

作者:黄俊翔 学校:梧州市第十五中学 指导教师:董毅

很喜欢艾青的现代诗,总觉得那些充满沧桑的文字让人读起来热血沸腾,任时光荏苒,"为什么我的眼里常含泪水,因为我对这土地爱得深沉……"这句诗在记忆的隧道里永存。今年暑假,我与艾青同志"见面",与他的那些饱经岁月的洗礼的文字见面,也再一次见识到他的撕心裂肺地对祖国的热爱,体会到他的那颗火热的赤子之心以及对广大的普通劳动人民最真切的关心,一次又一次的动容,让我不得不铭记这位现代诗坛的大家并对其肃然起敬。

我们大家从小就开始被身边的一切人或物灌输爱国的思想,或许很多同学都会在想我们还没有走入社会,对于我们的国家和民族,我们根本不能改变什么,力量太过于渺小以至于我们很少会将自己置身于一种高的角度,所以我们会认为自己与爱国联系太远。我想我们每个人在潜意识里都有种对祖国的热爱,否则为什么在日本和我国在争论钓鱼岛的所有权的时候我们会义愤填膺?为什么在一届又一届的奥运会上中国的运动健儿们取得辉煌佳绩的时候我们会欢呼雀跃?为什么每次升起国旗奏响国歌的时候我们的心弦会跟随慷慨激昂的节奏而颤动?为什么在一部又一部的抗日影片中当看见中国百姓被敌军残暴杀害时我们会咬牙切齿?又为什么当影片中播放到"中华民族抗日战争胜利啦"我们的心像飞回那个时代一样激动欢喜……我知道——因为在我们心目中祖国的荣誉与兴盛关系到我们的情绪,因为我们大家都会用小小的心盛满对这个民族的热爱。

我们是正坐在敞亮的教室里无忧无虑的莘莘学子,现在的我们的确羽翼未丰,很难会有大的成就,所以现在的我们应该要开始用一丝不苟的心态去对待学业。我们不仅要参加丰富多彩的校园活动,而且还可以去参加社团或志愿者的活动,为需要的人送去温暖。虽然我们都是渺小的个体,但是我坚信可以发出点点光芒,因为爱国不一定是舍身炸碉堡的壮烈,不一定是指挥战斗的睿智,不一定是治理国家的谋略……

　　读了《艾青诗选》里的很多诗,发现都是在感叹人民生活的艰难困苦,为民族命运的担忧和一直追求光明,都说我们的人生就像是在茫茫大海上航行的帆船,我们不仅是船长,还是水手、舵手,艾青说"一个海员最喜欢的是起锚所激起的那一片洁白的浪花,另一个海员最使他高兴的是抛锚所发出的那一阵铁链的喧哗,一个盼望出发,一个盼望到达",这是我最喜欢的诗句之一,不管是盼望出发还是盼望到达,这样的海员都是勇敢坚毅的,他们不怕远方未知的惊涛骇浪,不怕前方的狂风骤雨,有了这份盼望,他们会果敢地克服即将面临的任何艰难险阻。

　　读完《艾青诗选》,我真正认识到了一个"用生命为祖国颂唱"的艾青,"一生关心劳动者生活"的艾青,艾青所说的那清晰的"盼望",使我也会找寻近期的"盼望",我会像那些海员一样,盼望着新的出发,盼望着我以后理想生活的到达。

对生命的思考——读《茶花女》有感

作者:陈与　　学校:梧州市第十五中学　　指导教师:卢思因

"一个人的生命是宝贵的,但当你忽视了它,或不去珍惜它的时候,那这'生命'两字将变得毫无意义。"

——题记

那天,我走进一家书店躲雨,推开门走进去,迎面而来的书香气,静得只能听见翻书的沙沙声,我拍了拍身上的水气,放好雨伞,在一众眼花缭乱的书架上,取下了一本《茶花女》,坐在角落处细细阅读。打开黑色的封面,积着一层薄薄的灰,我用手一拍,那空气与灰尘夹杂在一起,仿佛生出一朵洁白的茶花。

这段故事由主人公阿尔芒的回忆引起。巴黎名妓玛格丽特为了阿尔芒放弃了工作,与其同居期间,却因阿尔芒之父的不满,带着苦楚,含冤离世。在读完她的遗书后,阿尔芒恍然大悟,为这凄凉的爱情万分惋惜。

玛格丽特虽以卖笑为生,但她僵硬的笑容下却有一颗向往自由的心。她试图爬出这泥潭,减少污染,却只换来了人们的不屑与不理解。终于,她遇到了阿尔芒这个支柱,她慢慢地爬,想要挣脱黑暗时,被阿尔芒之父的一番话推入深渊,无力挣扎,慢慢死去。

玛格丽特不愿在别人的束缚下生存。谁曾想,在她卖笑一霎时,上流社会便将她扔下,注定一生无法自由。她的存在像一枝茶花,是花就渴望自由和阳光。在触碰阳光的一刹,无情风又将她吹折,吹回阴冷的角落,落入深深泥流。上帝公平地对待每一个生灵,使她在泥流之中不凋零而死,保留那一丝美丽。

读过这本书的人都会同情女主人公"茶花女"的悲惨命运,又或是对那个冷酷的社会表示不满。原来的我也是这么认为的,可这个想法却在我最近重读本书时,发生了变化。难道茶花女的悲惨命运只是上天的一个惩罚?难道她自己就没有任何的责任?我不这么认为。我觉得文中的茶花女也有错,因为她把生命看得太没意义了,就算她的命运十分悲惨,那也不能因此而糟蹋生命,自暴自弃,而应该鼓励自己,相信自己,努力地改变自己的命运。

  我想到了我自己,记得初二段考时,我的物理成绩迎来第一次不及格。看着那醒目的50分,我不争气的眼泪直往下掉。我回想起,在上课的时候我都有在认真听讲做笔记,作业也有认真完成,看似都有在努力学习,可实际上,我每回面对不会写的题目时,都会选择逃避,甚至因为几道题目接连挫败而放弃。想想我的学习态度,没考好是必然的,那我又有什么资格去哭?于是我擦干眼泪,调整心态认真上课,积极回答问题;做作业之前会先复习一遍前课的内容,对于老师布置的作业都会好好研究做题思路,完成作业后学会总结,并且预习下一课时。终于,在期末考试时收获了满意的学习成果。

  合上书,脑海中还不断涌现出书中的片段。我不禁思考:生命是自己的,生命的价值也是由自己决定的,所以,我们更加应该珍惜自己的生命,尽管困难重重,尽管不尽如人意,但生命真正的价值不就在奋斗、拼搏吗?就让我们成为自己的骄傲,在面临困难时,在面临厄运时,永不言败,永不放弃吧!

致敬逝去的伟大革命者
——读《钢铁是怎样炼成的》有感

作者:陈荣欣　　学校:兴业县第三中学　　指导教师:黄乐

我拾起《钢铁是怎样炼成的》这本书,就像拾起了过去。

这本书讲述的是在沙俄时期,主人公保尔在成长过程中是如何以顽强的意志、坚定的信念以及一心为国的情感去救国,反抗侵国敌人,最后成功战胜腐败风气,维持了苏联经济发展局面的伟大故事。

"人最宝贵的是生命,生命对于每个人只有一次。人的一生应当这样度过:当他回首往事的时候,他不会因为虚度年华而悔恨,也不会因为碌碌无为而羞愧;在临死的时候,他能够说:'我的整个生命和全部精力,都献给了世界上最壮丽的事业——为人类的解放而斗争。'"保尔在墓碑前的这一段感慨,同样也是我感触最深的语句。虽然这是讲述外国革命故事的一本书,但是在我的脑海中似乎浮现出了我国的伟大革命者们……

最近热播的电视剧——《觉醒年代》,是献给七十华诞的中华人民共和国的,是献给建党一百周年的革命者们的,是献给那些默默为国付出的人民的……

觉醒年代,一听就是个宏伟的名字。觉醒,意味着那头沉睡百年的"雄狮"正在慢慢苏醒;年代,指从清朝开始起的那段屈辱不堪的历史。连起来,觉醒年代,指那段耻辱不堪、屈辱至极的历史,至此就要不复存在了。

令我感触最深的属陈独秀和陈延年、陈乔年这对父子。他们之间因为一些矛盾而不和,但最后还是和好如初了。有一场是陈独秀回到上海接留学归来的胡适先生,顺便去见了自己的儿子们。但是事与愿违,他们三人之间闹出了个笑话——陈独秀把妻子高君曼蒸的肉包带来给兄弟俩吃,问了句:"那你们为什么叫你们姨妈姨妈啊?""这只是一个称谓。"陈延年答道。"那你们叫我什么?""我一般都叫你陈独秀,陈独秀先生。"听到这,陈独秀怔了一下,似乎被惊到了,随即便有些生气,气呼呼地想离开。但我猜,他的心里定然会有些失落、愧疚吧……不过最后,他还是把一盘新蒸的肉包再次拿给了兄弟俩。当然,还附加了一句:"陈独秀先生带来的,高君曼女士蒸的!"这明显就是生气了嘛!不得不说,陈独秀先生还真是幽默风趣啊!

当然也有令人悲愤的情节。以陈延年来说,1927年,他毫不畏惧,英勇从容地走向刑台。他脚下的铁链发出叮叮咣咣的声音,脚上沾满了鲜红的血液。但是他的脚步没有丝毫犹豫,赤着脚,一步,一步,坚定地向前走着。最后一幕,他转过身来,微微笑了笑。这个笑容在他布满血迹的脸上显得格外耀眼。他为什么要笑?因为他,是最先领悟要救国,就得利用新文学,从根本上改变人们思想的那批人。那是在绝境中仅存的一丝光明。他不畏前方究竟有多黑,有多难,顺着光,逆着黑暗,为后来的人们开辟美好未来。与保尔一样,保尔身残志坚,在处于绝境的情况下仍能坚持革命;而陈延年曾说过:"我愿意为了国家而献身。"是啊,他最后宁愿被国民党反动派乱刀砍死也不愿跪下屈服,多么坚贞不屈!多么威武雄壮!多么维护尊严!多么热爱祖国!这就是我们的革命者们,值得我们去敬佩、去学习的英雄们。

我不禁又回想起开国大典的那一刻,毛主席郑重宣布:"中华人民共和国中央人民政府,今天成立了!"台下的人民激动不已,无比兴奋。我想,那些为建设新中国而献身的共产党员、革命者、英雄们的心情也与他们无异,绝对是无比激动、无比自豪的。因为中国从此站起来了!他们如果在世,也绝不会大肆宣扬自己有多伟大,贡献有多大。因为他们每个人都是那么的无私,那么的淡泊,默默地向着指引着他们的耀眼的光,迈着坚定的步子,绝不回头。不管背后的代价有多大,有多痛苦,也绝不畏惧,绝不退缩。"鞠躬尽瘁,死而后已";"先天下之忧而忧,后天下之乐而乐"……用来形容他们再合适不过。我能做的,也只能是学几首红色歌曲,了解党史,仅此而已了。

我每次唱起红歌,就仿佛看到了那段屈辱的历史:像保尔一样坚强的战士们正在我面前殊死拼搏,抛头颅洒热血地对抗那些侵略我国的敌人。以至于每当红歌响起,我的心情就异常沉重,悲愤立马涌上心头。当然,战士们,当今的盛世如你们所愿!你们经历过的生死战总不是闹着玩的!你们就向着光的方向,一步步走向属于你们的未来吧!

《钢铁是怎样炼成的》真的使我受益匪浅,感触深刻。它刻画的不仅仅是保尔这一革命者的形象,更多的是像保尔一样的革命者们。他们无不令人敬佩和感动!

最后,我要郑重向革命者和英雄们说声:"谢谢!"如果不是你们付出的鲜血,哪来我们今天的美好生活?

"为了反对内外敌人,争取民族独立和人民自由幸福,在历次斗争中牺牲的人民英雄们永垂不朽!"——《人民英雄纪念碑碑文》

作为中学生的我,必须努力奋斗,坚持拼搏,才能不负前人努力用鲜血换来的当今盛世。"少年强,则国强"。若能为国家献出自己的微薄之力,也算是不枉此生了。

致最可爱的人——读《博白县志》有感

作者：覃锦莲　　学校：博白县亚山镇第二初级中学　　指导教师：郑裕才

"在朝鲜的每一天，我都被一些东西感动着，我的思想感情的潮水在放纵奔流着，我想把一切东西告诉我祖国的朋友们。谁是我们最可爱的人呢？我们的战士，我感到他们是最可爱的人。"这是魏巍的文章里的片段，感动了一代又一代的中国人。

《博白县志》里记载了许多博白的英雄儿女浴血奋战在抗美援朝战场的第一线，经历了生与死的考验，他们参加了上甘岭战役，参加了金城战役，在朝鲜的战场上谱写了博白儿女英雄的诗篇，你们是博白人民的骄傲，你们用血肉之躯把敌人挡在了国门之外。上甘岭战役中牺牲的博白英烈有：243团的张信启，135团的庞十二、蓝德林、秦亚山、李德生、彭宗信、陈志明、冯祖福、邓焜，134团的朱庭芳。在抗美援朝的最后一次大战役——金城战役里博白籍的志愿军牺牲了100位，金城战役我军伤亡2.5万人，每250个牺牲的战士中就有一个是我们博白县的，他们的名字：403团的郑兆伟、李山崇、张元铁，404团的秦胜华、郑兆林、庞永贵、庞贤辉，405团的陈天生、蓝远通等。一个个鲜活的生命变成了一条条冰冷的烈士碑上的名字。一个县在一场战役里牺牲了一百位战士，还有很多受伤的和没有受伤的战士没有记录在《博白县志》里，这一场最后的战役，金城成为博白人心里深深的痛。

博白地处祖国的南疆，朝鲜在亚洲大陆的东北角。当兵就是为了保家卫国，国家需要他们跨过西江、长江、黄河，越过五岭、秦岭、山海关，雄赳赳气昂昂地踏上朝鲜半岛。张译、吴京主演的《金刚川》就是根据金城战役里一场真实的小战斗改编的，看电影的时候总觉得那些热血的志愿军战士是那么的可爱，那么的可敬，翻开《博白县志》看到了金城这个地名一次又一次地出现在牺牲烈士名字的后面，我的心被震到了，那可是许许多多的博白儿女在用生命演绎他们的故事，谱写他们的传奇。中华民族五千年的历史长河中不断涌现出一批又一批救民族于危难之间的英雄,我们博白的儿女更是令人可歌可泣,远有父子齐上战场的庞孝泰,后有在越南打得法国人落花流水的冯子材,更有在台湾孤忠的刘永福,志愿军战士又继续前人的事迹在朝鲜战场上谱写了最壮美的诗歌。

近些年我国分批次地迎回在韩烈士遗骸,我也曾经在抖音上看到相关的视频,我不知道那一批批回来的英烈里有没有我们博白的,如果博白县三百多位牺牲在朝鲜战场的烈士遗骸都迎回国该有多好。陌上花开满衣冢,英雄魂归故里,我希望政府把烈士陵园建在云飞嶂的东面,让他们望着南流江水静静地流过,看着马子嶂的风车慢慢地转动,看着农田里的水稻慢慢变成金黄色。到那时我和我的同学们在清明时节为你们扫墓,为你们献上家乡的稔子花,也许多年以后我也有我的小孩,我想我会带着他到墓前向你们致敬——我们心中最可爱的人。

学习历史而知民族血泪,崇尚英雄更要传承他们的爱国主义精神,敢打必胜的战斗精神,向死而生的无畏气魄,铭记历史中的血雨腥风才能更珍惜他们用生命换来的和平。在面对新百年中华民族伟大复兴征程中,向最可爱的志愿军战士学习,努力学习,学好本领,我们新一代的中国青年一定会实现伟大的中国梦。

做新时代有为少年——读《党员毛主席》有感

作者:陈婵　学校:北流市新丰镇初级中学　指导老师:党年霞

　　穿岁月风头,伴历史云烟,中国共产党已然走过了100年的风雨历程,100年的风雨历程,演绎了英雄儿女的不屈抗争,塑造了中国共产党不屈的灵魂。"与日月同辉,共天地长存"。阅读完《党员毛主席》一书,我更深刻认识到毛主席的伟大,他的精神时刻照耀着我。

　　他是一个有着积极心态的人。"自信人生二百年,会当水击三千里。"面对"敌强我弱、国土尽丧、国内阶级对立"的艰难革命局势,毛主席傲视万物,气定神闲,多次用此句诗歌来表现自己坚定的信念和乐观积极的心态。当然,积极乐观不是盲目自信,毛主席的乐观心态来源于他对中国革命以及历史的深入分析和把握;源于他对崇高理想的坚定信念和不懈追求。读着"当天空出现乌云的时候,我们就指出,这不过是暂时的现象,黑暗即将过去,曙光就在前头。"想着当年毛主席住在"破旧的窑洞里,穿着打补丁的衣服,和同志们讲课,坚定同志们的革命信心"的故事,突然发现自己的困境豁然开朗。

　　他是一个执着的人。"炮火纷飞,国破家亡,内忧外患,苦不堪言……"那时的中国可谓"国家也坏到了极点,人类也苦到了极点,社会也黑暗到了极点"。然而,我们的伟大领袖毛主席却毅然决然,执着于把中国从帝国主义、封建主义、官僚资本主义三座大山下解救出来,执着于救百姓于水火之中,执着于中华民族的崛起!为了改造中国,他一生都在探索救国救亡的道路,并不惜为之"抛头颅洒热血",从而成就了千秋伟业!"虎踞龙盘今胜昔,天翻地覆慨而慷。"为了远大的理想并为之执着努力,才能迎来新的光明。

　　他是一个有过失败却不沉溺于此的人。1929年夏,在红四军第七次代表大会上,毛泽东因"个人英雄主义"和"家长制"作风遭到批评,甚至被给予"严重警告"处分。不仅如此,在随后的前委书记的选举中,毛泽东也落选了。面对如此"滑铁卢",他没有一蹶不振,没有被失败打倒,反而积极分析中国革命实情,从中国实际出发,为中国革命指明新的道路。1930年6月,根据全国红军代表会议的决定,毛泽东任由赣西南和闽西地区的红四、红六、红十二军组成的红军第一军团的政治委员。

　　他是一个……

　　文章总有尽头,但毛主席的人格魅力给我带来的可谓"圣人所到之处,人民无不被感化,而永远受精神影响。"通过阅读《党员毛主席》,我深知:作为新时代的新少年,我将以毛主席为榜样,以他的优良品质为准则,努力学习,不断汲取丰富的理论知识,奋力让自己成为新时代的"有为少年",努力为伟大中国梦奉献自己的力量!

《没伞的孩子,必须努力奔跑》读后感

作者:梁思敏　学校:博白县双旺镇初级中学　指导老师:蒙越

莫言说过:"当你的才华还撑不起你的野心的时候,你就应该静下心来学习;当你的能力还驾驭不了你的目标时,就应该沉下心来历练。"还有人也说过,青春是纵然梦想很远,踮起脚尖就能更近一些。衡水中学的柳君子说过,学习就要有坐冷板凳的毅力,求知的路漫长而枯燥,有好书相伴,会让我们更有耐力,不再迷茫。是啊!人的一生也应该这样,《没伞的孩子,必须努力奔跑》这本书陪我走过了一段迷茫的日子。

开头的第一章写的是"如果不努力,你的人生就是单行道"。一位名人说过,你必须首先确定自己想干什么,然后才能达到自己确定的目标,所以目标会使你胸怀远大的抱负;会使你在失败时,赋予你再去尝试的勇气;会使理想中的你与现实中的你相统一。刚上初中时,我一直拼命学习,但成绩就是提不上去,不知道什么原因,有时甚至想放弃,直到看到了这本书,我才恍然大悟,一直在努力的我却没有找到明确的人生目标,现在我的目标就是考上重点高中。在成长的道路上,只有确定前进的目标,才能最大可能地发挥自己的潜力;只有在实现目标的过程中,我们才能够检验出自己的创造性。调动沉睡在心中的那些优异独特的品质,才能锻炼自己,造就自己。法国的蒙田说过:"灵魂如果没有确定的目标,他就会丧失自己。"之前的我没有目标,找不到正确的人生方向,而有了明确的目标后,很多事就会慢慢变好了,可见目标在人生中起着多么重要的作用。目标给了我们生活的目的和意义,当然我们也可以没有目标地活着,但是要想真正地活着,快乐地活着,我们就必须有生存的目标。伟大的艾德米勒·拜尔德曾说:"没有目标,日子便会结束,像碎片般地消失。凡事都要确定一个目标。"

我们还应该让行动成就远大的目标。成功始于心动,成于行动。英国的威·赫兹里特说过:"伟大的思想,只有付诸行动才能成为壮举。"要努力就从现在开始,努力后,无限风光才有可能出现在眼前。从现在开始努力并时刻告诫自己,绝不可坐以待毙,守株待兔,因为大好的机遇从来都垂青懂得珍惜生命和把握现在的人,用脚踏实地的行动走出一条属于自己的不寻常路!

　　行动是一个人努力的最好证明,有想法不行动,想法就失去了意义,一百次心动,不如一次行动,凡成大事者都是勤于行动和巧妙行动的大师。通往成功的路有千万条,行动才是唯一的捷径。一个人唯有积极行动起来,才算得上真正的努力。认准了需要努力的事,就不要犹豫,勇敢地迈出第一步,这是努力的开始。许多人之所以不成功,是因为没有勇气迈出第一步,或者是懒于迈出第一步,这个"第一步"就是成功的第一道防线,只要敢于突破第一道防线,每天向目标迈出一点点,持之以恒就能大有收获。成大事需要在努力的同时敢于冒险,也需要改掉拖延的习惯,通过努力提高行动力。阻碍行动的往往是心理上的障碍和思想中的顽石,而不是事情本来有多么困难。记住:没有行动,一切想法都是空谈,拖延时间更会使人止步不前,事情丝毫没有进展。相反,如果认为一件事情值得去做,就不要拖延时间,立刻行动,那么就能够做好自己想要做的事。立刻行动起来,但切勿急功近利。欲速则不达。做一件事,为了摆脱眼前的状况,不顾未来的利益,为了求得一时的痛快而以长远的痛苦为筹码,这是得不偿失的,只有不急功近利,既着眼未来,又脚踏实地,才是最有效最睿智的做事方法和成功法则。

　　书中三、四、五章讲的是"为了梦想,拼尽全力又何妨""所谓成熟就是和努力做朋友""希望就在每一个孩子的前面"。这些都激励着我要努力,树立积极的生活态度,形成正确的价值观念。而最后一章讲的是"在人生的道路上,学会做自己的英雄"。困难的时刻,绝望的时刻,千万别轻言放弃。坚持再坚持,咬紧了牙关的人,死神也会避而远之,因为死神最害怕听到咬紧牙关的咯咯声。

　　无助如你,每一天都想放弃;强大如你,每一天都持之以恒。青春的定义,不是尽力而为,而是全力以赴!请坚信你配得上更好的生活。

　　故事很短,路还很长,当你感到迷茫时,就请翻开看看吧!它可能不能让你成为一个伟大的人物,但它一定能让你成就更好的自己。加油吧,少年!

《老人与海》读后感

作者:黄琼贤　学校:北流市隆盛镇第一初级中学　指导老师:薛岚丹

每一本书,都有它自己的"灵魂",当你阅读一本书时,自己会在不知不觉中,陷入那本书中所构想的世界,仿佛每一个字符都会拼接成一幅幅动人画面,串联成一个个感人的场景,清晰地呈现在我们面前。因为每本书所拥有的"灵魂"不同,自然那个所构想的世界也不一样。而"灵魂",就是每本书其自身要表达的思想或者愿望。

我们会因为那些感人的书,而潸然泪下,或因为那些记录屈辱历史的书,而热血沸腾,甚至因为那些武侠、玄幻的书,而将自己想象成天下第一的人。《老人与海》却是一本能让人了解什么才是真正的人生、什么才是坚强的书。"一艘船越过世界的尽头,驶向未知的大海,船头上悬挂着一面虽然饱经风雨剥蚀却依旧艳丽无比的旗帜,旗帜上,舞动着云龙一般的四个字闪闪发光——超越极限!"作者海明威是这样评价他的作品《老人与海》的。

我初读这本书时,老人的孤独、落寞总是在不经意间令人心生怜悯,不由得让人俯首叹息。无数次迎来朝阳,送走晚霞。一天天的等待,却总是等不来心中所要;一次次失望,却总是默默期待……奋力生活的老渔夫,留下海上萧条的身影。你一定还记得老人的渔船上那破旧的帆布,就像是一面失败的旗帜,仿佛在宣告着老人永远都捕不到鱼的倒霉运气。他的手已经布满老茧,皮肤也已经被刺眼的阳光晒出斑点,那艘破烂的渔船也不能抵御什么风暴,自己那破旧的小屋也是外面下大雨里面下小雨的那种。

但是,他没有放弃对生活的希望,仍然天天早上迎着第一缕阳光出海捕鱼。无论有没有收获,他都会坚持出海捕鱼,这不只是因为他要依靠捕鱼谋生,而是捕鱼已经成了他生活的一部分,他的一种记忆,也许生活就需要这样的一份乐观,一份豁达。

当我再次捧起这本书,再次回味书中的种种情节,内心的感觉也再次升华。

仿佛这种种困难也正在为难我一样,我对老人的理解更加深入了。老人在面对困难时所表现出的坚毅,都让我为之动容。而在现实中,一些人却不能坚持,面对挫折就选择了放弃,选择了逃避。我们可能会因为考试的失利,而对自己失去信心。或者因为别人的批评,而自暴自弃。在那时候,想想这个坚强的老渔夫,他是如何面对生活的。而我们现在只是面临一些学习上、生活上的挫折,与老渔夫相比,真的只是小巫见大巫,就像这本书里说的那样——"一个人并不是生来要被打败的,你尽可以把他消灭掉,但永远不会打败他。"

  我们要学着强悍,人性是强悍的,人类本身有自己的限度,但正是因为有了老渔夫这样的人一次又一次地向极限挑战,超越它们,这个限度才一次次扩大,一次次把更大的挑战摆在了人类面前。从这个意义上说,老渔夫圣地亚哥这样的英雄,不管他们挑战极限是成功还是失败,都是永远值得我们敬重的。

  人生即是海洋,时而波涛汹涌,时而风平浪静。在风里你可以感受坚毅,在浪里你可以感受激昂!这些都是过程带给我们的快乐和痛苦!然而,生命的硬度则体现于——你在面对困难时所表现出的那颗勇往直前的心,你的意志力有多少,生命的硬度就有多少!

信念之光——《假如给我三天光明》读后感

作者：黄柳臻　学校：博白县文地镇第一初级中学　指导老师：黄秀萍

"只要持续地努力，不懈地奋斗，就没有征服不了的东西。"即使看不见前方，也能感受到前方的美丽，向着美好无所畏惧地前进。这就是海伦·凯勒。

那天，我看了《假如给我三天光明》。文中海伦·凯勒最期待的是能给她三天光明。她连三天里能干的事都想好了。第一天，她看见家里的所有家人与可爱的小狗，与街上那些穿着漂亮衣服的女孩一起走在繁华的大街上，对着街上的新奇事物东张西望。第二天，她前往学校和老师、同学交流。第三天，她走进大自然中，感受大自然的美好。我深深地被书中海伦·凯勒那乐观面世、永不屈服的精神给折服。

海伦·凯勒是一个从小失聪、失明、不会说话的女子。而莎莉文老师则是她生命中出现的一道光芒，教她说话、写字，从童年一直到她长大。莎莉文陪伴她度过了不知多少年，成了海伦·凯勒心里不可缺少的一部分。后来海伦·凯勒在不懈的努力下，成功考上了美国哈佛女子大学。

海伦·凯勒虽然是不幸的，但也是幸运的。不幸是因为她是一个什么也听不见、看不着、说不了话的女子；幸运是她一生虽都处在崎岖不平的路上，但也获得了很多意想不到的惊喜。可以看出她是一个不向命运屈服、坚持不懈、热爱生命的女子。

海伦·凯勒的精神深深地影响了我。

我要像海伦·凯勒那样坚定信念。有一次，我在教室里学习，因考得不太好，我一整天都很难过，害怕面对父母的指责和他们对我的失望，脑中便有个声音一直在说：不如你不学习了吧，反正你自己也考不好，与其面对他们的指责，不如放任自己好了。此时，想到海伦·凯勒，她不也是一个不向命运低头的女子吗，她一个失明的人都那么努力，而我一个健康的正常人更应该努力，而不是灰心丧气。想到这，我便打起精神，坚定信念，努力学习。毕竟"失败乃成功之母"嘛,没经历过失败,哪等得来雨后的彩虹。

　　我要像海伦·凯勒那样坚持不懈。再有次,我在家里写练习题,谁知有一题阻拦了我前进的步伐。但我不泄气,一直用公式和很多不同的方法计算,终于算出了那道题的答案。我开心极了,像打败怪兽的勇士那般。像海伦·凯勒那样,只有肯坚持不懈地做一件事,才有可能成功。

　　我要像海伦·凯勒那样热爱生活。我爸妈在南宁工作,便把我放在小姨家寄住。刚开始的几天并不习惯,但时间久了,我便习惯了在小姨家的生活。每天帮小姨干一些力所能及的事情,虽然我很想爸爸妈妈,但也能体谅爸妈的辛苦。所以每到放假,我便会上南宁帮我的爸妈干一些活。我热爱生活、热爱生命。这一点和海伦·凯勒很像。虽然我和海伦·凯勒生活在不同的国家,热爱生活和热爱生命的方式不同,但我们都能释放自己的人生价值。

　　生命,是美好的;生活,是精彩的。我们要学习海伦·凯勒那种坚定信念、坚持不懈、热爱生命、不向命运屈服的精神,紧随信念之光,去看更大的世界,去看更美的风景。

勇敢昂起自信的头颅——读《静心》有感

作者:刘茜　学校:博白县博学中学　指导老师:官雪梅

　　自信的人,即使身在乡村低矮的屋檐下,也能昂起高傲的头颅;缺少自信的人,即使是身居在宫殿中的王公大臣,也会垂头丧气,心灰意冷。

　　在《静心》一书中,玛丽由于家境贫寒,长相平凡,所以很自卑,走路的时候都低着头。后来,她过生日这天,拥有了一只绿色的蝴蝶结,走路时不由得抬起了头。进了教室后,她自信的样子获得了老师同学们赞许的目光。直到回到家,她才发现头上根本就没有蝴蝶结。原来蝴蝶结早已不翼而飞了。不过,她知道自己再也不需要蝴蝶结了。

　　其实,每个人都或多或少地有自卑心理,而我也是其中一个。

　　童年时的无忧无虑,压根没有"自卑"的存在。随着时间的推移,我的心智不断成熟,也明白了每个人的差异,尤其是进入初中以来,我的自卑表现得日益明显。

　　上天给了我一张黝黑的大饼脸,平平凡凡的长相,使我不敢抬头走路,生怕别人瞧见对我指指点点;上课畏畏缩缩;下课不离板凳;吃饭坐在不起眼的角落;参加活动时自我质疑……

　　时间一久,等我顿然醒悟时已过了一年。再回想这一年来我的生活,我发现,一直以来我都被"自卑"操控着。我想从过去的一年寻找属于自己的踪迹,可我发现我始终被自卑强占着。自卑使我屏蔽了对自己的认识,换来了自我的质疑;使我错过了更多的伙伴,换来了数不尽的寂寞;使我丢掉了自己的目标,丧失了自己的主权……自卑几乎吞噬了我!

　　直到后来的某一天,在经历了时间的洗礼和学习上的各种打击后,我顿然醒悟:我没有引人注目的外貌,不值得别人止步谈论;孤独的我没有人知道和在乎,更何谈理解。如若初中三年一直如此,不仅一事无成,而且必然更抬不起头。与之相比,我的自卑实属不值,倒不如勇敢昂起自信的头颅走下去。

我拥有自己的主宰权，我的人生自己走，不论是欢笑与泪水，还是甜蜜与苦涩，只有我承担，我何必太在意别人的指点与言行呢？是的，现在的你如同璀璨的钻石般优秀，而我就是普通得不能再普通的平凡人。可时间是个神奇的魔术师，它能把草变成花，也能把沙子变成石头；能把王子变成青蛙，也能把丑小鸭变成白天鹅。

我不逃避，不会在最能吃苦的年纪选择安逸；我不急躁，接受生活的馈赠，不论好与坏；我不迷茫，无论身处何地，全然安于当下；我不害怕，在输得起的年纪，遇见勇敢的自己；我不嫉妒，永远不会在自己的世界里羡慕别人；我不悲观，因为生命只是一场体验，没有谁是谁的永远；我不怀疑，因为所有的成长，都是站对了地方；我不寂寞，因为自我力量的觉醒让我变得强大；我不放弃，为世界不曾亏待每一个努力的人；我不自卑，因为每个人都是独一无二的……

我们都是在战胜自卑、建立自信的过程中成长的！

高中组

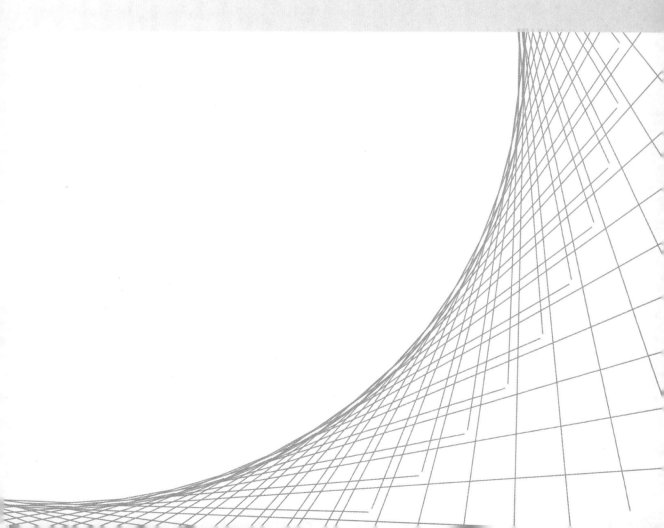

来自"套中人"的启示——读契诃夫《装在套子里的人》有感

作者:黄艳玲　　学校:那坡县那坡中学　　指导教师:梁琳琳

在俄国农奴制度崩溃、资本主义迅速发展、沙皇专制制度极端反动和无产阶级革命逐渐兴起的背景下,契诃夫塑造了"别里科夫"——一个古怪多疑、古板守旧、胆小怯懦、迂腐专制、害怕新事物的"知识分子"的形象,而这一形象只是千千万万守旧人中的一个。

别里科夫只会随沙皇反动政府的规定而行事,就像书中说的"只有政府的告示和报纸上的文章,其中规定着禁止什么,他才觉得一清二楚。"只会听从政府的告示,没有自己的思想,什么都不敢做,只会按着规矩生活着,连人最基本的感情都没有了,剩下的只有冷漠与无情,封建保守专制制度已经在别里科夫的心中根深蒂固了。别里科夫的世界观就是害怕出乱子,害怕改变既有的一切,但是他的所作所为,在客观上却起着为沙皇专制助纣为虐的作用。他辖制着大家,并不是靠暴力等手段,而是给众人精神上的压抑,让大家"透不出气"。他在一层一层的"套子"里,把自己裹得严严实实的,有一天,他一个不小心接触了外边的世界,突如其来的恐慌把他活活吓死了,悲剧地结束了他的一生。

契诃夫通过叙述别里科夫可恨可怜可悲的一生,揭露了沙皇反动政府对自由的压制、对人权的践踏和对民众的专制,批判了保守、僵化、充满奴性的别里科夫们,也表达了新事物战胜旧事物的美好信念。

有人在守旧的套子里,做事呆板教条,从不敢越雷池一步,缺乏创新,始终在原地踏步;而有人打破了套子的禁锢,不断超越自我,新鲜血液源源流淌。

有太多的人把自己装在自制的套子里,远离流言,远离浊世,避开一切对自己不利的人或事物,以找寻心灵的宁静与安全感,并自以为是地认为可以在套子里高枕无忧,安居乐业。可他们一旦遇到触及自我界线的恐怖事件后,就会在慌张忐忑中躲得更远,将套子勒得更紧。越来越多复杂的事物使他们不由自主,畏惧地将套子勒得越来越紧。久而久之,他们在套子中感到窒息,却又不敢伸出头与别人在同一片蓝天下呼吸。他们尽力在套子中保护自我,却也像在服用慢性毒药一样将自己慢慢逼向绝境。这样的套子与别里科夫的套子又有什么不同呢?在一个进步的时代而你却原地踏步,这必将会被社会所淘汰。对我们来说这样的套子无疑是一种消极的不可取的。生活在这种"套子"里的人,要勇敢地走出来,迎接美好的生活。

随着时代的发展,有越来越多的人打破套子的禁锢,打破一些条条框框的阻碍,不断创新,丰富着这个世界。马云率先打破传统销售方式,将实体买卖转变为网上买卖,让人们足不出户就可以享受购物的乐趣,给广大人民群众带来了方便;外卖事业的发展也给人们带来了便利,足不出户就可以货到门口,手指点一点,想吃的都有;疫情期间,在家上网课、云办公、云服务等都提现了现代社会科技的发达及人类的进步,这样不仅可以学到知识、可以办公、可以开会还可以有效地进行疫情防控。

而有些套子又是必须要有的。俗话说"没有规矩,不成方圆",依法治国作为坚持和发展中国特色社会主义的本质要求和重要保障,法律这个治国之重器无疑是一个套子。可法律这一"套子"却不同于别里科夫的套子。如果说别里科夫的套子是让人摒弃的秽物,那法律这一套子就应当是需要我们捧在手中的宝物。法律为人们的行为提供了界线,它规定了人们活动的范围,让人们在这个范围内生活着,但这并不会限制你的行为习惯,你可以有自己的思想,有自己的想法,不触犯法律这条底线就可以想你所想,做你想做。

习近平总书记在党的十九大报告中提出:"青年兴则国家兴,青年强则国家强。青年一代有理想、有本领、有担当,国家就有前途,民族就有希望。中国梦是历史的、现实的,也是未来的;是我们这一代的,更是青年一代的。中华民族伟大复兴的中国梦终将在一代代青年的接力奋斗中变为现实。"作为时代的新青年,我们应该明辨是非知道哪些套子可取,哪些套子不可取,积极引导身边的人正确对待不同的套子。

没有蓝天的深邃,可以有白云的飘逸;没有大海的壮阔,可以有小溪的优雅;没有原野的芬芳,可以有小草的翠绿。生活中没有完美的套子,却可以有有利的套子。

永不褪色——阅《红岩》有感

作者:梁彬彬　　学校:宁明县宁明中学　　指导教师:王肖

　　阅红岩,铭记革命历程。无数金星闪闪的红旗,在将士们的眼前招展回旋,逐渐融成一片光亮的鲜红,林间,群鸟争鸣,天将破晓,战士鲜血染遍的红岩迎接着黎明,东方的地平线上,渐渐透出一派红光,闪烁在碧绿的嘉陵江上。湛蓝的天空映着绚丽的朝霞,放射出万道光芒。

　　故事发生在1948年至1949年解放战争中的山城重庆,那是蒋介石集团反动派统治中最黑暗的日子。小说当中的江姐是一位优秀的党员,她对人民负责,对党忠诚,可却惨遭叛徒出卖及敌人迫害。在渣滓洞中,敌人严刑拷打,将竹签对准她的指尖插进去,顿时血水飞溅,但她不畏严刑,坚决不发出一丝呻吟,她在信中记录下光芒四射的词句,激励同志们英勇向前:"毒刑拷打,那是太小的考验!竹签子是竹子做的,共产党员的意志是钢铁!"而后,为了不暴露越狱计划,保护在狱中的同志们,她坚贞不屈,义无反顾地走向刑场,从容地与自己拥有同样意志的同志们告别。每当阅读到这,我都不禁声泪俱下,进而联想到在当时的解放战争中,为了不暴露党的秘密而被敌人折磨致死的革命烈士们,他们用他们的身躯,筑起了祖国繁荣昌盛的地基;他们用他们的鲜血,染红了在新中国高扬的红旗。

　　如今,我们生活在和平的年代,没有战争,安稳地坐在教室中学习,可这世间,真当是和平的吗?不,不是的,在别的国家,战争还在不断上演,人民流离失所,国家无主心骨,到处是战争所遗留下的痕迹,世间不是和平的,而是我们,幸运地生在一个和平的国家,和平的年代,而有些人,却早已忘却,认为在和平的年代中就可以安稳享受,忘记了当初的革命烈士们,忘记了全心全意地为人民服务。有些人则是不顾国家利益,只在乎个人利益。他们在这高速发展的时代,在网络上随意评价先烈,他们不知今天的繁荣,是多少烈士的身躯倒下换来的,他们更不知道,当今的和平,又是多少革命战士用自己炽热的鲜血挥洒出来的!有多少人吃着国家粮,做着违心事,又有多少人滥用职权危害着人民!这不仅仅是对人民的不负责,更是对党、对国家的不忠!

　　再道另一位人物许云峰,他是地下党的主心骨、领导人,一位杰出的共产党员。他对党对人民的热爱,远远超过了对自身的热爱。他政治敏锐感极强,无论在多严峻的关头,总能巧妙化解,挺身而出,独自一人面对困难险阻,他赴汤蹈火,在所不辞。在沙坪书店时,他敏锐地发现了潜在的危机;在茶园里他机智地面对叛徒,保护了暗中的同志;在宴会上,他巧妙地化解了敌人的圈套;在牢中,他用自己的双手为同志们挖出一条希望通道,而自己却壮烈牺牲。死亡一词对于一个革命者,是多么无用的威胁。只见他神色自若地蹒跚地移动脚步,拖着锈蚀的铁镣,不再回顾鹄立两旁的特务,径直跨向石阶,向敞开的地窖铁门走去。他面对敌人时冷酷无情,面对自己的战友时依旧和蔼可亲。当特务头子徐鹏飞和渣滓洞集中营的猩猩、狗熊等特务对共产党人肆意压迫时,手无寸铁的许云峰站出来了,他用他铿锵有力的话语,把特务们吓得一步步向后退,特务们当然是心虚的呀,因为他们干的就是没有人性的勾当,许云峰不用害怕,更没有必要害怕,因为鲜红的党旗早晚会飘扬在华夏各地,共产党人的思想光辉总有一天会照满祖国,是的,共产党人的思想光辉总有一天会冲破黑暗,撒向中华大地!

　　观历史,那充斥着不可胜数的屈辱,满是华夏儿女的艰辛血泪。面对强大的敌人和社会的不安,无数似江姐、许云峰同志、"小萝卜头"——宋振中等革命战士挺身而出,他们没有选择逃避,没有选择退缩,而是高呼:"我愿意当这个急先锋九死不悔!"他们心怀救国救民之志,盼实现共和,在伤痕累累的中华大地奔波忙碌,最终为共产主义奉献了自己的一生。

　　看今朝,在我们享用现代文明的时候,如何能忘记和平的生活源于血染的历史;如何能忘却这大地上曾经发生过的战争;如何能忘记曾为此付出了生命和鲜血的革命先烈们;又如何能忘记革命先烈抛头颅洒热血的庄严意义!我们没有资格遗忘。

　　是先辈们用自己的生命换来了我们今天安稳和美满的生活。而今后,是我们的时代,我们应将自己的人生同民族命运紧密联系在一起,扎根人民,奉献国家!革命战士的鲜血染红的红岩永不褪色,而吾辈当流传红岩精神,继承革命先辈遗志,不负盛世年华!

红星永耀中华大地

作者：梁晶　学校：桂平市第一中学　指导教师：莫华文

"红星照耀中国，必将照耀世界。"这是《红星照耀中国》里的一句话，这本书客观地叙述了毛泽东、周恩来等红军领袖、红军将领的情况，从多个方面向人们展示中国共产党为全民族解放事业而艰苦奋斗，不畏牺牲的革命精神，瓦解了当时国民党和帝国主义歪曲、丑化共产党的谣言。

但让我感触最深的是在《长征》一篇中红军飞夺泸定桥的情节。二十多位突击队战士拿着短枪，带着手榴弹，冒着敌人密集的枪雨攀着冰冷摇晃的铁链向对岸冲去。而跟在他们身后的战士每人带着一块木板，一边前进一边铺桥，前者牺牲，后者立即补上。在红军战士们英勇奋战下，最终夺下了泸定桥。

红军战士们不畏牺牲、英勇奋战的形象在我的脑海中久久挥之不去。他们的勇气从何而来？他们不惧怕死亡吗？不，他们也是平凡的人，也惧怕死亡，但是黑暗的统治和民族危机不得不让这些平凡的人聚集在一起，他们不相信命运，只相信自己的双手能改变这一切，改变破败不堪的中国，于是一批又一批爱国志士用自己的血肉之躯为中国筑起了新的长城，他们的事迹和精神值得我们永远铭记。

时间的齿轮仍在不缓不急地转动着，历史慢慢沉淀下来。国家之领土、尊严是圣洁、不可侵犯的。古有蔺相如"五步之内，相如请得以颈血溅大王"维护国家尊严者；荆轲"风萧萧兮易水寒，壮士一去兮不复还"为国家献出生命者。今有鲁迅先生以笔为枪，写尽社会丑恶，嘲讽世间愚昧，唤醒国民思想的白话文；有为共产主义事业奋斗终身的中国红军。他们都在以自己的方式捍卫着祖国和人民，保护自己脚下的土地。

百年前，我们的国家是如此落后，到处充斥着剥削和黑暗。而百年之后的中国已如无数先烈所愿——焕然一新，繁荣昌盛。吾观今日之中国，龙腾虎跃，长江滚滚，天之神眼，月上璃宫，其进步不可量也；纵观今日之国人，文明谦和，阖家欢乐，琅琅书声，洒遍九州，其幸福不可度也。泱泱华夏，朗朗乾坤，旭日东升，照耀中国。

如今，我们的国家，依旧是五岳向上，江河滚滚向东，奔流不息。战争的硝烟也离我们远去，教室里的书桌干净、整洁地摆放着。历史老师在讲台上掷地有声地讲述着我们脚下这片土地的历史，诉说着一个个悲伤却又让人内心振奋不已的英雄故事。从南陈北李相约建党到红军长征再到全民族抗日，这些历史时刻在提醒我们今天的和平都是用先辈们的鲜血换来的，同时又向我们敲起居安思危的警钟，切不可让历史重演。

"仰天大笑出门去，我辈岂是蓬蒿人。"身为新一代接班人的我们更应该继承先辈们的遗志，书写他们未完成的锦绣繁华。我们要以思想为笔，努力为简，书写出属于吾辈的汗青。身既死兮神以灵，魂魄毅兮为鬼雄。吾辈定当不负这青春韶华，不负这盛世之中华，必将尽吾辈之志，开启华夏之新未来。

在无数人的期待中，东方的天空又泛起了鱼肚白，预示着那娇艳的新一轮红日即将升起，照耀着神州大地的每一个角落，而人们又迎来了新的一天。

打破常规,走向新时代
——读《乡土中国》有感

作者:潘敏霞　学校:桂平市第一中学　指导教师:杨志华

翻开《乡土中国》这本书,你可以理解作为中国基层社会的乡土社会究竟是个什么性质的社会,也可以了解作者眼中传统的乡土社会的结构、意识、文化思维、行为方式、传统生产生活方式等。

乡土社会是一个差序的社会。人与人的关系很大程度上靠亲疏远近来分别,所以这种关系始终都是以私人关系为主导的,并未形成一种凌驾于团体至上的关系和观念,也就无法催生出高于人际关系的社会契约关系。

乡土社会是以血缘为纽带的社会,人生经验往往掌握在老一辈的人手中,年轻人就以他们的话语作为指导,解决生活中的各种问题,从而不愿意去面对新的改变,也不愿意用实践检验真理,久而久之,社会缺乏创新精神,人们的智慧被愚昧和麻木所笼罩。

在一成不变、麻木保守的乡土社会中,人们的积极性和公共活动参与性持续降低。即使是民意选举的政治活动,也有些人置之不理,敷衍了事,对时事、政事的了解少之又少。一旦自身的利益受损时,他们就会拿起丢在一边的法律去维护自己的权益。所以在乡土社会中,人们更能感到世态炎凉。

在这个不断改变的新时代,乡土社会的种种模式显然不合时宜。就如2020年暴发的新冠肺炎疫情,全国人民携起手来,风雨同舟,众志成城,驱散了疫情的阴霾。而这背后有不顾自身安全拼命从死神手里抢人的无数医护工作者,有不分昼夜、不曾停歇的建设工人以及不求回报、无私奉献的志愿者们,还有许许多多的人在不同的岗位上认真做好事情,为抗疫献出自己的绵薄之力。这些都有力地证明现如今社会充满了人情关怀而非冷漠自私。

从全面建成小康社会到搏击东京奥运赛场,中国的发展势不可挡,中国的力量蓄势待发。"嫦娥""玉兔""天眼""蛟龙""神舟""超级杂交水稻"等字眼,强大而有力地展现出当代中国的创新与追梦精神。中国人民不再是只会听从长老意见行事的木偶,而是敢于打破常规,在新时代中谋求共赢与发展的奋斗者。由此可以看出,乡土社会原有的封建保守早已被新时代的潮流所湮没。

当然,如今中国的繁荣昌盛,更离不开中国共产党的正确领导。回望历史,我们的党走过了一百多年艰苦奋斗的道路,曾走过绿茵花溪,也踏过枯骨万里,带领中国从贫穷落后的国家到人人能吃饱穿暖的小康社会,一路高歌。无数党员和扶贫干部为此不敢懈怠、脚踏实地、细致入微地为人民服务。身怀坚定理想,心有强大之国是每个党员的优秀特性。

一百多年来,祖国在中国共产党的正确领导下实现了民族解放、国家富强,在新世纪的今天,我们正在党的领导下建设社会主义新农村、统筹区域发展,建设资源节约型、环境友好型社会,向下一个百年目标不断奋进。

在这一段新征程里,我们年轻一代更要勇立潮头,顺应时代、紧跟时代的步伐,以更加开放包容的态度去建设一个和平创新的社会,在新征程中创造更多属于这个时代的辉煌。

愿我们能够去掉身上的戾气,把责任扛在肩头,该做的做,该说的说,把自己的人生理想与祖国和时代联系在一起,做新时代社会主义事业的接班人和建设者。

闻岩感今——读《红岩》有感

作者:张钊城　学校:桂平市石咀高级中学　指导教师:林彬

穿越血与火的历史烟云,历经建设与改革的风雨洗礼,伟大的中国共产党迎来了她100岁的生日。

偶然间,读了一本书,名字为《红岩》,顾名思义,书中的人物也如"红岩"二字一样,血气方刚,坚如磐石。每一位共产党员都在为革命事业奉献着自己的青春与生命,他们把自己的满腔热血,揉进了钢铁般的意志,尽数挥洒在中华大地——这片神圣而不可侵犯的土地。

书页在指间缓缓翻动,那一幕幕令人动容的画面在脑海中迅速流动:许云峰以超人的意志在敌人的魔掌中两次战胜死神,在与世隔绝的魔窟中用双手挖出一条越狱的通道留给战友,自己壮烈牺牲。江姐看到丈夫彭松涛的头颅挂在城楼上时,把刻骨之痛深深埋没在心底,把满腔的悲愤化为革命的动力,她说:"毒刑拷打,那是太小的考验!竹签子是竹子做的,共产党员的意志是钢铁!"成岗在狱中受到各种严刑拷打,依然无法动摇其革命信念,他居然还在敌人审讯室里大声朗诵《我的自白书》,不禁令敌人惊慌失措。电网、高墙、酷刑、死亡都不能阻止狱中共产党人对党和祖国的忠诚与热爱,都不能动摇他们崇高的信念。

而其中,给我印象最深刻的,便是江姐。在凶残的敌人把竹签钉进了她的十指的时候,她还是那么沉着冷静,并且还说:"毒刑拷打,那是太小的考验,竹签子是竹子做的,共产党员的意志是钢铁!"我也佩服许云峰,他在书店能敏感地意识到潜在的危险、在茶园为保护同志机智冷静地面对叛徒、在宴会上巧妙识破敌人的阴险陷阱等,都显得他是那么机智勇敢。我更佩服华子良,即使写他的笔墨并不多,但是他的形象却深深地映在了我的脑海中,那疯疯癫癫的样子使每一个人都看不出破绽,应该说是一点破绽也没有!却没想到他是共产党最重要的人员⋯⋯还有罗世文、杨虎城、陈然等先烈们,富贵不淫、贫贱不移、威武不屈,个个都是钢铁汉,他们的事迹惊天地、泣鬼神!

  历史的尘烟,掩盖不住世纪的风雨,星星之火可以燎原,无数先驱者已将希望的种子撒向人间,绽开了一片烂漫的红色。弹指一挥间,上下越千年,黯淡与辉煌、幻灭与再生,永恒的悲怆与不朽的豪情,贯穿于这一清晰的脉络。这便是我们的党坚韧求索的过程,我常常在心里重复着这几句话,每一次都热血沸腾,胸膛里燃烧着对祖国的热爱,"晨星闪闪,迎接黎明。林间,群鸟争鸣,天将破晓。东方的地平线上,渐渐透出一派红光,闪烁在碧绿的嘉陵江上。湛蓝的天空,万里无云,绚丽的朝霞,放射出万道光芒。"这是红岩中对新中国成立时一个黎明的描写。革命先烈们用自己的鲜血染红了我们的国旗,那我们该怎样让国旗更加鲜艳? 在我们享用现代文明的时候,能够忘记和平的生活源于血染的历史吗? 能够忘记曾经发生过的战争吗? 能够忘记曾为此付出了生命和鲜血的先烈们吗? 能够忘记革命先烈抛头颅洒热血的庄严意义吗? 不,不能,我们也没有资格忘记。先辈们用自己的生命换来了我们今天的和平和幸福,现在他们都已没入历史的长河中,那剩下的,就是我们的责任,我们要将先辈们的精神一直延续下去,让我们的国旗在这片国土上更加骄傲地飘扬! 不怕吃苦,努力学习,这是我从红色经典《红岩》中得到的启示。只有在不断努力、不断吃苦中才能真正地锻炼自己,才能真正地成长,作为一个中国人,我深深地为我们欣欣向荣的国家而感到荣耀,为我们不断求索、不断前进的政党而感到骄傲,更为能够投身充满机遇和挑战的现代化建设而感到自豪。滔滔沅江边,巍巍阳山下,我无数次重复自己年轻的誓言……哪怕我只是一块砖,也要去构筑祖国兴旺强盛的大厦;哪怕我只是一颗螺丝钉,也要去铺设民族走向辉煌的路轨;哪怕我只是一棵小草,也要为祖国的春天奉献自己生命的绿色!

读《给青年的十二封信》有感

作者:莫春雪 学校:贵港市覃塘区覃塘高级中学 指导教师:李娜

朱光潜先生是这本书的作者,他在书中提道:"现在的青少年,太贪容易,太肤浅粗疏,太不能耐苦。"说得没错,这的确是现在我们这些青少年的通病。

晚自习自修课上,学校放了一部"九一八"纪录片让我们当场写一篇800字的观后感,班主任此话一出,同学们纷纷唉声叹气,觉得这是在有意为难。大多数同学把学校的要求当作负担,不能深入理解其意义,正应了朱光潜先生的那段话:这是病,是你我身上存在着的通病,既是病,而且还是个普遍存在、遗留已久的老病,那这病就得治,如何治,是一大难题。

我们在做事的时候应该跳出自己的舒适圈,在保证任务量的同时,讲求任务的难度,为自己设立一个目标,并且勇于挑战自己的极限。在对待事务时认真负责,专心致志,在执行过程中吃苦耐劳,坚持不懈,在情感态度上积极阳光,做自己的太阳,为别人带去光芒,带去动力,并且对自己要有信心,相信自己能够完成老师布置的任务。

懂得挑战自己的底线,突破自我是一件好事。但是,并不是所有的难度都适合你去挑战的。所以,在适当的时候调整,是你取得成功的情感体验的关键。俗话说得好,退一步海阔天空,懂得小退才会有大进步,所以应该学会自我调整。物极必反,过度的盲目自信,带来的结果往往和你的预期相差甚远,但一味地贬低自己,不信任自己也是不可取的,要做到进退有度,全力以赴,又要适可而止。可见想要成为朱光潜先生书中的好青年是真的很不容易。

正如朱光潜先生说的那样,大部分青年人,也包括我在内,过着浑浑噩噩的日子,整日无所事事,漫无目的地生活,以为自己对于当下的生活已经拼尽全力了,但却只是铆足了劲去做一些无意义的事。初中时代,我以为只要我努力背书、记笔记、认真听课就能成为优等生,可是临近毕业,我才发现,自己一味追求的都是些漫无目的的东西,我只是准备好冲刺,却忽略了努力的过程,以至于只能原地踏步并无太大的进步。

  后来,读了朱光潜先生的《给青年的十二封信》,我才认识到,原来是我粗浅了,缺乏系统的学习计划、学习习惯和学习方法,原来,这些朱光潜先生早就想到了,也在信里告诉了我答案。在读书过程中,或许我做的事情甚至都不能称之为读书,缺少的是那重要的读书习惯。关于读书的方法,朱光潜先生也给了中肯的建议,凡是读书,必须读上两遍,第一遍快读,第二遍慢读细读,以及你在读书时,要做自己的读书笔记和纲要,对于精彩的部分或者重点部分和你难以读懂的部分,也是需要做出相应的笔记标注出来的,这样你读的书才是真正的你所阅读的书,才是和你密切相关、能够和你这人找到联系的阅读内容,也许高谈理想奋斗、百年发展路线太过庞大,于我这样一个小小青年而言是过于深邃难懂的,站在我的位置,谈一谈读书,却是我力所能及、能够办到的事情,对我而言,这就是我的青春奋斗之路,这就是我为了自己的历史进程的推进而做的努力,这就是我的青春奋斗之路,也是我的阅读启程的新征程、新起点。

  要杜绝青少年身上的这些通病很困难,但是,我们可以从学习之始读书开始入手,接受朱光潜先生的建议,不浮不躁,静下心来,耐心地去感受书里的知识,耐得住浅读时候的寂寞,才有机会得到深度阅读时的快乐,或许辛苦,可那又怎样呢？吃得苦、耐得劳,才能够成为朱光潜先生书里的青年啊！加油,坚持住,成为一个少有"通病"的新时代青年,为自己为家人为社会为发展为奋斗而读书,"为中华之崛起而读书",阅启新征程,现在启程,为时不晚。

信之,仰之,青春燃之——读《青春之歌》有感

作者:李姿蓉　　学校:桂平市第一中学　　指导教师:杨志华

青春本无意义,但是当你有了信仰,那么,青春之火便会熊熊燃烧。

暑假期间,我看了一本名为《青春之歌》的书籍,看完之后,让我百感交集。

这是一部描写中国共产党领导的爱国学生运动的优秀长篇小说,小说以"九一八"事件到"一二·九"运动的北平学生运动为背景,主要描写了一群青年知识分子探索革命道路,塑造了林道静等青年正义、热血的形象,概括了20世纪30年代部分知识分子所走过的道路。

全书让我感受到了那个时代青年学生对祖国的热爱与忠诚,以及他们满腔热血的革命态度,他们坚定不移的信念,这些都让我为之动容。

纵古观今,名人志士不计其数,他们之所以家喻户晓,面对困难他们也能做到"由是则生而有不用也,由是则可以辟患而有不为也",是因为他们有自己的信念,而这便来源于崇高的信仰。陶渊明崇尚正义,所以他才会做出"不为五斗米折腰"的举动;鲁迅向往和平,所以他才会用笔做武器,与国民党反动派进行斗争;哥白尼追求真理,所以他会在贵族们的严酷攻击下还坚持"日心说"。这都是因为他们有信仰。

克莱尔曾说过:"人是为了某种信仰而活着。"但是随着世俗的改变,有些人便放弃了信仰。秦桧通敌卖国,一纸"莫须有"把正在救大宋王朝于危难之中的岳飞害死;汪精卫背弃信念,竟然去为日本人做事,寒了中国群众的心;袁世凯放弃信仰,竟去盗取了胜利果实,只是为了独占权力。他们追金钱逐名利,与世俗同流合污,最终迷失了自己,丧失了信仰。

谈及信仰,那么就绝对少不了中国共产党。

共产党的共产主义是植根于大众心中的崇高理想,共产党给了人们奋斗的方向,给予人们顽强活下去的信心,激励着这些像林道静一样,为信仰而流血漂橹、马革裹尸也在所不惜的人奔赴前方。

共产党的宗旨是全心全意为人民服务——他做到了！在2020年,我们打赢了全面脱贫攻坚战,全面小康社会也已实现,十三五圆满收官,十四五全面开启,"天眼"望天,"蛟龙"探海,"嫦娥"奔月……途中有许多的磨难,但为了心中的信仰,共产党人咬牙坚持下来了,带领中国人民向前迈了一大步。

2021年,东京举办了奥运会,我国的运动健儿们,在场上挥洒汗水,肆意青春。尽管过程中有"大雪压青松",但是他们相信"梅花香自苦寒来"。青春只有一次,而充满信仰的青春则更加有意义,所以他们"咬定青山不放松",最后为我国赢得了许多荣誉。

信仰是一个人最高的操守,是一个人面对困难时永不言弃的精神支柱。人的一生,又能有多少年青春,错过了就是错过了。可是当你的青春里充满了信仰,内心便会充满力量,你就会拥有坦然面对一切的勇气,而后让自己更优秀,以此为社会做出更多的贡献。

信之,仰之,青春之火才会烈,青春才会更有意义!

读《七律·长征》有感

作者：卢柏全　　学校：桂平市罗秀中学　　指导教师：杨淑坤

每当读到"红军不怕远征难，万水千山只等闲"的时候，我的脑海里不断地浮现出红军长征时要面对的各种艰苦环境，还有他们那种大无畏的精神，一路披荆斩棘，克服了常人难以克服的困难，完成了一次伟大的壮举。在长征这条道路中他们没有抱怨过，也不知道这条路会不会成功。他们只知道要推翻旧社会解放人民，让人民不用活在水深火热中，能够安居乐业。他们用坚定的信仰告诉我们资本主义道路在中国行不通，只有社会主义才能救中国！

"五岭逶迤腾细浪，乌蒙磅礴走泥丸。"红军走过沼泽时无数人的生命留在那里，他们的牺牲告诉我们，红军革命是一件不平凡的事，其过程也不是一帆风顺的，需要付出许多的代价，死亡是难免的事，从侧面衬托出革命的艰苦，但他们以坚强的毅力和义不容辞的长征精神告诉我们没有什么是坚持不了的，只要你肯坚持就一定会胜利。

"金沙水拍云崖暖，大渡桥横铁索寒。"红军面对浊浪滔天的金沙江和耸入云霄的峭壁，他们没有退缩而是知难而上，让人忍不住吸了一口冷气。"大渡桥横铁索寒"，衬托出了红军强渡金沙江的场面，面对敌人猛烈的炮火，他们用自己的身体为后面的战士铺平了前进的道路，这场战役不知道带走了多少同志。他们那种舍己为人、无私奉献的精神令人敬佩！

"更喜岷山千里雪，三军过后尽开颜！"读到这里的时候感到红军走过草地、跨过雪山……之后露出的笑容，那种快乐是天真无邪的，也标志着红军长征的胜利。

读完以后我体会到了红军长征的艰苦。他们以坚韧的毅力，面对困难勇于抗争，大无畏的精神值得我们学习！红军就像东方的一条巨龙，给中国带来光明和希望！

今年我们迎来建党一百周年，从开始到现在，党在不断努力让人民过上更加幸福的生活。2021年,我们已经完成了全面建成小康社会的目标。中国在世界的舞台上注入了新的动力。以青春之我建立青春之国家、青春之民族。未来中国的命运,中国建设社会主义的责任,都在我们年轻一代人的身上。我们不能虚度光阴,应该努力学习,知道党一路走来的艰辛。从《七律·长征》中我们能体会到毛主席那种以天下为己任的责任与担当,为祖国的解放事业做出的无私贡献。

毛主席曾带领着中国工农红军在硝烟弥漫的战场上,书写着历史上的伟大篇章。在那个没有先进武器的年代,扛大刀上战场,金戈铁马,气吞万里如虎,打赢了一场又一场的战争。

那个时代由于战乱不断粮食短缺,红军只能挖草根,吃树皮,冬天披着单薄的衣服,但是他们从来没有退缩,而是勇敢地坚持地为祖国的解放事业而斗争。他们也想过这条路是否正确,是否能取得最后的胜利,后来他们用自己的奋斗与坚持打赢了斗争,迎来了民族的解放。我们应该像他们那样,不畏艰险,不怕困难,坚持自己的选择,刻苦学习。

2020年春节前夕,一场突如其来的新冠疫情让人们陷入恐慌和危险中,在钟南山等人的领导下各地开始迅速进入防疫状态避免疫情的蔓延,在此期间广大人民协同起来,共同抗疫,涌现了一大批战斗在一线的白衣天使。他们没有因为疫情害怕,纷纷冲上前线,与疫情作斗争,诠释了什么叫最美逆行者。白衣天使用他们自己的奋不顾身的精神,换来了疫情的胜利。在这场战役中他们那种舍小家为大家的精神,让人钦佩。在一段视频中,我看到一个疫情前线的护士回家,她到家后不是直接入家门,而是叫家里的人把做好的饭菜放在门口,担心家人被感染,时刻做好防控,从眼神中可以看到她非常想念自己的家人。一方有难,八方支援,还有一大批普普通通的人在寻常的日子里,默默无闻忙碌在各自的岗位上,一旦国家有难纷纷冲上前去相助。

痛与爱是相伴相生的,灾难的背后,是一个挺立的中国,天灾无情,但压不倒泱泱大国,敌不过众志成城。青山遮不住,毕竟东流去。"数风流人物,还看今朝。"我们虽然已经崛起,但前方还有很多关口要攻克,还有不少雪山草地要翻越。吾辈青年应努力奋斗,不负盛世,不负韶华,铸就国家新的荣光!

《骆驼祥子》读后感

作者:黄宇馨　学校:贵港市覃塘区覃塘高级中学　指导教师:李娜

　　《骆驼祥子》讲述了老北京一个人力车夫悲惨的一生。主人公祥子从对未来充满憧憬、对生活充满干劲的勤奋青年,到因为被社会与命运一次次打击,一步步沦为命运和时代的牺牲品,最后在小福子自杀的刺激下,演变成了吃喝嫖赌、麻木潦倒的社会底层民众,曾经那个正直善良的祥子,被生活的磨盘辗得粉碎,破烂不堪。

　　读完《骆驼祥子》这本书以后,祥子的不幸遭遇始终萦绕在我的脑海中,压在我的心口让我喘不过气来。这本小说,把我的内心压得沉甸甸,当时的社会是多么的黑暗啊,竟然能把一个如此积极向上、充满希望的少年摧毁,艰苦奋斗的底层劳动人民自食其力却不能摆脱黑暗社会的毒害,过上温饱的生活,那究竟是一个怎样的社会?这引起了我的思考。祥子仅仅是北京一个普通得不能再普通、平凡得不能再平凡的人力车夫,在社会之中是那样的不显眼,但是,就是那样的一个人,最后的结局却是那样的悲剧,当时的社会现实,令我打起了阵阵寒战,甚至心惊。

　　人们常说"一分耕耘,一分收获"。可是祥子那样的人分明胸怀大志、勤奋节俭,为什么最终还是会走投无路,变成社会的牺牲品呢?为什么非要把他逼上绝境不可?他难道是犯了什么大奸大恶的罪过吗?其实不然,而祥子也只是当时社会的一个典型代表,他的下场或许就是当时社会底层人的一个典型,而他只是其中一个,只是借了作家之手笔,被记录了下来,仅此而已,而那些没有被记录下来,不为人知的千千万万个平凡又普通的像我们一样的人呢?他们的命运又是什么样的?对于祥子,我为他遗憾、惋惜,也感到无奈。但对这样生活在社会底层的人力车夫,我心里是敬佩他的,佩服他从前的坚强,他对待事情的不放弃、执着、上进,即使他最终没能战胜自己,没能战胜社会,即使他最后终究还是被黑暗的社会吞噬,但是在这一过程中,祥子是努力过的,是反抗过的,这就足够了,起码在他的一生中,他的青春也曾努力奋斗过,这已足够了。

我们现在在学校,在生活中,一定要有坚定的信念,应该学习祥子身上这种反抗精神,他可以为了自己心中的理想而向着一个目标去付出、努力、奋斗,那我们又何尝不可呢?有梦想的人就是了不起的,祥子尽管被生活多次摧残,但他的坚持是值得我们去学习的,他对生活充满希望、永不放弃的精神,正是我们该从这个人物身上吸取的滋养。

在人生中,有许多人有理想,却总达不到自己理想的目标,就开始抱怨自己付出的努力是如何无用,然后慢慢走向放弃。可是,世界上本来就没有一步能成的事情,我们说话之前也是咿咿呀呀从一个完整的单字发音开始的,那你又为什么在遇到一点点困难和问题的时候就选择放弃呢?许多伟大的科学家在做出贡献与取得成就前也经历过许多挫折与失败的,普通的学生也是经过无数个挑灯夜读的奋笔疾书才换来令自己满意的成绩。现实是残酷的,我们不得不承认这一点,但是当你经历了多次的失败与困难以后,难道你就会一直失败下去吗?或许现实就是这样的,它在让你感受到微妙的幸福感前,会让你经历许多意想不到的艰苦,这样,取得成功的时候你会感受到双倍的快乐。

《骆驼祥子》这本书让我懂得了许多在此之前不明白的道理,而最重要的一点是,无论面对怎样的困难,都要坚定心中的理想与初心,毕竟面对生活的满地荆棘,你不勇敢地往前闯一闯,怎么知道荆棘的背后没有开满山野的玫瑰呢?

人要有气节——读《苏武传》有感

作者:罗嘉敏　　学校:桂平市第一中学　　指导教师:杨志华

"做人,就应像一座山,不为利诱所惑,永葆正直。"用这句话形容苏武正好合适。手持的汉旌节可以磨掉所有旌穗,心里的汉朝威仪却不能受到半点侮辱,虽被匈奴扣留,却守节依旧献出了大好青春,激励着我们这个时代的青年。所以,我们要向苏武学习,争做有民族气节的人。

什么是气节?气节就是孟子所说的"富贵不能淫,贫贱不能够,威武不能屈"。气节是一种热爱祖国、忠于人民、坚持正义、永不屈服的高尚品质,是一种生生不息、勇于担当的伟大精神。

中华民族自古以来就是一个非常注重气节的伟大民族。在《论语》中有"士可杀而不可辱,三军可夺帅也,匹夫不可夺志也"的记载,于谦讲:"粉骨碎身浑不怕,要留清白在人间。"李白道:"安能摧眉折腰事权贵,使我不得开心颜。"尤其是文天祥说的"人生自古谁无死,留取丹心照汗青"更是一首脍炙人口的千古绝唱。这些无一不体现了古人的气节。

人要有气节,就像李大钊那样"宁可头断血流,决不出卖灵魂"。春秋时,齐国大夫崔杼杀死了庄公,并在这之后召集士大夫进行血誓,不符合要求的要杀死,接连杀10人之后轮到晏子时,他表现得和苏武一样,临死不惧的他捧着盛血的杯子,仰天长叹道:"唉!崔杼谋杀君主,做了不合正道的事。"参加血誓的大夫们都被他吓到,崔杼看此情景,提出了与他平分齐国的诱惑,也一并提出了若不同意让他付出生命的威胁,但他还是向着本心,而后崔杼怒喝士兵用剑顶着他的胸膛,用戟勾住他的脖子,但晏子仍然面不改色,视死如归,丝毫不向崔杼屈服,最终崔杼被他的气节弄得无可奈何,只好放了他。晏子不惜以生命为代价去维护他的节操,我们要以他为榜样,争做有骨气、担得起大梁的中国青年。

中国的科学家钱学森为了报效祖国放弃了国外优厚待遇,不顾美国各方的重重阻挠,历时五年最终回到他热爱的祖国。他在回国的路上,有重重威胁和阴谋危险,以及金钱利诱和挚友相劝,但是他那为国为民的民族气节成就了我国的"两弹一星",成就了一件件国之重器。

　　人要有气节,要热爱自己的祖国,心怀感恩之心,孙中山先生曾说过:"做人的最大事情就是知道怎样爱国。"在中国这样大的国家,难免会出现出卖国家的败类,杨舒平就是这样的人,她的行为触怒了举国上下的爱国人士。她小时候受国家教育政策的滋润和关怀,成为一个知识上乘的硕士,留学获得学位,本以为她会感恩祖国对她的培养,但她却说出了"国外的空气比中国的甜……"这样诋毁中国、以愉他国的话。可想而知这样的人以后的人生之路不会通畅,反而会处处受限,承担她应有的罪名。与她相反的是吴佩孚,他虽是军阀统治者坏事干尽,却因为高尚的气节而两次拒绝与日本人合作,日本入侵中国,他悲愤无比,有民族气节的他决不低头,这是他人生中光辉的一点,是值得我们学习的地方。

　　作为新时代的青年人,特别是处于复杂社会环境之中的青年人,更要有气节,于利诱之中而不动,在逼威之下而不屈,这就是做人的方向。

《朝花夕拾》读后感

作者:吴雨欣　　学校:贵港市港南中学　　指导教师:李英华

叶圣陶曾经说过:"与其说鲁迅先生的精神不死,不如说鲁迅先生的精神正在发芽滋长,播散到大众的心里。"鲁迅先生的书就像他的人一样令人钦佩,我喜欢鲁迅,更喜欢他的书。我感悟最深的就是鲁迅先生的《朝花夕拾》。

"因为是或作或辍,经了九个月之多。环境也不一:前两篇写于北京寓所的东壁下;中三篇是流离中所作,地方是医院和木匠房;后五篇却在厦门大学的图书馆的楼上,已经是被学者们挤出集团之后了。"一九二七年四月底至七月中旬鲁迅将这十篇回忆性散文编定成书时又加写了《小引》和《后记》并改题为《朝花夕拾》,于一九二八年九月由北京未名社出版。《朝花夕拾》出版前波折不断,但幸好它还是面世了。

《朝花夕拾》里有一篇叫《阿长与山海经》,我就是最初在语文书上看了这篇才认识《朝花夕拾》这本书的。文章里说阿长给"我"幼时的初印象并不好:飞短流长,指指点点,睡态不佳,繁文缛节。虽然"我"曾因她说自己有阵前退敌的神力而对其肃然起敬,但当得知她踏死了"我"心爱的隐鼠时,这敬意又消失了,而这敬意重新产生的原因是阿长为"我"买到了她自己都叫不出名字的《山海经》,"我"为啥那么渴望看到《山海经》呢?因为这是一本那个年代少有的带图画又有神话色彩的书,是儿童最喜爱的书,阿长为什么能为"我"买到这本书呢?因为她不忍看到"我"着急的样子。这位连姓名都没留下、没有文化、缺点不少的底层妇女有一颗善良、热情的心。

《藤野先生》里写了"我"在一九〇四年秋至一九〇六年夏在日本仙台医学专科学校求学时所遇恩师——解剖学教授藤野严九郎先生。藤野先生或许算不上著名学者,但他对学术的探究精神,对教学的认真态度是令人钦佩的,尤其是从他热情帮助来自弱国的留学生的行为中所体现出来的博大的人道主义情怀,更能给人留下深刻的印象。藤野先生的形象,都是通过典型的情节和细节的直接描写完成的,这些情节和细节如不修边幅、为"我"补改笔记、因听说中国人信鬼而担心"我"不敢解剖尸体、因"我"放弃习医而悲哀、与"我"依依惜别等。除了详写"我"与藤野先生的交集之外,散文还用一定篇幅描述了另外三件事:几个职员为"我"食宿的操心;一些日本"爱国"同学对"我"学习成绩的无端怀疑和检查;枪毙为俄国人做侦探的中国人的幻灯片对"我"的刺激。这些描述勾勒出了"我"在日本留学期间的大致轮廓,展示了当时日本的政治和社会风貌,衬托或者反衬藤野先生的高贵人品,也含蓄地交代了"我"弃医从文的触发性因素。

鲁迅先生是中华民族优秀的思想家,他的许多作品既是他独特的生活历程的写照,也是全民族所经历的心理历程的反射。鲁迅的文笔绵密细腻、真挚感人,犹如小桥流水,沁人心脾。《朝花夕拾》里的每一个人物形象在鲁迅笔下成了一个个鲜活的人出现在我们的眼前,《朝花夕拾》用平实的语言,鲜活的人物形象,丰富而有内涵的童年故事,抨击了囚禁人的旧社会,体现了鲁迅先生要求"人的解放"的愿望。

读了《朝花夕拾》,我深有感悟,也为祖国现在的繁荣昌盛感到自豪。《朝花夕拾》对我以后的人生道路影响重大,也让我懂得了一些为人处世的道理,让我受益匪浅。

奋斗百年路，阅启新征程
——读《百合花》有感

作者：何冰华　　学校：桂平市罗秀中学　　指导教师：杨淑坤

当太阳跳出云层，第一缕阳光照在大地上时，校园里的一切都苏醒了。我像往常一样来到教室，拿起书来看。不知不觉地，我翻到了茹志鹃的《百合花》，看着这个洁白如玉的名字，我忍不住读了起来。

作者选择了普通平凡的战士和老百姓为主人公，与通常那种高大的英雄形象截然不同。故事以小通讯员、"我"和新媳妇围绕借被子展开，塑造了三个有血有肉的人物形象。小通讯员在文章中是一个英雄人物，但不是那种高大的英雄形象；"我"在文章中以一个大姐姐的身份存在，在去包扎所的路上逗弄着小通讯员，体现了"我"与小通讯员之间那种微妙的情感——淡淡的姐弟情；而新媳妇作为重要的人物，推动着文章走向高潮。她在包扎所中从一开始很害羞地帮忙打下手，到亲自帮小通讯员擦身子、缝衣服破洞，最后嚷出"是我的"，把自己的被子献给小通讯员，新媳妇的情感一步步增强。

小说把这三个人物描写得淋漓尽致，但我更喜欢小通讯员这个人物，因为他才19岁就有如此强大的责任感，为救他人牺牲了自己年轻而宝贵的生命，体现了小通讯员舍己为人的精神，也从侧面体现了战争的残酷。

光阴似箭，日月如梭，转瞬之间，回想起党的艰难岁月，真要感激先烈们。1921年7月，在国家危难之际诞生的中国共产党，注定了她的不平凡，以毛泽东同志为代表的第一代中国共产党人，团结全国各族人民，艰苦奋战，推翻了封建主义、官僚资本主义、帝国主义三座大山，建立了新中国。在此期间有多少人牺牲了自己宝贵的生命，让我敬佩的是他们根本不知前方会如何，但他们还是毅然决然地选择走这条道路。所以今天的我们要牢记历史，牢记先烈们为祖国所做的一切。

今天的我们虽然生活在和平的年代里，但是仍然还有人因为贫困没有过上幸福的生活。所以我国大力开展扶贫工作，这是一个艰难的挑战。贫困户主要由老弱病残者和好吃懒做者这两个群体构成。老弱病残者好办，医保、低保、残保以及各类帮扶措施，虽然无法让这些人过上小康生活，但衣食无忧是没有问题的。而好吃懒做者，想要扶他们起来却不那么容易。我国的扶贫工作持续了好多年，取得了巨大的成就，从党的十八大以来，平均每年有1000万人脱贫，而至2020年，我们郑重宣告：所有扶贫对象全部脱贫。

而现在的我们又要面对新冠肺炎病毒的肆虐，这是一场没有硝烟的战争，这是一场不允许失败的战争。面对挑战，党员干部首先想到的是党和人民的利益，始终将人民群众的幸福当作自己的终身事业、奋斗目标，广大的人民群众也按照国家要求做好防疫措施，所以在疫情歼灭战上，我国成为第一个以最快速度控制疫情的国家，保障了广大人民群众的生命安全。

纵观历史，有多少伟大的英雄人物为祖国做出了巨大的贡献，又有多少像小通讯员那样的无名英雄。让我们永远记住他们吧。为了祖国的明天，作为未来的主人，我们有责任、有义务挑起振兴中华民族的重担。从现在开始，我要勤奋学习科学文化知识，做一个让父辈们可信任、可依靠的接班人。

读《青春之歌》有感

作者：胡丽琳　　学校：桂平市罗秀中学　　指导教师：梁锦珍

"没有人永远年轻，但永远有人正年轻。"——这是郭敬明《小时代》里的一句台词，这也是我能想到的、能够形容我读完《青春之歌》感受的一句话。年轻人值得让人羡慕的就是有无限可能。因为无所畏惧，所以可以恣意狂欢。一切还未发生，一切正在发生，正因青春，所以未来有无限可能。未来，我来！

《青春之歌》中的林道静，年轻的时候，她的年轻被当成家族利益的筹码；在爱情消失殆尽后，她的青春在厨房、客厅的辗转中一点点消磨，她也随爱人余永泽的态度变化起伏幽怨。她所处的时代只是给了她有限的青春之谱，她想要跳出既有的旋律，需要天时地利人和。所幸林道静身上有着青春的另一个关键词——勇敢。她勇于为自由而踏上前路未知的列车，勇于结交，勇于学习，勇于打破，勇于争取，勇于去尝试每一个不曾体验过的新事物。正因为勇敢，她唤醒了灵魂，重塑自我，一个全新的林道静正在渐渐地成长起来。这份新生，让她知道了生命价值的更高维度——责任。这才是"青春之歌"最雄壮动人的高潮：青年要投身最火热的革命事业，让青春在奋斗中不朽，在奉献中永恒。这是我最为敬佩她的一点，她是我学习的榜样！

虽然在铁血的革命岁月中，奋斗的青春已经远去，但他们留给我们青年一代的革命精神却并未消散，甚至可以说永不消散。

我看到林道静身上的勇敢与责任，不由想到：我的青春应该如何度过？有人说："年轻只有一次，青春不能重来。所以要百无禁忌，潇洒地颠覆世界。"这里的"百无禁忌"我认为指的是不要轻易给自己设限，不要轻易向陈规低头，凡事多追问，多追求。这样的青春，才是"无忌"的青春。7岁的唐梦钥说她高考要考720分，11年后，正值青春的她用行动证明曾经的无忌童言成真。被中国商飞公司总飞行师钱进感谢的那"一群没日没夜工作的年轻人"，最终创造了C919的神话。敢做前人未做之事，敢担他人未担之责，这就是青春！这就是青春的力量啊！

　　谈到爱国，我相信每个人都天然地热爱自己的祖国，无论他身处何地。回望中华民族的历史长河，无数为国家抛头颅、洒热血、无私奉献的民族英雄至今活在我们心中：精忠报国的岳飞，血战倭寇的戚继光，舍身变法的谭嗣同，研制导弹的邓稼先……他们的爱国热情铸就了历史的丰碑，感动了一代又一代人。但我们在感动和崇拜之余也存在一些迷惘：我们作为成长在新世纪的一代人，沐浴着祖国灿烂的阳光，享受着这革命巨大的成就，远离了战火硝烟，告别了艰难困苦，时代的和平和生活的富足，是否已经让我们失去了爱国的热情？当然不是！现在的爱国体现在诸多方面，我们可以通过多种方式表达对祖国的热爱，通过多种行动表现对祖国的热爱！

　　而我也坚信自己能够为国家奉献出属于自己的一份力量，只要在该学习的时候努力去学习，把自己先完善好，提升自己，让自己变强大，就能在祖国需要的时候向前一步，为国家奉献出自己的力量。以学识为基础，以奉献为指引，今天的我，和昨天的林道静，山河虽依旧，人事不相同，但是青春之歌的旋律遥相呼应，依旧荡气回肠！

星火中的平凡——《平凡的世界》读后感

作者:郭洁文　学校:桂平市石咀高级中学　指导教师:黄婉君

我们生而平凡,但我们能在平凡的生活中发现并不平凡的事情,给我们带来不同的惊喜,让我们在平凡生活中领略社会万象、精神品质等。

说到"平凡"一词,我总会想起《平凡的世界》这本让我难以忘怀的书。《平凡的世界》是一首朴素的诗,作者善于用朴素的语言书写日常生活中人的高尚品质和情感,挖掘出感人的东西,使得看似平凡的人物和生活显出不平凡来。路遥先生在《平凡的世界》中塑造出朴实的孙少安、热忱的孙少平……人物形象各具特色。在语言方面,路遥先生在《平凡的世界》一书中通过对生活的细致刻画,纤毫毕现地呈现生活的艰难与人性的压抑。

中国如今处于大发展、大变革、大调整的阶段,面对国际风云变幻,我们中国人民团结一致迎难而上。不断提高我国的综合国力与科技水平,只是想完成中华民族伟大复兴的夙愿,让中国人民过上美好生活。中国如今的社会风貌与20世纪70年代中期至80年代初期的社会风貌完全是天壤之别。如今的我们过上的是快节奏的生活。朝九晚六的人们,为了努力考上好的大学的高中生们,都在不断加快自己的节奏,我们大多数人在工作之余、学习之暇来看短视频,有些短视频就像润叶般善解人意,有些短视频则似孙少安般朴实。

在暑假闲暇之余,我捧起手机看起短视频来,身旁还有一本刚看完的《平凡的世界》。我无聊般看起网络"快餐"时,无意中看到了那像田晓霞般执着的军人视频。我看到视频中一位老军人拿着喇叭在烈士墓园前大喊:由于疫情原因,各位家人无法赶到。现在让我,带你们一起回家!听到回家的那一刻,我默默留言:叔叔,我们来接你们回家过节了。他们像孙玉厚一样,对后代付出了许多艰辛和苦涩。

他们为了保家卫国,让人民过上幸福的日子付出了宝贵的生命,他们为祖国人民付出了惨痛无比的代价。平凡人群中总能出现不平凡的故事:守边人连续三代坚守在边境捍卫国家的领土；植树人在沙漠上奉献青春，让沙漠变绿洲；而我们拿起手中的笔，埋头苦读，描绘出我们平凡生活的精彩片刻……

　　我们在这种快节奏的日子里忽略了太多的人和事。《平凡的世界》这本象征着生活的书，路遥先生把生活读得很认真。路遥先生在这本书里记叙了以理解、信任、尊重为核心的普通农家的家庭关系与不为世俗观念所拘束的男女青年的爱情故事。路遥先生不仅描绘了当时的社会风貌，也描绘了黄土高原的风土人情——沟壑纵横的黄土地，热情悠扬的"信天游"歌声，打枣的欢乐场景。

　　我们生而平凡，但又不凡。我们用属于自己独特的方式创造我们的不平凡。快节奏生活的我们通过不同的方式去了解更多的社会风貌与人情志向，我们也应该向路遥先生一样，放下束缚，按下暂停键，去寻找平凡生活中的不平凡，去放松我们疲倦的身心，去创造我们的不平凡！

奋斗百年路 阅启新征程
——读《沁园春·长沙》有感

作者：姚嘉惠　　学校：桂平市罗秀中学　　指导教师：杨淑坤

"少年强则国强，少年进步则国进步，少年雄于地球则国雄于地球。"站在这端回首，历史的车轮滚滚向前，我沿着先辈们的足迹，翻开那一页写满往事的书卷，看尽先辈们在披荆斩棘的历史中，创造辉煌和奇迹。迎着风，披着雨，中国梦就在不远彼岸。

叩响历史，1921年，在那个动荡的年代里，有着一群立志报国的热血青年萌动着，他们的影响力势不可挡！看"漫江碧透，百舸争流，鹰击长空，鱼翔浅底，万类霜天竞自由。"里面每句每字都张扬着不凡的生命力，让我心潮澎湃。这是一种根植于心的民族情感，抑或是中国人对于汉字心灵上的一种共通性。他们满腔热血地大喊着：怅寥廓，问苍茫大地，谁主沉浮？

"恰同学少年，风华正茂，书生意气，挥斥方遒。"这是青年的毛泽东带着年轻的知识分子参加了中国共产党的第一次全国代表大会。从此，它给灾难深重的中国人民带来了光明和希望。

党诞生伊始，到如今的百年风华，一直有着无数仁人志士以天下为己任的胸怀，为中国人民服务，赴汤蹈火，在所不辞。

直至1952年10月，中国人民志愿军在与敌人战斗中，涌现出无数可歌可泣的英雄人物。其中黄继光和邱少云就是他们的代表。

在上甘岭战役中，出现了一位战斗英雄——黄继光。当冲锋部队遭受敌人火力阻击时，他奋不顾身地冲了上去，用自己的胸膛堵住了敌人的机枪射口，为战友开辟了前进的道路，自己则英勇牺牲了。邱少云也是如此，为了保证战斗的胜利和潜伏部的安全，他坚守潜伏纪律，纹丝不动，直至被大火吞噬，壮烈牺牲。瞧！他们在战役中，发扬了高度的爱国主义、革命英雄主义和国际主义精神，真是令人肃然起敬！

一代又一代青年的使命担当,传承至今,仍有一群人勇挑重任,高擎脱贫圣火,带领人民跨入社会新时代!

百年回眸,脱贫攻坚战远到祖国边疆,近到小山村。例如广西壮族自治区的黄文秀,为了做好扶贫工作,她倾尽全力,克服困难,把发展基层村庄的党建作为突破口,强化思想政治建设,强化党员队伍建设等。她积极专研和实践,谋划探索"党建+产业"的发展路子,加强产业的推动发展,不断提高贫困群众对脱贫致富的思想意识和行动质量,从此改变了当地落后的状况。

也因此,黄文秀在脱贫攻坚第一线倾情投入,奉献自我,用美好青春诠释了共产党的初心使命,成了时代楷模,值得我们去学习!

"指点江山,激扬文字,粪土当年万户侯。曾记否,到中流击水,浪遏飞舟?"随着时代的发展,我们有幸出生于繁华的盛世,亲眼见证了大国之崛起。现如今的中国,高铁奔驰,飞机翱翔,一带一路宽广辽阔,畅通无阻。

奋斗百年路,新征程路上有你有我!不忘初心,牢记使命。在小康大道上大鹏一日同风起,扶摇直上九万里!

读《百合花》有感

作者:莫艺秀　学校:桂平市罗秀中学　指导教师:杨庆荣

　　《百合花》是茹志鹃以解放战争为背景,创作的短篇小说。我被里面的故事打动了。

　　这篇小说记叙了"我"在分配工作时,结识了一个通讯员。在"我"对他的"审讯"中,了解到他是"我"的老乡。在为部队向老百姓借被子时,他找到了一个新媳妇借,可是没借到。"我"得知后,来帮他最终借到了那新媳妇唯一的嫁妆——红底上缀有百合花的新被子。他还把衣服刮破了。后来,他回去了,给"我"留下两个干馒头。"我"找了几个妇女帮忙擦洗伤员,其中就有那个新媳妇。开始送来了一个通讯员,"我"还紧张了一下,发现不是他才放下心来。再后来又送来一个,"我"看见那个刮破的衣服知道是他,很担心。从他战友口中得知他是为了保护队友才受伤的。当"我"找到医生过来时他已牺牲。而那个新媳妇还在专心致志地为他缝补衣服,最后新媳妇把她的嫁妆——新被子盖在他身上,以表示对他的尊重。

　　小通讯员腼腆而羞涩,只是一个十几岁的孩子,却也是一个勇敢的兵。在那颗手榴弹威胁着生命的时候,他果断而勇敢地抱住了它,用自己的生命保护了其他人。他牺牲了,或许没有人会记住他,或许他的棺材中只有一条印有百合花的被子,但不正是像他这样无数个普通战士用生命换来的胜利吗?在我看来他便是纯洁的百合花。虽没有炮火纷飞的战斗场面,好像也没有出生入死的严峻考验。但是为了革命的胜利,在残酷的战争中,饱含着同志们的相互关心与照顾,充满着芬芳的百合花香。

　　在那个时代,有多少像新媳妇一样的平凡的人们,尽自己最大的努力为部队默默奉献;又有多少像小通讯员一样的普普通通的战士为他人奋不顾身,献出宝贵的生命,用自己的青春绽放出百合花的芳香。他们像田野里的庄稼那样青翠水绿,珠烁晶莹;又像雨后的空气那样清新湿润。一个热爱生活,充满朝气的十几岁的小伙子一下子扑在了手榴弹上,失去了年轻的生命。每一刻的危机都是在这样让人神经紧绷又似充满花的芬芳的时刻被一种精神的力量化解。这是一个很悲伤的故事,他们用生命谱写了祖国的宁静和和平。

我们应该向这些默默无闻的英雄们致以崇高的敬意。正是他们的努力,才有了我们今天的美好生活。"少年强则国强",作为一个中学生,我们不需要付出鲜血和生命,但是要懂得今天这充满芳香的幸福生活来之不易,要认认真真地学习,将来为祖国的建设做出贡献,用自己的生命绽放时代的百合花。

白色的百合花象征了纯洁和爱情,是通讯员和新媳妇的化身,象征了他们的美好品质,象征了他们的心和百合花一样洁白无瑕。

《钢铁是怎样炼成的》读后感

作者:区雨滢　　学校:贵港市港南中学　　指导教师:李嘉惠

每当我读到《钢铁是怎样炼成的》这本书时保尔·柯察金的故事总能让我眼前一亮。他身上存在的钢铁般的意志让我不由敬佩:"人最宝贵的是生命。生命对于每个人只有一次,人的一生应当这样度过:当他回首往事的时候,他不会因为虚度年华而悔恨,也不会因为碌碌无为而羞愧;在临死的时候,他能够说:'我的整个生命和全部精力,都献给了世界上最壮丽的事业——为人类的解放而斗争。'"

当我看到这样一段话时,我也开始思考自己过去这十几年,是否碌碌无为虚度光阴,同时也开始为未来打算。我们确实应该为自己的人生添上精彩的一笔,在学习上,生活上,工作上,对于保尔·柯察金来说,他所反对的不仅仅是虚度年华、碌碌无为;他更反对卑鄙和庸俗,所以保尔这一生充满了精彩与伤疤,但他收获了好的结果,给现在的人们带来了价值无法估量的精神财富。

保尔的一生是坎坷的,因为他年少丧父处于社会底层,曾受欺凌,这让我想到许多伟大的文人、革命家的年少经历都是令人可怜的并感到悲痛的,因他们有股劲,不服输、不投降的力量,为祖国无私献躯的精神,作为中学生的我们,虽不求有为祖国献生命的能力,但要有革命家的精神品质,是坚强,是百折不挠,是勇往直前。

往大了说,我们每个人都应有报国之心,敬祖之德,这是我们的根与源。以至于我们现在应该认真努力为自己的未来定方向,磨意志。

往小了说,坚韧不拔也是我们人生路途上的重要精神。这是对自己负责,对人生价值的体现。保尔的一生是响亮的,因为他只身营救革命者而坐牢,曾为保卫苏维埃政权而浴血战场。后来即使他瘫痪在床,双目失明,依旧凭着信念去创作,他舍己救人的伟大精神正是每一个革命者该有的! 而他的勇敢无畏却是值得我们学习的,因为在学习生活上,遇到困难在所难免,退缩的人很多,坚强的人很少,坚强之人往往更出色,更受人关注。他们拥有的稀有品质把他们往更高的地方推,因为他们有钢铁般的意志,有面对困难的勇气,有发现问题的能力……

而《钢铁是怎样炼成的》这本书给我更大的启发是对我自己的人生感悟上。那些愿意为了信念去努力的人是站在山顶上的,他们所看到的是更高的山,更远的景,他们呼吸的是更好的空气,拥有的是更深的思维……而犹犹豫豫不愿付出的人往往站在山底,他们想要爬上山顶,一步一步如此艰难,又总在抱怨山为何那么高。这也是致命的一点,他们不会想自己的问题就永远原地踏步,前面的人是无法追逐上的。在山底能看到的是什么?是黑暗!是垃圾!所以他们也往往认为阳光与干净是错的,内心被山底的景色所感染,只会越走越下!

所以看到保尔的这些经历,我被他勇敢无畏的精神深深感染,让我知道自己究竟想留在顶峰还是谷底,也让我知道追求梦想多么美好!

勇于追梦,不负韶光——读《骆驼祥子》有感

作者:钟楚莹 学校:桂平市石咀高级中学 指导教师:梁梓华

"我们都是追梦人,千山万水,奔向天地跑道……"这首写给追梦人的歌时常在我耳边响起,我眼前浮现了一个飞奔着的追梦人。他拉着车,眼里有光,脚下有力地跑着,仿佛他拉的不是客人,而是他的梦想与希望,向前方奔去——他就是祥子。

"人因梦想而伟大",身上承载着满身梦想的祥子,他为了自己的梦想而去努力奋斗,最终梦想真的实现了吗?他渐渐放弃了梦想,沦为一个堕落又自私的"末路鬼",这是他的错吗?不!错的还有那个年代,那吃人不吐骨头的黑暗社会。那个年代磨破了多少人的梦!让多少人打破了坚定梦想的念头!那是多么的不幸!更让我感到我们现在所生活的年代是多么的幸福。作为新时代的追梦人,我们应该为了自己的梦想而奋斗,活出我们的精彩。

祥子善良淳朴、热爱劳动,但不幸的事一件又一件地降临在他身上。车子被带走了他满是不甘却又无可奈何;遇到了买骆驼的,他想卖了骆驼再攒钱买车,他在那风暴中带着梦想走了出来;出了变故、钱被抢了、被骗婚了,残酷的现实磨平了他的信念,但是他还有梦想。他觉得还可以生活下去。虎妞的死让他不得不卖车安葬虎妞,几乎在崩溃边缘的祥子,变得麻木不仁。小福子死了,这成了压死骆驼的最后一根稻草!他被残酷的现实带走了光泽与梦想,眼里不再有光彩,成了一个行尸走肉!积极又坚韧的祥子还是被最后一根稻草给压死了,变成了自私的"末路鬼",这是多么可悲的事啊!

祥子的乐观精神是很值得我们去学习的,原先的他积极、阳光,对于梦想,他会不遗余力地向前冲。老舍先生笔下的祥子,只是千千万万的底层阶级人们中的一个代表。他们怀着一身热血回首过去却是满目疮痍。

处于和平年代的我,看完这本书后十分震惊。小说中的社会是多么的黑暗,多么的腐败!无法想象那些底层阶级的人是如何生活的。或许像祥子一

样,或许去卖孩子、卖肉。我们可以勇敢去追梦,坚定自己的梦想,要相信山再高,往上攀,总能登顶;路再长,走下去,定能到达。拿出"越是艰险越向前"的拼劲,砥砺"咬定青山不放松"的韧劲,激扬"中流击水""奋楫前行"的干劲。只要不放弃,执着向前,我们一定会和胜利在终点相遇。

  在祥子所处的黑暗年代不缺乏追梦者,现在更加不缺。但我们所要思考的是,前路漫漫,路在何方?让梦想作为一个引路灯照亮前行之路。如果梦想有捷径的话,那么这条路的名字一定叫坚持。如果祥子当初坚持了自己的梦想,他应该不会成为"自私的末路鬼";如果诺贝尔因为失败而放弃了改造安全炸药的梦想,那么也不会有安全炸药的出现;如果拿破仑没有坚持自己想成为皇帝的梦想,那么法国皇帝史册也不会出现拿破仑的名字。我们该有"弹簧精神",不被压倒,反而变强向上弹。

  中国已经崛起,再也不是从前那个病弱的旧中国了,中国从站起来到强起来,人民共同奔向小康了。如今幼有所养,老有所依,人人有书读,我们还有什么不满意的呢?

  我们要学习骆驼祥子积极向上的奋斗精神,坚定自己的梦想,勇敢去追梦,成为一个自己想成为的人,成为一个对国家、社会有用的人。让我们行动起来吧,勇敢地去追梦,方才不负青春,不负韶光。

乡土的辉光——读《创业史》有感

作者：余宸昀　　学校：灵川县灵川中学　　指导教师：陆雪芳

"无论干什么工作，都要有执着的信念。"

犹记得毛主席说过："社会主义这样一个新事物，它的出生，是要经过同旧事物的严重斗争才能实现的。社会上一部分人，在一个时期内，是那样顽固地要走他们的老路。在另一个时期内，这些同样的人又可以改变态度表示赞成新事物。"《创业史》便借华夏乡土的社会主义改革，塑造了土改浪潮中众生群像，以彰显出"这一历史时期的显明的时代色彩和突出的阶级特性"。时至今日，对于农村的发展仍有很大的启发作用。

1929 年，陕西发生了规模浩大的饥荒，梁三老汉带着一个"浑身上下满是补丁和烂棉絮"的中年寡妇和一个"穿着亡父丢下的破棉袄"的四岁男孩站在蛤蟆滩上"多么荒凉"的稻草棚屋里，豪言道："当我梁三这一辈子就算完了吗？我还要成家立业哩！"十年之后，在一阵"难以遏止的咳嗽"中，梁三老汉再也不提创家立业的事了。

那么故事结束了吗？

二十年过去了。1949 年，中华人民共和国成立，农民们打了一个漂亮的翻身仗。党给农民分回长期被地主霸占的土地，梁三老汉也因此分到了十余亩稻地。然而梁三老汉不知为何，儿子梁生宝竟为了别人荒废了自家的田地。梁三老汉哪里知道，共产党在这场革命中胜利，所以他们必须跟着党的旗帜，踏上社会主义大道。即使一个农民用尽毕生心血，在田地里劳苦一辈子，也无法在这场改变千年来农民地位的斗争中笑到最后。然而梁三老汉没有意识到的事情，他的儿子梁生宝预料到了，梁生宝在党的号召下成立了互助组。在蛤蟆滩没有人扛起农民互帮互助旗帜的情况下，他挺身而出，担负起了"让蛤蟆滩农民走上合作互助道路"的重担，成为一个积极、聪明、公平、厚道、仗义、克己利人、心胸开阔的领军人物，是那个时代需要，这个时代同样需要的理想农民形象。他善于在农村日常生活中发现政治意义的觉悟,表现了他崇高的精神境界。学好——这是梁生宝个人品质中永远不变的一点。自从他加入一个强大的、有光荣斗争历史的伟大政党以后,他就开始学做新式的好人了。

这只是中国乡土社会的一瞥,却折射出那个波澜壮阔年代里乡土的辉光。费孝通说"从基层上看去,中国社会是乡土性的",那么从梁生宝的维新和梁三的守旧的冲突结果可以看出,农村要发展,要富强,就必须走中国特色社会主义道路。中国若要继往开来地驶在康庄大道上,就需要掌好百年未遇新时代的舵,尤其是农村。坚持党的路线,响应党的号召,贯彻党的方针,以乡村振兴战略为基,是中国乡村振兴,解决三农问题的不二法门。

读着读着,不由自主想到了我国正在实施的乡村振兴战略。十九大报告提出,我国社会的主要矛盾已转化为人民日益增长的美好生活需要和不平衡不充分的发展之间的矛盾。从我国发展的现状而言,城乡发展最不平衡,农村发展最不充分,受发展不平衡不充分影响最大的是农民,已经成为中国社会不能满足人民对美好生活需要矛盾的主要方面。于是,乡村振兴战略应运而生。实施乡村振兴战略,是开启全面建设社会主义现代化国家新征程的必然选择。政府必须坚持农业农村优先发展,按照产业兴旺、生态宜居、乡风文明、治理有效、生活富裕的总要求,加快推进农业农村现代化。如此,乡村振兴战略方才无愧于"乡土的辉光"这一荣誉称号。

实施乡村振兴战略的本质是回归并超越乡土中国。中国本质上是一个乡土性的农业国,农业国其文化的根基就在于乡土,而村落则是乡土文化的重要载体。振兴乡村的本质,便是回归乡土中国,同时在现代化和全球化背景下超越乡土中国。乡村不发展,中国就不可能真正发展;乡村社会不实现小康,中国社会就不可能全面实现小康;乡土文化得不到重构与弘扬,中华优秀传统文化就不可能得到真正的弘扬。让乡土的辉光撒遍中国的每一寸土地,让希望与幸福在乡村振兴战略的光芒下茁壮成长,碧木参天!

铲破艰难与险阻，似水如长征
——读《红星照耀中国》有感

作者：徐成琪　　学校：永福县永福中学　　指导教师：游翔燕

长征是一件不可思议的事情，它凝聚了团结、力量、坚持、勇敢，去克服长征路上的饥饿、泥潭、草地……不仅如此，在长征期间还展开了一场场惨烈的战斗，去保护主力，保护人民。

《红星照耀中国》是我认识到长征始末的第一本书，他是美国记者埃德加·斯诺客观真实记录了自1931年6月至10月在我国西北革命根据地进行实地采访的所见所闻。

在那一个个真实生动的事件中，唯有长征能像彗星一般在星海中留下属于自己独一无二的尾巴。

你仔细观察，会发现有一幅绿色的油墨画和一条身着蓝布衣裳组成的蜿蜒的由无数水滴汇聚成的河流，你再把镜头放大，会发现在那绿色与蓝色中还有点点的白色与红色，那是一颗颗鲜艳的红星，那是一个个坚强的背影，有的头顶缠着绷带，有的手脚缠着绷带，还有的甚至只能用担架抬着走，虽然他们的背影不时有些踉跄，摇摇晃晃，但是向前的步子却依旧坚定，又大又稳，有如今天的中国一般，实现了从站起来、富起来到强起来的伟大飞跃。

有的人肯定会说，你凭什么用水来形容咱们的红军，咱们的共产党，而我的内心却认为似乎只有用水才能完美地诠释这样的长征，这样的红军。

在那一望无际的大草原上，只有一条由无数水滴汇聚成的河流，灌溉过这片草地，才能使其向上生长为其他生物提供生命之所，而我们的军队也是这片草原源源不断传递强大生命力的源头。脑海中一个个镜头闪过，有朱总司令将自己的坐骑杀了，分给身边的同志；有张思德为了让身边的同志吃饱只身犯险——"尝百草"；还有倔强的小红鬼，为了让陈赓同志追上大部队，欺骗他说自己有余粮……这一个个感人事迹表明他们都愿意牺牲自己来换取大家的生命，这或许是一种生命的寄托,换一种方式来说就是:他为了救我而牺牲,我要带着他的那一份好好活着,直到消灭敌人的那一刻,这是顽强生命力的迸发。

一滴滴水汇聚成了大河,那是一颗颗红星,聚拢成了共产党,无数水滴不仅能灌溉万物,也能击倒一切。共产党人用自己的生命去守护人民,建设新中国,也与其他敌军展开生死搏斗,那是惨烈的湘江战役,是绝境求生的血战,再到四渡赤水,一颗颗红星英勇倒下,犹如水一般渗透到地里的红星竟然那般闪耀刺眼。

是红星,是共产党,在这漫漫两万五千里的征途中,发扬出了长征精神,也如无数水滴聚拢成的河流一般,绵延不绝,生生不息。我相信长征精神,对今天的我们来说,同样受益匪浅,那是把全中国人民和中华民族的根本利益看得高于一切,坚定革命的理想和信念,不怕任何艰难险阻,不惜付出一切牺牲的精神;坚持独立自主,实事求是,一切从实际出发的精神。

展望我们现在的祖国,美丽而富强,如果没有长征为其打下坚固的基石,现在的中国,或许还是当年那个任人欺凌的对象。我们应该感谢长征,感谢红军,感谢共产党,没有共产党就没有新中国。

我将牢记长征这段刻骨铭心的历史,发扬红军艰苦奋斗的精神。我也希望如他们一般有"留取丹青照汗青"的壮志、"不破楼兰终不还"的精神、"化作春泥更护花"的情怀。

续写烈火与鲜血的史诗——读《红岩》有感

作者:张诗苑　学校:平乐县平乐中学　指导教师:王学银

他们用鲜血染红我们的旗帜,我们当以奋斗谱写新的华章。

——题记

有幸于建党百年之际再一次遨游在《红岩》的字里行间,品味那一个跌宕起伏的故事,铭记那一段刻骨铭心的历史,仰望那一座不倒的丰碑。在火红的年代里,这赤胆的忠诚便是永恒。

成岗临危不惧,视死如归;许云峰英勇斗敌,舍己为人;江姐受尽酷刑,坚贞不屈;刘思扬离弃豪门,参与革命。英雄的形象在眼前清晰可见,英雄的事迹依旧不朽,在21世纪的今天,更如一束强光不断激发着可以燎原的星星之火。

"红岩上红梅开,万里冰霜脚下踩,三九严寒何所惧,一片丹心向阳开。"她从《红梅赞》里缓缓走来。在走向华蓥山的路上,她看到了曾并肩战斗的丈夫血淋淋的头颅高悬城楼,为了完成任务不暴露身份,她强忍悲痛,毅然离去。可是在寻找光明的道路上,她又怎会忘记那双渴望胜利的眼睛?于是乎一路辗转,却还是不幸进入渣滓洞。当特务分子将竹签插入她的手指,想要得到共产党的机密时,她在最艰苦的环境中喊出了最铿锵的话语:"毒刑拷打,那是太小的考验!竹签子是竹子做的,共产党员的意志是钢铁!"直至生命的最后一刻,她依旧为同志保守越狱秘密,只身前往刑场,为党献出生命。

她是细腻柔情的江姐,她也是铁骨铮铮的英雄,她更是坚贞不屈的共产党战士!此刻我心中江姐的形象愈发高大,共产党的光辉也愈发耀眼。

若说江姐、老许等一批英勇的战士是《红岩》中的滔天巨浪,以浩大的声势筑牢红色的岩石,那么小萝卜头就如一朵浪花,但他依然能给我惊涛拍岸的震撼。本应过着养尊处优的生活的"宋少爷"却也意外入狱。在白公馆,小萝卜头依旧保持着本该有的纯真,他虚心地跟着黄以声读书识字,哪怕是在没有自由的牢狱中,他依旧勤学苦读,不闻窗外之事,努力汲取更多养料。在小萝卜头身上似乎折射出一种精神,一种民族之魂。那是少年的坚毅,是少年的刚强;那是少年对知识的渴求,是少年与命运的顽强抗争。

读至此,我已热泪盈眶,心生感慨:这是何等罪恶的社会,使得一个乳臭未干的少年忍受牢狱之苦?这又是何种信念的驱使,使得一个八岁的孩童在狱中勤学苦读?梁启超先生有言:少年强则国强。观今日之中国、今日之社会,国泰民安,和谐稳定。我们青年在党旗的庇护下,享受着各种优惠政策和优质教学资源,难道我们还要碌碌无为敷衍学业吗?难道我们还要无所事事无所作为吗?难道我们不应该发愤图强勤学钻研吗?难道我们不应该立鸿鹄之志以报党恩吗?

在享用现代文明之时,我们不应该忘记和平的生活源于血染的历史,我们不应该忘记共产党员冲锋在前,守护人民。先前有《红岩》的共产党战士用鲜血染红脚下的岩石,换来新中国的成立;如今有无数抗疫抗洪英雄冲锋在前,用生命守护生命。我想,这便是传承的薪火,这便是延续的荣光。这便是共产党员永远为人民群众的利益而奋斗,永远舍小家为大家,永远热爱祖国和人民的气魄。

《红岩》中有这样一个黎明:"晨星闪闪,迎接黎明。林间,群鸟争鸣,天将破晓。东方的地平线上,渐渐透出一派红光,闪烁在碧绿的嘉陵江上。湛蓝的天空,万里无云,绚丽的朝霞,放射出万道光芒。"一批批烈士倒下了,活着的人从地上爬起来,擦干血迹,掩埋好同伴的尸首,不忘初心,不畏艰难,继续前进,才得以迎接新中国的黎明曙光。

我曾遗憾自己生不逢时,要不一定像江姐一样用鲜血将旗帜染得更红;同时我也庆幸自己生逢其时,能在党旗的光辉之下诵读烈火与鲜血的史诗。回顾百年风雨征程,艰难困苦玉汝于成;回顾百年光辉党史,如今中国繁荣富强。《红岩》的扉页中赫然写道:用鲜血染红我们的旗帜。如今中华儿女早已冲破黑暗,成长为寻求伟大复兴的摆渡人。一百年惊涛拍岸,九万里风鹏正举。吾辈青年当接过前辈火炬,当争做先锋,自立自强,奋斗不息,走好我们这一代人的长征路,中华儿女一道将这巍巍巨轮驶向光辉的彼岸,则我中华民族的伟大复兴之梦将指日可待!

再次合上《红岩》,我依旧心潮澎湃。一个声音自心底发出:请党放心,强国有我!吾辈青年定不负时代所托,我们将以奋斗谱写新的华章,续写烈火与鲜血的史诗!

奋斗驱萧索，不负少年时
——读《初心：重读革命精神》有感

作者：高雨杨　　学校：广西壮族自治区阳朔县阳朔中学　　指导教师：誉金泉

征途漫漫，唯有奋斗。我认为，奋斗是青春最亮丽的底色。一切的辉煌，一切的成就，一切的圆满，都来自不懈的奋斗。在读完《初心：重读革命精神》一书后，我内心的海洋掀起了滚滚的波涛，久久无法平静，同时，这本书也加深了我对"奋斗"的认识，令我感受颇深。

昏黄的落日在天幕中吻着烟霞，淡黄色的阳光洒满我的整个房间，一缕缕微风轻抚着院里的老树，我站在书架前，随手拿起一本书——《初心：重读革命精神》。我掸了掸书面的灰尘，饶有兴致地翻看着，没想到，书中的内容竟深深地将我迷住。这本书对党在革命、建设和改革的过程中孕育形成的革命精神进行了系统的梳理，深入阐述了28种革命精神的丰富内涵。令我印象最深刻的有4种精神。

其一，红船精神。红船精神是开天辟地、敢为人先的首创精神，所谓"首创"，即创新。创新是一个民族进步的灵魂，是一个国家兴旺发展的不竭源泉，是中华民族最深沉的民族禀赋。红船精神也是立党为公、忠诚为民的奉献精神，奉献精神是党和人民事业不断发展的重要保证。红船精神更是坚定理想、百折不挠的奋斗精神，奋斗精神是红船精神的支柱，也是党和人民事业的根本。

其二，延安精神。延安精神培育了一代又一代的中国共产党人，是我们党的宝贵精神财富，同时也是我们广大党员、干部用以滋养初心、淬炼灵魂的"营养剂"。延安精神代表了坚定正确的政治方向，全心全意为人民服务的根本宗旨，解放思想、实事求是的思想路线以及自力更生、艰苦奋斗的创业精神。

其三，脱贫攻坚精神。脱贫攻坚精神体现了我国广大人民群众上下同心的团结奋斗伟力："上下同心，其利断金。"我们党有效动员人力、物力、财力聚焦脱贫工作，有效发挥社会主义制度集中力量办大事的政治优势，形成了人人愿为、人人可为、人人能为的社会帮扶格局，千千万万的扶贫善举彰显了社会的大爱，汇聚排山倒海的力量。脱贫攻坚精神同时也体现了精准务实的科学态度。习近平总书记曾说过："脱贫攻坚，贵在精准，重在精准。"各地坚持精准扶贫战略，坚持"六个精准"，实施"五个一批"，从根本上解决人民群众的生计问题。

其四，伟大抗疫精神。2020年初暴发的新冠肺炎疫情，把中国人民深厚仁爱的传统"生命至上"体现得淋漓尽致。"人民的生命重于泰山！"习总书记的话掷地有声。从刚出生的婴儿到年逾百岁的患者，没有高低贵贱之分，都被平等对待，一律接受治疗。在这场与严重疫情的殊死搏斗中，中华民族以敢于斗争、敢于胜利、敢于奋斗的大无畏气概，创造了中华民族的新辉煌。

看完这本书，我的内心受到了极大的震撼。这些精神，都离不开两个字"奋斗"。

奋斗不只是响亮的口号，而是要不懈努力、拼搏向前、坚定理想信念。青年向上，国家才能向前；青年奋斗，国家才能发展。青年，是整个社会力量中最积极、最有生气的力量，习近平总书记深情寄语："新时代的中国青年，要以实现中华民族伟大复兴为己任，增强做中国人的志气、骨气、底气，不负时代，不负韶华，不负党和人民的殷切希望。"

一代人有一代人的长征，一代人有一代人的担当。时序交替中，始终不变的是奋斗者的身姿；历史的坐标上，始终清晰的是奋斗者的脚步。时代在进步，作为一名新时代的高中生，我们亦是时代的追随者，我们亦是生活的赶路人。我们也应该永葆初心，一心向党，吾辈少年当自强，生命不休奋斗不止。青春理想，青春活力，青春奋斗，是中国精神和中国力量的生命力所在！

几代青年，皆以梦为马，不断探索中国的未来。而今天的我们，更应牢记国家之使命，去呐喊，去想，去做，去奋斗！100年的党史，72年的新中国史，是中国共产党和中国人民用鲜血、泪水、汗水书写的。青年应该努力学习党史，党史学习之于青年之发展，如同大海航行之灯塔，如同启迪智慧之宝库，如同正衣冠之明镜。学习党史，有助于青年树立正确的理想信念，正确认识我国的国情党情，提高青年的道德和人文素养。

新时代，是奋斗者的时代，生逢盛世，当不负盛世。新时代的青年，新时代的我们，应该在劈波斩浪中开拓前进，在披荆斩棘中勇毅前行，在攻坚克难中创造业绩。唯奋斗者进，唯奋斗者强，唯奋斗者胜！

《三毛流浪记》读后感

作者:谢爱萍　　学校:永福县永福中学　　指导教师:赖燕

博尔赫斯曾说"生活是苦难的,我又划着我的断桨出发了"。在我们面对人生困境时,是逃离还是面对?我想在《三毛流浪记》中我们可能可以找到答案。

主人公三毛打小就每天孤苦伶仃地在上海街头流浪乞讨,每天为吃不饱穿不暖而发愁,被嘲讽呵斥甚至是打骂,当时的旧上海可以说是两极分化,有的人夜夜笙歌,有的人贫苦绝望,而三毛是就底层小人物的缩影。

三毛时常受到上层社会的人对他肉体上的折磨以及精神上的践踏,但是三毛从未放弃过生活。世人的自私冷酷让人心寒,当今世界像"三毛"一样的孩子还有很多,尤其是处在战争中的国家,他们正在遭受战争的煎熬,无家可归、流离失所,喝不上纯净的水,吃不上香喷喷的饭菜,穿不上艳丽的衣裳,买不起急需的药品,没有蔽身的家园,东躲西藏……过着提心吊胆的日子。一颗颗幼小的心灵被那战争的阴影所笼罩,留下了终生的愤恨,时刻都不得安宁,生怕那无情的炮弹会砸落到自家的门前,这一幕幕惨不忍睹的景象在我的脑海中回荡着。从电视报刊上看到他们那无助的样子,我不禁想起自己置身于和平环境之中,与他们相比较,我是多么的幸福啊,可我还是"身在福中不知福",不珍惜这幸福美好的时光,成天留恋在玩的天堂中,我十分惭愧,心里默默地埋怨自己。我是多么希望他们能远离战争,和我们一样置身于和平的环境中学习、嬉戏,共同遨游在知识的海洋中。

我不禁感叹我们所处的新时代,人们团结友爱、互帮互助、互相信赖、人人平等。这是多么的幸福、多么的幸运,又是多么的来之不易。我们是幸福的,身处一个有担当有责任的国家,中国共产党明白教育的重要性,实行了九年义务教育,大大地提高了中国人民的文化素养,减少了像三毛一样无家可归、无食可觅的少年,处在这个时代的我们是幸福的。

我庆幸自己生在华夏的土地上,成为一名中国人,居住在一个没有战争的国家。在这样和谐安宁的社会中,同样年纪的少年,他们在整洁宽敞的教室里怀揣着梦想学习,而不是像三毛一样流浪街头,吃不饱穿不暖,还要受别人的欺辱。我想这就是读书教育的真正意义吧!

现在进入了新时代,意味着久经磨难的中华民族实现了从站起来富起来到强起来的伟大飞跃,迎来了现在的美好生活以及未来的无限发展。但这一切都来之不易,需要一代又一代的人重视教育,提高人们的文化素养、科学素养,培养青少年的创新精神,这一切都要从教育出发。一个民族创新能力的提高,离不开创新人才的培养,从而提高科技发展水平,增强创新能力,提高科技对经济社会发展的支撑能力以及科技对经济增长的贡献率,所以说教育是民族振兴社会进步的基石,也是提高国民素质,培养创新型人才,促进人的全面发展的根本途径。这是中国特色社会主义的新时代,而不是三毛所在的黑暗社会。

也许你现在还在抱怨现在的生活,那就请看看三毛的困境吧!当你真正走进三毛的世界,你就会感恩于时代的春风。也许你现在的生活正是三毛理想中的生活,就像安徒生的《卖火柴的小女孩》中,小女孩忆起祖母那温暖的家,每个人都渴望温暖的归宿,因为这里吃得饱穿得暖,人人平等,没有欺辱……

我们没有理由再抱怨,我们生在红旗下,长在春风里,目光所至,皆为华夏,五星闪耀,皆为信仰。欣逢盛世,当不负盛世。新时代的青年沐浴在新时代的春风里,我们要向着红旗指引的方向,以实干笃定前行,以奋斗开启未来。我相信只要我们脚踏实地,胜利一定会属于我们,因为我们已经走在路上了,愿以吾辈之青春护我盛世之中华!

我将不会辜负党给我们带来的美好生活,在生活中从小事做起,但在思想上仍然有伟大的理想,因为我流着华夏的血,承担着实现中华民族伟大复兴的历史重任,我想说强国有我!我还想说三毛的时代已经过去,苦难的时代已经过去,我们将乘风破浪,未来可期!

读《习近平新时代中国特色社会主义思想学生读本》有感

作者:林达政 学校:永福县永福中学 指导教师:赖燕

金秋九月,凉爽的秋风送来了迷人的花香,依依不舍初中校园的我进入了理想的高中校园,坐在满枝金黄的桂花树下端详着书,沐浴在弥漫着花香的秋风里,多么的舒适,多么的凉爽,一切是那么的恬静,我"阅"起了新时代新征程。

望手中书,思书中意。手中《习近平新时代中国特色社会主义思想学生读本》讲到中国特色社会主义的发展历程让我想起了我国的发展历程。中华民族五千年文化从炎黄时期开始,人们团结友爱,互帮互助,没有阶级和权力之分。顺应历史需求,人们进入了奴隶社会和封建社会,出现了阶级压迫,人们生活在水深火热当中,战争带来了混乱、饥荒,不知多少同胞为此牺牲。

明清年间,出现了许多民族英雄,"封侯非我意,但愿海波平"的戚继光为抗击倭寇设计出很多的新战术,一次又一次荡击倭寇的入侵;"苟利国家生死以,岂因祸福避趋之"的林则徐在虎门当众销毁鸦片,向洋人宣示了中国主权不容侵犯;谭嗣同主张以政治革命改良,临刑前留下"有心杀贼,无力回天,死得其所,快哉快哉"的豪言,为中国革命流下了第一滴血……他们勇于斗争,就是为了人民的幸福生活,为了国家的和平安定。近代中国人民为了获得幸福的生活,在帝国主义黑暗的笼罩下不断地蜗行摸索,终于俄国十月革命一声炮响为我们送来了马克思主义。

随着新中国成立后马克思主义的不断发展,我们终于建立了适合中国国情的新时代中国特色社会主义制度,这是马克思主义中国化的成果。但是中国特色社会主义并没有特别完善,还需要我们青少年的努力。"少年强则国强,少年富则国富,少年自由则国自由。"好一个《少年中国说》。习近平总书记曾说过:"志向是人生的航标。一个人要做出一番成就,就要有自己的志向。一个人可以有很多志向,但人生最重要的志向应该同祖国和人民联系在一起……"所以我们必须做好未来中国特色社会主义的接班人,这就要求每个青少年都要有梦想。

我想起了2020年疫情严重时那昏天暗地的日子,不过,我们中国人民勇于斗争,不怕牺牲,以梦想为目标,努力奋斗。有梦想,火神山医院十天拔地而起;有梦想,医疗队驰援武汉;有梦想,肺炎病人坚持与死神抗争……看,这就是新时代下,人们的奋斗,人们为梦而行。天下兴亡,匹夫有责。我们也要怀着爱国为国的雄心壮志,让人民更好地当家做主。现在我国出现了好多"雷锋",他们默默无闻,无私奉献,为抗击疫情做出不小的贡献。他们化身口罩劝戴者、体温测量者、送菜上门者,无时无刻不在为人民服务。有的地方还把自己家乡的土特产无偿捐赠给武汉。口罩、蔬菜生产逐步得到恢复,人们的生活也都逐渐正常化。随着各大城市的逐步开放,我们的时代将有一个大的迈进,中华民族的伟大复兴以及两个一百年的奋斗目标终将实现。正因如此,我们要勇于去追寻自己的梦想,争做时代新人,为实现中华民族伟大复兴的中国梦而奋斗!

所有的青少年啊!我们要记住我们正处在一个伟大的新时代,这是近代以来久经磨难的中华民族实现从站起来、富起来到强起来的伟大时代。我们青少年风华正茂,气力旺盛,我们将与这一伟大的历史进程同生共长、命脉相连。

新时代在召唤我们,我们既是追梦者,也是圆梦人,更是社会主义的接班人,我们要有新思想、新作为、新形象,在中国共产党的领导下,不忘初心,牢记使命,为谱写全面建成富强民主文明和谐美丽的社会主义现代化强国的壮丽篇章付出自己的努力!

阅读《习近平新时代中国特色社会主义思想学生读本》后我心潮澎湃,让我们拿起九月的旗杆,扬起十月的国旗奋勇向前!

读《西风胡杨》有感

作者：徐艺玲　　学校：永福县永福中学　　指导教师：赖燕

近日读了一篇文章《西风胡杨》，读完后颇有感触。

《西风胡杨》这篇文章从胡杨的生长环境、品格展开来写，描述了胡杨的生长现状，赞美了胡杨的精神。作者也通过这篇文章向人们提出了保护环境的倡议。

胡杨在沙漠地区生长，为绿化祖国、防止土地荒漠化起到了至关重要的作用，无私地为我们美丽的祖国贡献着自己的力量。就像革命先辈们为了我们今天的幸福生活，抛头颅，洒热血，做出了无限的努力与贡献；就像科学家们为了我国的核武器事业隐姓埋名三十年，默默付出，毫无怨言。这不禁让我感叹作为中华民族这个大家庭里的一分子，我们每个人都应该为这个家的繁荣昌盛做出努力与贡献。现在我的身份是学生，而我能为这个大家庭做的贡献就是努力学习科学文化知识，培养社会实践能力与责任感，养成良好的行为习惯，将来成为一个对祖国、对社会有用的人。

在文中作者写道："胡杨是我平生所见最悲壮的树。胡杨生下来千年不死，死后千年不倒，倒下去千年不朽。这是多么的顽强，坚韧不拔的树种啊！"直到最后一刻胡杨都还在为祖国的绿化做着贡献，真是鞠躬尽瘁，死而后已啊！我们不仅要学习胡杨的奉献精神，还要学习它那顽强不屈、坚韧不拔的品格。在生活中面对困难时，我们应做到屹立不倒，迎难而上，勇往直前，与困难斗争到底。

在文章的末尾，作者提到胡杨的种植地区日益干旱，水源逐渐减少，胡杨林的"战士"逐渐成了倒下去的伤者，这让人想到了一个焦点问题——生态环境保护。伴随着经济发展下不合理的开发，我们的生态环境逐渐恶化，在21世纪的中国，这已经成为一个严峻的问题。

是的，我们只有地球这么一个家园，如果它灭亡了，我们又应该到哪里去生活呢？去其他星球吗？但根据科学研究显示，目前还没有发现其他星球上有满足人类生存的条件。为此我们更应该保护好我们赖以生存的家园，不要让它再受伤害了。

习近平总书记曾说过"绿水青山就是金山银山"，可见保护生态环境和发展经济同样重要。"像保护眼睛一样保护生态环境，像对待生命一样对待生态环境。"可见保护生态环境是多么重要啊！

近年来，国家不断出台了保护生态环境的政策、法律法规，将绿色纳入新发展理念中，将生态文明建设放入"五位一体"中，可见在生态环境保护方面，国家给予了高度重视。

在今年的《开学第一课》中，蓝蒂裕烈士在绝笔家书中写道："耕荒，愿你用变秋天为春天的精神，把祖国的荒沙耕种成为美丽的园林。"这是他写给儿子的一封家书。先人们也希望后辈把祖国建设成为美丽的园林，因此，我们更应该不辜负先人们的嘱托，注重生态保护，把我们的家园建设成为美丽的园林。

从现在开始让我们低碳出行，尽量少开私家车；每年植树节种一棵树，积少成多；不乱砍滥伐，保护野生动物和它们的家；保护河流，不向河中排放污水；尽量使用清洁能源……我相信只要我们做出努力，我们的家园就会越来越好，越来越美，让我们一起加油吧！

胡杨是坚强的，让我们像胡杨一样无私奉献，坚忍不拔，顽强不屈，同时也请保护好我们的家园，让胡杨在这个家里感受到更多的温暖。

读《出师表》有感

作者:苏婷　学校:贺州第四高级中学　指导教师:孟秋妹

"江山如画,一时多少豪杰",一阵微风徐起,望着天边的弯月,只瞧见一人拿着羽扇,背手而立,头戴纶巾,清秀儒雅,我连忙上前察看,那锐利的双眼仿佛洞察万物,别有一番风味,我拱手而道"原来是诸葛先生,晚辈失敬。"

隐山间,卧草屋,或是早已看惯了官场的阿谀奉承,抑或是不想自己一身正气被污。只是零星记得初遇刘皇叔时,您那平淡若水的眸子,惊起了一圈涟漪。本应该在山野田园安度一生,如您所言"苟全性命于乱世,不求闻达于诸侯。"刘皇叔几番前来请您出山,大雪纷飞,屋内一壶热茶,那是您与刘皇叔在屋内商讨政事,您虽不在城内,却对国家大局了解颇深,刘备大喜,日日与您共议,您惊讶于刘备的才学,见他是真心相求,决定出山相助。

您自出山以来,多少功绩令人赞叹"诸葛先生当真好机智",草船借箭,又唤疾风,继而出使吴国,句句压人,气势非凡,火烧新野,打得敌人落花流水。从此,威名远扬。建兴元年,刘禅称帝,新皇帝资质平平,又整日游乐,胡乱听信奸臣所言,竟百般不愿相信您。我不禁低头思索,刘备驾崩后刘阿斗继位,对于那位"扶不起的阿斗",您却一直殚精竭虑,到底是何种信念支撑着您,您可曾登上蜀国的城墙,到上面看一看,这早已不是刘皇叔想跟您打拼的那个天下了,先帝死后,您完全可以"弃朝政于不顾,回草屋以隔外"。您却放心不下刘阿斗,"臣亮言,望陛下开张圣听,亲贤远佞,请陛下谨记先帝之遗言,复兴蜀国"册册上书,日夜不能寐。

建兴五年,刘禅派您北上讨魏,准备夺取长安。您率兵出战,甘愿立下军令状,"不效则治臣之罪,以告先帝之灵。"您终是未能忘记先帝的遗言"好好扶持二世"。您交好于多位将军,又有上知天文、下知地理的才智,为何不与他们一同推翻这朝廷?为何甘愿扶持阿斗?您却言"侍卫之臣不懈于内,忠志之士忘身于外。"可能这就是一个文人的信念,做一个忠义之士,无论处境如何,不变的是爱国爱民之心。五次北伐不得志,您的脸色终是暗淡下来,紧锁的眉头,满是红血丝的眼睛,露出几许忧伤几许烦恼。从"臣本布衣,躬耕于南阳,苟全性命于乱世",到"臣受命之日,寝不安席,食不甘味"。"出师未捷身先死,长使英雄泪满襟",营中油灯照得四处熠熠生辉,当时的诸葛又在遥想着什么呢?自知大势已去,眼中却丝毫没有害怕和胆怯。他仍在想刘阿斗,还在担心蜀国的江山。

那愚蠢的皇帝,却在您积劳而病死后,不思进取,胆小怕事,魏军五路伐蜀,攻入汉中,蜀国仍有兵力十万,可那刘禅却信什么鬼神之说,认为魏军不会在这个时候攻打蜀国。朝中大臣竟无人敢进言劝皇帝反攻,就这样,还未开战,蜀国便投降。诸葛先生用一生扶持的蜀国,终是败在了那昏君的手中。

但闻名于世的《出师表》却是有很多值得我们后人学习的地方,亲贤臣,远小人,此先汉所以兴隆也。亲近小人,远离贤臣,这是后汉衰败的原因。"鞠躬尽瘁,死而后已"里面君臣之间的忠义,感人肺腑,感染了无数人,让这个名臣成为智慧与忠义的化身。

那抹鲜红,是你! ——读《红岩》有感

作者:杨盛鑫　学校:柳州高级中学　指导教师:周红豆

我在黑雾中挣扎。

出现了! 漫天黑夜中绚烂的鲜红色!

它仿佛火焰般跃动,我的心也在火上炙烤着——鲜活,滚烫。

我崇敬着,我追寻着,我疑惑,那抹鲜红是谁?

于是我来到了那片岩,我看到了在那深深的渣滓洞里,冰冷的枷锁下,一个个如血般的灵魂在涌动。

年幼的小萝卜头早早便成为共产党员,虽然年龄不符,但他内心对党的忠贞与热爱,却铸就出一个不逊于其他人的小共产党员;在《挺进报》的创办过程中,尽管敌人重重围剿,尽管遭遇很多艰难险阻,但胡浩始终没有放弃,他用身躯挺起了共产党与民众的交流台;最引人注目的老党员许云峰挺过了敌人的各种拷打,在各种党派的钩心斗角中磨难重重,但他始终不曾放弃自己的信仰,坚定地朝着共产党走去。还有身着蓝色旗袍的江姐,在面对丈夫的头颅时,她毅然承担起了作为共产党员的职责。在竹针穿指的瞬间,她想起的不是个人利益的得失,而是党的未来。"上级的姓名、地址我全知道,下级的姓名、地址我也知道,但这是我们党的秘密,你们敌人休想从我这里得到一丝消息!"这是江姐对自己的承诺,也是她用生命践行的对党的忠诚。一身蓝色旗袍,或许江姐从未打扮过,但在她将死之前,她特意换上了红色的毛线衣,穿上蓝色的旗袍,平静地梳着短发,江姐以她最漂亮的姿态,无畏面向死亡。哦! 或许那并不是死亡,因为她的心中充满了对党对民族对未来无限的期望。怀着这样的期望,一个个民族解放战士赴死如归。他们的肉体逝去了,但他们的精神却始终留存!

在《红岩》之中,还有一组鲜明的人物对比——甫志高与刘思扬。刘思扬和甫志高的出身有一点相似,都是资产阶级的"小少爷",但为何在革命过程中,刘思扬坚定成长,而甫志高却变成"叛徒"呢? 其根源在于他们对未来的追求以及

入党的动机不同。刘思扬之所以能够坚定地选择革命，不仅在于他自身的坚毅精神，也源于他始终坚持正确的政治理念，在念大学期间，刘思扬学习了马克思主义精神，并坚信马哲是顺应时代潮流的产物，会给中国带来极大的意义，让人民安定。但反观甫志高，他本人始终贯穿着一种自私的理念。革命时，他想的却是如何升官发财。他的革命并非革命，他的解放也并非解放。他始终坚持着一种自私、投机的思想。他有着相当强烈的官权主义，这也是他叛党的一大原因。

在甫志高的对比下，江姐等人的坚持与艰辛愈发显现，江姐等人表现出的革命本色也正激励我们一代代向前奋进。

正是有那一幕幕血红的画面，那一抹抹血红的身影，方才织就了今日鲜艳的中国国旗。而我们新时代的后浪也必将用奋斗来为其再添一抹鲜色。

原来，那抹鲜红，是你！

岩缝中的花——读《红星照耀中国》有感

作者:赵淑蕾 学校:柳州高级中学 指导教师:魏倩倩

岩缝中的花浸透血泪,挣脱岩石的压迫,在贫瘠的土壤中生长、盛放,最终惊艳了时光;红星在动荡乱局中萌生,历尽千磨万难,亦是浸透着千万人的血泪在西北的贫瘠大地上升起,照耀了中国西北,照耀了中国,也照耀了中国的未来。我跟随着埃德加·斯诺的脚步,探寻《红星照耀中国》的精神密码。

不论土壤多么贫瘠,不放弃生的希望,心怀光明,顽强生长,终会盛放。

书中写道:"苏维埃是从革命的废墟上兴起的,它要赤手空拳从失败中斗争出一个胜利的结果来。"四一二反革命政变后,共产党员在残缺混乱中,在国民党反动派的铁钳之下寻求着一线生机。不论是周恩来在南方进行的以步枪、铁锹对付敌人的装甲机车的多年艰苦斗争,还是毛泽东在秋收起义后在草丛中躲避敌军搜捕、命悬一线的经历,都是为了要保住那个"小小的苏维埃共和国"。军备落后,物资匮乏,"小小的苏维埃"何以在高压围剿之下存活,星星之火何以有燎原之势?

是于险境中求生的希望,是置之死地而后生的顽强,是千难万难的不放弃。就像大树会把它的根深深扎进土壤中一样,红军让他的根在地下深扎,曲折前进,于贫瘠的土壤中汲取少得可怜的养分,可就是这微薄的养分,加之以铁一般的意志,硬是谱写了一个生生不息的传奇。在随后的红军长征中,红军战士们爬雪山,过草地,突破重围,有人牺牲,也会有人加入,让红军的有生力量得以保存。他们是神吗?为何如此顽强?但迷信的时代早该过去了,不是神灵护体,是顽强的意志在身,是不灭的希望在心。天无绝人之路,绝处亦能逢生。"没有比脚更长的路,没有比人更高的山",人定胜天,必竭尽全力,星星之火也可以燎原。

那么,是什么让他们就算身处绝境也不放过一丝生的希望呢?天下兴亡,匹夫有责;家国有难,舍我其谁。花儿为什么开得那样红?因为它深爱立足的这片土地,欲用自己的热血护其周全,为其添光。

飞夺泸定桥时红军战士一个个站出来愿意冒生命危险,前赴后继,他们当兵不只是为了有个饭碗,更为了胜利,为了中国光明的前途。尽管当时他们就知道自己无缘那未来盛世,但以身许国,何尝不是一种幸福呢?他们从铁索上坠落的那一刻,是不是心中也在高喊着:"清澈的爱,只为中国""让我们的子孙后代享受前人披荆斩棘的幸福吧"?

西北大地上的"红小鬼"——少年先锋队队员在斯诺眼中是了不起的孩子。"我在这些脸颊红扑扑的红小鬼——情绪愉快、精神饱满而且忠心耿耿的身上发现一种令人惊异的青年运动所表现的生气勃勃的精神。"他们拥有高度的个人自尊,是未来的红军战士。他们蓬勃的朝气应该是来源于对未来担当使命、为国家做贡献的喜悦与期待吧!

红色剧社的演员们——世界上报酬最少的演员,却也是斯诺眼中最愉快的演员,用最简陋的设备、少得可怜的道具与服装,演出最富有感染力的戏剧,长途跋涉,不断奔波于一个又一个村庄,乐此不疲。"他们相信自己是在为中国和中国人工作",让所行之事于国于家有意义,用自己的青春与生命砌起国家的一砖一瓦,此生足矣。何必去在乎所得呢?

中国似乎一直是这样走来的,一群又一群心怀赤忱之爱的中国人,为了我们可爱的中国,于混沌处开天,在绝境中求生,书写岩缝生花的奇迹,将这精神密码代代传承。

从一穷二白到经济腾飞,从封闭落后到改革开放,从任人宰割到大国外交,从"东亚病夫"到摘金夺银……哪一个华丽转变不是浸透了血泪,不是曲折艰辛的?若不是在漫漫黑夜中不放弃生的希望——哪怕看不到希望,也要成为光,去照亮前行的路,顽强地一往无前,怎盼得到黎明?天是会自己亮的,但困于山洞之中的人类,没有光明。唯有披荆斩棘,闯出山洞,才能弥补贫穷与空白。

当我们的脱贫攻坚战成果举世瞩目,当我们的空间站令世人艳羡,当我们的5G技术为世人仰望,当我们的小康生活、智慧生活被他人称赞,当中国速度、中国力量令世人惊叹,当中国在复兴道路上行稳致远之时,我们应该清醒地认识到是什么造就了今天——不是投降屈服,而是顽强的斗争与不放弃;不是他人恩赐,而是自立自强;不是自我贬低、讨好他人,而是相信中国、赤心不移。

开在岩缝中的花,坚忍顽强,必定是绝美的;冉冉升起的红星,指引了中国前行的方向,也在每个中国人的心中,长久地照耀着,明亮如初。

回顾百年奋斗史,奔赴未来中国梦
——读《红星照耀中国》有感

作者:李奕茵　学校:柳州市铁二中学　指导教师:唐秀花

我无法想象如果中国没有解放,如果没有中国共产党的领导与人民的奋起反抗,如果没有无数革命先烈抛头颅,洒热血,现在的时代会不会仍是充满枪声的时代,我们还可不可以安然地坐在教室学习,我们还能不能享受周末与家人朋友欢聚的闲暇时光。我怀着沉重的心情阅读了《红星照耀中国》,这本书带我回到了中国共产党革命的"红星时代"。

书中彭湃所说:"只要还有一口气,就要为共产主义事业奋斗到底。"这句话真切地让我们再次回到了那段激情燃烧的峥嵘岁月,深深地感受到中国共产党领导人进行革命的伟大光辉历程,深刻感悟革命先辈奋斗信念的坚定。书中写道,夏明翰在1921年成为共产党员,1928年,由于叛徒的出卖,夏明翰不幸被捕。因此,夏明翰写下了那首著名的《就义诗》:

砍头不要紧,只要主义真。

杀了夏明翰,还有后来人!

红军战士们以他们的生命和鲜血,谱写了一曲曲凯歌,为中国的革命事业立下了不朽功绩。

在一百多年前,西方列强用坚船利炮撞开了古老中国沉重的大门。我国财富任人掠夺,文化任人摧残,人民任人宰割,是无数共产党先烈抛头颅,洒热血,换来了新中国的胜利果实。染满鲜血的五星红旗飘扬在战火纷飞的时代里,鲜艳夺目的五星红旗屹立在新中国天安门广场的城楼上。星星之火可以燎原,革命之士为先锋,铺就中国奋斗之长征。

书中第十章《战争与和平》中讲述了红色中国的少年们耐心、勤劳、聪明,努力学习,代表着中国的希望。在新中国成立之初,国际上中国遭遇政治军事封锁,但仍有无数共产党人在自己的岗位上奋斗,为新中国经济建设而奋斗。无论是钱学森还是邓稼先,都用自己毕生所学换得了中国在核武器事业上的丰收果实。党员干部焦裕禄,在物质条件极度匮乏的兰考县,带领着村民一步一步将风沙走石的"干地"变为寸土寸金的"金滩"。新中国就像一支画笔在社会主义这张画卷上留下浓墨重彩的一笔。而这都离不开政府和人民的不断奋斗,不断地在建设道路上敢闯敢试,攻坚克难,点亮奋斗之路,开启中国奋斗新征程。

今天,当年的战争硝烟已经散去,但和平发展的天空并非晴空万里。在实现中华民族伟大复兴的道路上,新的长征与当年红军长征一样将是山水重重的漫漫征程,也将面临严峻的困难和考验。正因如此,新世纪新阶段更需要我们高擎起长征精神的火炬,让曾经推动中国革命取得成功的光荣传统在新的长征中焕发出时代光芒,照耀着我们像当年的长征红军那样去不断开创出新的局面。正如书中所说,在当代,奋斗仍为时代主题。"嫦娥工程"三代人的接力、坚持实现了奔月之梦;"天问"探索火星;"奋斗号"刷新中国载人深潜新纪录;新冠疫情中医护、志愿者、公安等人奋战在第一线……泱泱大国,"江山如画,一时多少豪杰"。为梦想而努力奋斗,一代人有一代人的奋斗,而新时代的青年在这个时代里也有属于自己的奋斗。为救援群众牺牲在洪水中的消防员陈陆,为疫情志愿服务守护医护人员的快递员汪勇,为国家捧出六项发明身患肾炎的学生邹勇松,为国家荣誉不断奋力拼搏的 90 后飞行员、奥运健儿等,这些新时代奋进者,为照亮中国梦之路,勇闯奋斗之新征程。

正如李大钊所说,"背黑暗而向光明,为世界进文明,为人类造幸福,黄金时代,不在我们背后,乃在我们面前;不在过去,乃在将来。"少年强则国强,少年如朝阳,如乳虎,如春前之草,如长江之初发源。百年奋斗史,告诫我们只要勇于奋斗,终能改变困境。"海阔凭鱼跃,天高任鸟飞",既然选择了远方,便只顾风雨兼程。光明之路在未来,而未来将由我们新时代青年所主宰,未来中国梦之路,将是属于我们的一片天地。

读《记念刘和珍君》有感

作者:覃童浩　学校:柳州市钢一中学　指导教师:韦伍云

我向来是畏惧鲁迅先生之作的,无非是觉其篇幅长,寓意深,总是太难懂。如今大抵是阅历又多了一些的缘故,竟能沉下心来读出一二。鲁迅先生对丑陋的社会现象深恶痛绝,批判起来毫不留情。正如我今日所读的《记念刘和珍君》,初读时一知半解,不懂其深意,如今读来却恍然大悟,深有感触。

1926年"三一八"惨案中,22岁的女子师范大学学生刘和珍君遇难了。惨案发生后,一些反动文人在报刊上发表文章,制造种种流言,污蔑爱国青年。刘和珍是爱国青年,是为请愿而牺牲的烈士,鲁迅先生为段祺瑞政府的凶残而感到愤怒,为刘和珍的牺牲而感到悲痛,为此写下了这篇文章。我认为文题虽为"记念刘和珍君",但目的不仅仅是记念刘和珍君,更是以记念刘和珍君为切入点记念"三一八"惨案,缅怀先烈,致敬英雄。文中多次出现警句,可以说是精练切要,语意深切,值得一睹其风采,如"真的勇士,敢于直面惨淡的人生,敢于正视淋漓的鲜血。"鲁迅先生是要人们不做庸人而是做真的猛士。真的猛士站起来了,"将更奋然而前行",这样的中国才有得救的希望。做中国的普罗米修斯,不畏天罚,勇于盗火,为中国铺一条光明的道路。这一铮铮作响的对偶句,启示我们要不畏艰险,敢于面对黑暗的社会现实,勇敢战斗。

如果说思想和知识,组成了一个民族精神世界的血与肉,那么革命先烈和英雄人物的胸怀与品格,则构成了这一精神世界的筋与骨。如何对待英烈,事关民族希望,国家前途。鲁迅先生以一支锐利的笔刺破粉饰太平的面具,使我们得以了解旧社会丑恶不堪的一面。鲁迅先生的《记念刘和珍君》以抨击敌人,歌颂烈士,激励世人的方式,寄托哀思,讴歌了刘和珍等爱国青年临难从容的勇毅精神。作为中国青年,我们要学习刘和珍等爱国青年渴求真理、勇于斗争、对祖国有高度责任感的优秀品质,为祖国做贡献,让我们祖国有一个更加辉煌灿烂的、"可赞美的光明前途"。

知所从来,思所将往。英烈们为我们创造了美好生活,更激励我们向着未来奋勇前行。文中的刘和珍前辈作为一个品行良好的学生,具有正义感和责任感,作者反复写她的"微笑""和蔼",让我们了解这是一批怎样可爱的青年。段祺瑞政府杀害的、流言家诬蔑的就是这样一批可爱的青年,其凶残、卑劣便不言而喻,什么"暴徒",什么"受人利用",无耻谰言都不攻自破。"奋然前行的猛士"将越来越多,先驱者的壮烈精神将激励、鼓舞"猛士"更加勇猛坚定地去斗争、前进。今天的我们也要为了心中的理想不惧艰险,脚踏实地,用汗水浇灌理想花朵。

　　一隅三反,由此及彼。枪弹攒射、棍棒挥舞的情景历历在目;请愿的学生在枪林弹雨中互相救助的情景,也历历在目。太夸张太过分了?似乎有一点。可正是这种对牺牲者的怀念,对英雄人物的尊崇,对先进典型的礼赞,更进一步激发出全社会团结一致的向心力、勠力同心的凝聚力、众志成城的战斗力。新中国的生日即将到来,当今的中国青年应不忘初心,砥砺前行,让英雄和先烈的精神永放光芒,为实现中华民族伟大复兴贡献力量。我将奋勇前行,做真正的勇士!

给孟实先生的一封信——读《谈十字街头》有感

作者:杨舒珺 学校:柳州高级中学 指导教师:郑雪

敬爱的孟实先生:

您好!

人常言:"不动笔墨不读书。"每当我翻阅您给青年的十二封信时,心中总有许多感触,想着提笔记录下来,所以,就模仿您的方式,想和您称一回朋友,给您写一封回信。

月朗星稀,皎洁的月光透过窗外的叶隙落在微微发光的纸页上,暗黄的灯光映着您的脸颊,伴着对青年期待的文字从您笔下缓缓流淌出来。

这是我在阅读《给青年的十二封信》时脑海中闪过的画面。隔着书页,我仿佛能感受到您对青年的殷殷期盼漫出来,涌上心头。文字并不会因岁月的流逝而腐朽,哲思也是一样。20世纪20年代那些真挚的文字被后人阅读着,像是跨越百年的对话。

"一种社会所最可怕的不是民众肤浅顽劣,因为民众通常都是肤浅顽劣的。它所可怕的是没有在肤浅卑劣的环境中而能不肤浅不卑劣的人。"回想起百年前,一批有志之士在茫茫黑夜中觉醒,他们以笔墨为刀剑,舍去一身血肉,引领没落的旧中国走向新生。他们正是您所说的十字街头的矮人群中的大汉。

"我们要能于叫嚣扰攘中:以冷静态度,灼见世弊;以深沉思考,规划方略;以坚强意志,征服障碍。总而言之,我们要自由伸张自我,不要汨没在十字街头的影响里去。"百年前,在山东危急时刻,青年学生高举起反对二十一条的大旗,用血肉之躯对抗腐朽,用声声呐喊唤醒社会。自红船从南湖起航至新中国成立的声音从天安门城楼传向世界,伟大的中国共产党一直用冷静的头脑、顽强的品格领导中国前进。

在这个信息发达的时代,人们随手一条信息便可以传到天涯海角。可在百年前,那个禁锢于腐朽思想的时代,一封带着走出象牙塔期盼的信漂洋过海,给新青年启迪与鼓励,让觉醒青年唤醒那个社会。

如今这样的期盼仍体现在社会上。多少青年人自愿入党,在人民群众的立场上将毕生所学用于服务人民,他们或驻守边疆,心中清澈的爱只为中国;或身穿白衣,自愿请战前去抗疫前线;或站上偏远的三尺讲台,用三寸粉笔书写乡村孩子的未来……他们牺牲常人眼中的幸福,走在遵循着自己内心的理想信念但荆棘密布的道路上。

合上书页,脑海中,钢笔合上碰撞的声音清脆,一封沉甸甸的信,对青年的期盼散落成一笔一画纷至沓来。

此后如竟没有炬火,你便是唯一的光
——读《家》有感

作者:邓东岳　　学校:柳州市铁二中学　　指导教师:梁思

叹惜中华当年,饿殍遍野,满目疮痍,在那个浑噩与迷茫的黑暗年代,他们都站了起来,聚起了光,成为唯一的黎明。梁启超以公车上书尝试唤醒那沉睡的雄狮,在轰轰烈烈的戊戌变法中掀起中国走向共和的第一页;闻一多在几年的默默无闻中辛苦凝结出《唐诗杂论》,为衰微的民族开一剂救济的文化药方;巴金化笔为刃,狠狠地向封建制度的束缚划去,留下了令人深省的《家》。

《家》是一部充满觉醒与抗争、悲恨与爱情的作品。出生在封建官僚家庭的巴金,从小便体会到封建家族制度的专横腐败、礼教的虚伪冷酷以及贫弱者的悲苦无助,这使得巴金萌生出对底层劳动者的同情和对封建旧制度的憎恨与反叛。

"我要向一个垂死的制度叫出我的'我控诉'"。他将对封建旧制度的不满以及对社会强烈的责任感,通过笔下的人物表现出来,借他们的觉醒与反叛敲响封建制度的丧钟,发出那个时代的最强音。觉慧便是书中不被时代洪流淹没,勇于冲破封建牢笼的象征。他心怀宏图大志以及与旧封建势力顽强抗争的勇气,敢把风月淬烽火。他在五四运动中积极加入社团,创立报刊表达自己的思想,试图唤醒更多中国人。在他身上,我好似看到了鲁迅的力量,用文字唤醒迷途的中国人,抽刃面向更强者。他从"我们是青年,不是愚人,应当给自己把幸福争过来"中获取前进的力量,与朋友们一起奋勇搏击。他大胆地冲击一切陈腐观念和秩序。他冲出家门参加抗议军人殴打学生的请愿示威,散发反对军阀的传单;他反对觉新的逆来顺受,支持觉民的逃婚,力斥荒唐的血光之灾的封建说法。"睁开眼睛看这个世界的真面目,不过是增加他们的痛苦罢了,这正像是使死尸站起来看见自己的腐烂一样。"觉慧是当时那十万青年的一个缩影,用青年之精神,为中国的前进之路点燃了火把。

觉慧是不幸的，因他生在腐朽堕落的封建家族；而他又是幸运的，因他冲破落后封建思想的束缚，勇于追求自身生命的价值。虽在动荡的时代背景下困难重重，但其无愧于心，是那个时代的先锋。"无论是在白天或黑夜，世界都有两个不同的面目，为着两种不同的人而存在。"而在百年之后，我们处在时代的前沿，时代赋予我们使命，亦带来挑战，我们又有什么理由不去好好努力呢？觉慧生在乱世尚且坚强，对比他，我们更没有理由逃避。

我们生在千禧年的开端，长在华夏的春风里，点开往日峥嵘岁月，遥想往日腥风血雨，看无数青年奋起，无数青年扛起重担，敢想敢说，拥有冲向晨曦的勇气，担负社会之责任，领社会之风尚。我们的新时代，充满希望与未知，如同《家》中"虽然时代的关系很大，但时代也是人创造的。我们又何尝不可以改变时代？人无论如何应该跟时代奋斗。能够征服时代，就可以把幸福给自己争回来"所说的一般。但希望总是存在于"山重水复疑无路"之中，新时代的我们定能创造出一个属于我们的新时代。

国之所向，由青年起航。李大钊曾言："青年之字典，无困难之字；青年之口头，无障碍之语；惟知跃进，惟知雄飞，惟知其本身自由之精神。"一代人有一代人的使命，但代代相传的拼搏求索的精神是我们前行的动力，虽不比先辈们于民族危难中救亡图存，但我们仍需立于新时代的潮头，做新时代的接班人。赓梦不畏难，炎黄血骨传。

"人的身体可以被囚禁，人的心却不可以。"新时代的我们，绝不在沉默中消亡，要绽放自己的光彩。生于盛世年华，生于科技时代，我们便拿起科技的画笔绘蓝图；生于日新月异，生于创新大潮，我们便用新奇的思想点亮未来。接过先烈身躯的重担，压不垮的是新青年的决心，时代的前沿有我们，未来的宏图亦不能缺少我们的身影。我想，我愿做时代精神的传人，薪火相继，在时代精神中注入自己的一份拙力，谱写时代壮歌。

做一颗火种，纵一灯如豆，也可累积成阳；乘一叶扁舟，纵一波三折，也可断绝江河。愿你我一样的中国青年聚在一起，指点江山，在风华正茂时，继时代薪火，崭露锋芒。

想着，我合上了书，却盖不住心中的一腔热血。

从黑暗中来,到光明中去——鲁迅《再论雷峰塔的倒掉》读后感

作者:侯雨含　学校:南宁市第三十六中学

　　回望过去,今日繁荣昌盛历史的背后,涂满了鲜血与泥泞——那是一段峥嵘的岁月。上面满是壮烈的斗争史,堆满了数不清的战斗与牺牲。放大看,那又是一片漫长的黑夜。数万万名中国人闭着眼睛昏沉沉地躺下了,却仍能看见几支高高竖起的火把,在暗夜与沉甸的风里摇晃着,亮着微弱却耀眼而坚定的光。

　　也许当你再靠近些去看,会发现那举着火把的人里,有一位穿着长褂的先生。他站在倒伏的人群中,手举得很高。他手中的火炬燃得啪啪作响,在这昏沉的夜里画出越来越大的光圈。当你翻阅历史去寻找他的姓名,一定会看到那两个铿锵有力的文字——鲁迅。鲁迅先生,为中国人思想的觉醒,为中华民族的觉醒,点了一支无比炽热而明亮的火把。

　　民国十三年九月二十五日,雷峰塔因塔砖盗挖过多、塔址附近汪庄造屋打桩引起震动而倒坍。众人就此事议论纷纷之时,鲁迅先生先后发表了《论雷峰塔的倒掉》与《再论雷峰塔的倒掉》两文,发表自己的见解。阅读之后,我尤其对《再论雷峰塔的倒掉》一文感触极深。

　　这是一篇短小的杂文,表面上只对"雷峰塔倒掉"一事说出想法,其实却含义极深。先生赋予了"雷峰塔"深刻的象征意义,借此事表达了对当时社会现象的批判,以及对民众的警示。雷峰塔之所以会坍塌,原因在于民众对其塔砖的肆意挖取。而挖取的意义仅在于"迷信那塔砖放在自己的家中,凡事都必平安,如意,逢凶化吉。"于是这个也挖,那个也挖,久而久之,雷峰塔便倒了。明明是出于对所谓文明的供奉而做出的举动,却导致了其文明诞生之物的坍塌。究竟是为什么会造成这样的现象?我不禁思考。

我想这雷峰塔的第一层象征含义，便是根深蒂固的封建礼教思想。而雷峰塔的倒塌，也就表示对封建礼教的摧毁，对新兴文化的包容与欢迎。这表达了鲁迅先生对于当时封建礼教的批判，也敲响了对人们深陷于麻木之中的警钟。当时，距离辛亥革命结束只过去了十三年，暂不说封建制度的残余，只是封建礼教早已根深蒂固于民众的心中。当时的中国，虽名为"民国"，却早已陷入了北洋政府的反动统治之中。内患愈深，可是民众却陷入深深的麻木中。人们眼里所谓的希望也不过是封建礼教中的神话，只会往家里搬石头，却让石塔倒塌了。而石塔倒塌之后呢？不过是几声惋叹，再重新建起一座塔罢了。

　　第二层含义，便是代表着当时社会背景下，笼罩在中国上空的北洋军阀的统治。而这塔的倒塌，就表示旧统治阶级的倒下，表示觉醒者的前行。鲁迅先生在文章中写道："其实他们不单是破坏，而且是扫除，是大呼猛进，将碍脚的旧轨道不论整条或碎片，一扫而空。"不正是希望这灰暗压抑的军阀统治，能够倒塌在无数觉醒的青年人手中吗？而这样的"破坏"与"扫除"，必然要是彻底的、决然的，这便需要许多有志者为了中华之崛起的未来而付出巨大的努力。

　　两者合而为一，再看雷峰塔。其代表的就是当时的社会——一个被黑暗统治和封建礼教所笼罩着的社会，被陈旧的砖石托着，投下一大片昏沉沉的阴影。凿砖者也许代表着被封建神说蒙住了眼睛的百姓，我却认为更代表了鲁迅先生为当时之世界投下的希望：那是无数心中有觉悟有希望的人们，为了驱散这一片笼罩在华夏土地之上的阴影，甘愿耗尽自己的最后一份力，去凿那堆在人们心中的老朽的基石，去推翻这座陈旧而颤颤巍巍的古塔。

　　《再论雷峰塔的倒掉》发表后的五年，五四运动开始了。年青的学生、工人们高举双手，热血激昂地呼喊着、抗争着。我想，这便是鲁迅先生笔下能够去推翻古塔的力量吧。而放眼当今，祖国早已强盛。未来还有更多的领域等着我们去探寻。要去探寻，就要有无尽的勇气与希望、责任与担当，要有以青春之小我成就青春之中华的信心与觉悟。在历史上，我见过很多这样的人。例如众所周知的雷锋，淋雨送人，花自己的钱帮百姓买票……他将自己有限而年轻的生命，尽数献给了党和人民。在他短暂而明媚的青春里，燃烧着最灿烂的光芒。年轻的干部焦裕禄将自己的所有精力都投入在改变兰考贫困面貌，造福百姓之事上，最后积劳成疾，为人民而牺牲了。他们虽然只是在历史上留下了一抹浅浅的影子，却烙下了深深的足迹；他们虽然只是短暂地明亮了，却用那般耀眼璀璨的光亮，照亮了无数中华青年奋进的心。

　　身为当代中国青年，我们便最应该接过前人手中的火把，而举得更高——像鲁迅先生所希望的那般，向上走，有一分热，发一分光。如今，我们生活在一个这样的时代,一切都在飞速发展。我们应该做的,就是不忘记前人给予我们的精神财富,怀揣着对国家、民族无比坚定的家国情怀,去学习,去奋斗;将自己的梦想融入中华民族伟大复兴的中国梦之中去,脚踏实地,仰望星空,将来成为祖国进步的推动力,成为建设中华之未来的栋梁之材;肩上担着祖国的未来与滚烫的梦想,义无反顾举起象征光明的火把,义无反顾向光明处奔去。

读红色经典 温历史之余韵
——《红日》读后感

作者:覃烁 学校:浦北县浦北中学 指导教师:包家芳

  红色,是历史遗留下的一抹血渍,是祖国上空飘扬的五星红旗,是政党心中不变的初心,是由《红日》绵延而来的红色精神。

  读过《红日》,我为那数以万计战士的牺牲而心泣,我为朱德、陈毅等人的英勇领导而歌颂,我为中国共产党横扫战场的魄力而澎湃,于这极致的起伏中,我仿佛投入了那场艰苦卓绝的奋战中,浸入烈酒,终酿出了甘醇,至此,思绪飘摇。

  原来,滋润这泱泱华夏的,竟是他们流下的鲜血与不朽的精神。

  品红色经典,系上中国心。从古至今,中国最不缺乏的便是一颗血红的中国心,前有陈独秀、李大钊,后有毛泽东、周恩来。他们的心,无不系着人民,系着祖国,是颗跳动着中国脉搏的红色之心,而我想:在中国这片土地之下,究竟埋藏了多少颗这样的红色之心?答案是难以统计的。因为除了历史的记载,还有无数的子弟兵在无名之地以身躯孕养一方生灵,将心系在祖国。

  品红色经典,领略中国百年奋战历程。自1921年7月23日起,希望的太阳开始慢慢地拨开笼罩在中国上空的乌云,中国人民终于在水深火热之中找到了可以停靠的海湾——中国共产党。在这个伟大政党的领导下,日本帝国主义终于屈服在我们脚下;国民党反动派也被我们打得四分五裂,落荒而逃。而后,改革的春风吹遍大地,并于2021年,我们的双脚稳稳地踏入了小康社会。如今,伴随着脱贫攻坚战的完美收官,中国已踏上了民族复兴的新征程,而这逐渐繁荣的背后,是以先烈的鲜血育根而来,是中国共产党以日夜竭心的付出堆建而来。为此,我们当以后辈之肩膀,扛起余下之重担,了却他们仍存于心的赤子梦。

  品红色经典,圆中华民族伟大复兴梦。从泥泞小道到条条大路通罗马,从封锁闭塞到互联网家家普及,从一穷二白到繁荣昌盛,新中国已走过了七十余年。在这段短暂的时间里,中国创造的奇迹令人咂舌:1964年,中国有了属于自己的"蘑菇云";1970年,东方红一号遨游在浩瀚的宇宙中;1974年,长征一号核潜艇于那深深的海底闪亮现身。这些都是从量到质的飞跃,我们终于成功地做到了"上九天览月,下五洋捉鳖"。不仅如此,我们还有一群钢铁般的卫士,在我们以快速发展之态迈入强国之列时,时刻站在身后。他们用钢铁般的意志,始终奉行"犯我中华者,虽远必诛"。你们看到了吗?中国人不再是你们口中的弱者,他们已从站起来到富起来再到强起来!

红色经典之所以是红色,是因为先烈的血把它染红,而它又染红了中国千千万万颗心灵,让他们为中华之崛起而奋斗。

至此,吾辈当红心向党,秉承红色精神,在伟大的民族复兴征途上,扛起红色之旗,踏步向前。

仰望国旗,不朽生辉——读《红色传奇》有感

作者:钟承轩　学校:梧州市第二中学　指导教师:龙晓莹

  百年征程波澜壮阔,百年历史历久弥坚。旭日东升的时候,黄河正奔腾不息,她用她那泥黄色的身躯哺育着中华民族,用她磅礴的吼叫声鼓舞着中华人民。此时国歌响起,我们紧握拳头,肃然起敬,目视前方,国旗缓缓升起。

  望着缓缓升起的国旗,我们心中的骄傲油然而生。国旗下的我们挺立着身躯,望着随风飘扬的五星红旗,那抹鲜艳的红,在阳光下熠熠生辉,我不禁感慨,不禁去回望,回望那些我们当代青年无法亲身体验的岁月。百年来,一代代中国共产党人为了革命事业,为了新中国的建设牺牲了自己,由此写下了永不褪色的红色传奇。

  我们生逢盛世,太阳下我们沐浴暖阳,读书学习,享受着开放以来的福祉,无后顾之忧;月朗星稀时与家人齐聚,共赏明月,畅谈着柴米油盐中的琐事,平常但珍贵。这是多么幸福的事啊!而幸福生活,是无数先辈、无数共产党人堆砌而来的,他们甘于奉献为国捐躯,其不屈不挠的精神成就了今日之中国。

  中国共产党成立于1921年7月,此后中国发生了翻天覆地的变化。曹火星曾说:"没有共产党就没有新中国。"是啊!一代代共产党人为国家为人民所做的贡献,值得我们歌颂!在千千万万的党员中,让我记忆犹新的是这样的一位女同志!

  她是广西凤山人,她是有史以来最年轻的女党员。在她的眼里爱国是己任,她为凤山百姓所做出的贡献我们都历历在目,革命期间这位年轻的女同志积极向群众宣传革命,老百姓们接受能力不行,她就想方设法帮助群众理解,她把革命思想编成山歌,广为传唱。她还担任妇女赤卫队队长,为妇女们打开了反对封建婚姻的大门,为女性争取到了自由解放的权利。她就是我们的黄彩川同志!

  这样一个勇敢的女孩,她以追求革命胜利、保护乡亲为己任,革命的道路

上,她常把乡亲们护在身后,挡住射向他们的子弹。最终在一次战斗中,她不幸中弹牺牲,年仅十七岁。年仅十七岁啊!十七岁正值青春年华,一切事物还很美好。这样一个勇敢、舍己为人的女同志就这样再也不能继续从事她的革命事业了。黄彩川这样一个年仅十七岁的勇敢女孩,她是中国的忠烈英魂,她为祖国所做的贡献,我们后辈当铭记于心!她的英雄事迹,值得我们歌颂!

随脚激起的浪花推翻不了军舰,更冲刷不掉历史!中国的兴盛,强国的开端,只因有这些勇往直前的优秀同志的存在。是的,没错!热血沸腾的他们成为革命道路上的不屈战魂。拉号岩战斗中牺牲的那代共产党人:蓝志仁、韦国英等,他们用刚健的身躯阻挡着吞噬中华大地的黑恶势力,用他们的鲜血滋养着中华大地!由此我心生感慨:"此生不悔入华夏,来世还做中国人!"我为中国有他们这样的先辈而感到自豪。

哪有什么岁月静好,只不过是一代代的共产党人为中华大地的人民负重前行罢了,只不过是一代代的共产党人用他们的生命换来了我们如今的国泰民安罢了!身处新时代的我们更应该以梦为马,以笔为戎,为祖国写下华丽的篇章。

勿忘国耻,吾辈当自强!在我看来青少年当是热血的、澎湃的、激昂的,我们的心无时无刻不在颤抖着,如雄狮般发出猛烈的怒吼,震碎那黎明前的黑暗!我认为当代的青年眼里不能只是电脑、手机,更多的是要关心国家大事,树立正确的人生观、价值观,做到知国、懂国、爱国。周恩来曾说过:"为中华之崛起而读书!"是的,没错!为中华之崛起而读书!在我看来,青年自强的必经之路就是读书。盛世需才华,强国需知识,这一切都需要人才,而人才来源于书籍。

每当国旗缓缓升起的时候,我们紧握拳头,肃然起敬,此时我们的眼神无比犀利,眼里散发的光芒是自豪的呼喊,眼里闪烁的泪珠是我们对那些壮烈牺牲的共产党员无限的悼念!我们喊起了响亮的口号:"我们要忠于祖国,为祖国服务。"

红色精神照耀我心
——读《中国共产党最有理由自信》有感

作者：江欣锜　　学校：梧州市第二中学　　指导教师：白宛司

这个暑假，我读了一本书，书名为《中国共产党最有理由自信》。

1921年，中国共产党成立。在中国共产党的带领下，我们推倒三座大山，取得抗日战争的胜利，推翻国民党的反动统治，结束多年内战，使处于黑暗中的人们得到了光的救赎。

从1921年到2021年，百年征程，波澜壮阔，从摸着石头过河到挺起腰背，无数英雄用鲜血点亮了未来的荣耀，红色精神于奋斗中焕发，回顾中国共产党革命与建设的历史，党坚守"四个自信"，保持政治定力，为实现伟大的复兴梦而不懈努力。如今，面对世界全球化经济飞速发展，中国离实现大国崛起和复兴的梦想越来越近，一代又一代的共产党员前赴后继，当着传承红色精神的旗手。

百年来，从党的诞生之日起所体现出来的西柏坡精神、长征精神和井冈山精神，再到新中国成立后的雷锋精神、两弹一星精神、抗疫精神和救灾精神，无不鼓舞人心。时代更迭，这些精神代代相传，于中国人民的血脉中流淌。

在2020年的抗击新冠疫情中，钟南山、陈薇、李兰娟和张定宇等带领全体医护工作者，全力奋战，坚决与病毒抗争到底。在疫情暴发初期，尽管防护物资不全，人手不足，但没能打垮他们迎难而上的决心。种种困难之下，他们依然冲锋在前，用逆行描绘出最美的中国模样。我的家乡广西，有这么一位人物，面对突如其来的疫情，积极响应党的号召，主动请缨，不顾生死安危，加入抗疫一线。在奋力作战中，她突然昏倒，经过88天的救治，不幸离世，生命永远定格在28岁，给人间留下一抹霞光。她，叫梁小霞。我深深地感受到她对党、对事业、对人民的满腔热忱，感动于她短暂而英勇的一生，感动于她对党忠诚的精神信仰。

"祖国放心，强国有我！"站在鲜红的国旗下，我和千千万万的青少年一样，在心里向祖国许下庄重的誓言。作为新时代的青少年，我们应当有责任，有担当,拿出攻坚克难的勇气与决心,点亮人生,点亮未来。在如今的求学阶段,我需戒骄戒躁,克服多种外在诱惑对学习的干扰。当我在青春期因各种烦恼出现而考试失利,急躁、焦虑等各类问题显现出来时,我的老师总是耐心地教导我,给我讲述共产党员的奋斗故事。他们在大难面前的奋勇无畏、矢志不渝很好地鼓舞着我。我在青年时期及以后的人生中,都需将党的精神发扬到底,让青春无悔!少年智则国智,少年强则国强,少年是祖国的希望。我要做新时代不平凡的少年,在平凡的日子中创造不平凡的未来,在为国为民之奋斗中让青春吐芳华。

百色的大山,她是最美的朝霞。脱贫的战场,她是醒目的黄花。作为国家扶贫攻坚的受益者之一,我会以黄文秀书记为榜样,希望能在日后学有所成之时,完成由扶贫受益者到参与者的转变,接过扶贫一线众多工作人员手中的旗帜,让红色精神在扶贫战场上熠熠生辉。

红星高照,红色精神印我心。百年征程照初心,奋楫扬帆启新程。百年来,党始终坚守"四个自信"。如今的新时代,机遇与挑战并存,全党要更加自觉地增强"四个自信"。青少年要努力向先进人物看齐,面向未来,迎风冒雨,不忘初心,牢记使命,追梦天边,走好新时代的长征路。

辉煌百年史，奏响青春曲
——读《青春之歌》有感

作者：刘昭君　　学校：北流中学　　指导教师：谢雄强

金乌落至城边，云层还镶着金色的边，被稀释过的夕阳轻薄又透亮，全部落在靠窗的书柜里。我坐在靠窗的书桌旁，夕阳的余晖映照着桌上被打开的小说——《青春之歌》，晚风翻看着柔软的旧书页，我看着天边的太阳慢慢沉落，眼前又浮现出还是女学生的林道静：白洋布短旗袍、白线袜、白运动鞋，手里捏着一条素白的手绢……

《青春之歌》是一部充满理想、激情昂扬的红色经典文学作品。作品描写了抗日和抗战时代背景下，以林道静为主要人物的一批进步青年，从对待世俗的超然冷漠到投身革命的热血沸腾，从反对封建统治到抗击日本帝国主义侵略，并在共产党领导下，积极投身于无产阶级伟大革命之中。全书让我感受到那个时代青年学生对祖国的热爱和真诚，以及他们坚强的信念和对自由、真理的不懈追求。

主人公林道静出身于大地主家庭，但她不甘心当封建地主家的小姐，不甘心当官僚特务的玩物，在她不断为个人的命运挣扎时，却遭到了一连串的打击——她自杀未遂，教书被逐，找工作四处碰壁……面对重重的挫折和打击，林道静并没有放弃，尽管前行的路充满坎坷，尽管她知道这条路艰辛异常，可她只当这些打击、坎坷是丰富人生的元素来对待，从没放弃自己的命运。

故事中讲道：当遇到共产党员卢嘉川后，林道静开始接触革命思想。在浩浩荡荡的革命洪流中，卢嘉川为她点亮了人生的一盏灯，让她了解到了革命的意义，使她似从梦中醒来一般。青春时的我们总会有迷茫的时候，但我们总要平复浮躁的身心，理清自己的思绪，认真规划自己的未来，彼时我们便会有自己急需努力实现的目标与为之奋斗的理想。

在丰收的战斗中，江华指引她革命的方向。计划斗争时，朴素的农民们挥舞着手臂,团结而富有激情的口号声让林道静眼前喷发出熠熠光辉。如红日喷薄的青年们,应当是不畏艰难险阻,勇于与现实的不公搏上一搏的。青春就是通过自己的努力改写不公命运或是获得更好的生活,尽管这条路很艰难,可我辈少年青春正盛,有冲劲,更有干劲,还有什么好怕的,跌倒了可以再次爬起来,继续自己的脚步。

如今正值建党百年,一辈又一辈的青年为了中华民族伟大的复兴梦而默默奉献自己的力量。我们作为新时代的青少年,更应挑起民族复兴的大梁,树立正确的价值观念,坚定自己的理想信念,培养高尚品格,练就过硬本领,谱写我们在新时代的青春之歌。

"你所站的地方便是你的中国。你怎么样,中国便怎么样。"

我是新时代的青年,我深知青年人应胸怀祖国,奋发图强,像鲁迅先生曾言的那样:"摆脱冷气,只是向上走,不必听自暴自弃者流的话。有一分热,发一分光,不必等待炬火。此后如竟没有炬火,我便是唯一的光。"我们应抛开尘俗浮华,勇担自己的责任,不辜负韶华,不辜负青春理想。

中华民族是一个在万千磨难中成长的伟大民族,而正是因为有无数有识之士的奋斗,中华民族才能在历史长河中不惧风浪站稳脚跟。在2020年新春之时,在无硝烟的疫情防控战中,涌现出大批的有志青年,他们身穿白衣,心怀人民。"我觉得我应该去……"因为国家有困难,因为人间有灾难,所以许多有才学、有能力、朝气蓬勃的青年毫不犹豫,挺身而出,奔向那无硝烟的战场中,以个人之身躯,携手同行撑起万家灯火。

再看东京奥运会上的运动健将们,他们为祖国、为自己赢得了荣誉。光鲜亮丽的荣誉背后是他们日复一日的训练与流淌下来的泪水。但是一分耕耘,一分收获,奋斗过后是胜利的欣慰。

习近平总书记说:"理想之光不灭,信念之光不灭。我们一定要铭记烈士们的遗愿,永志不忘他们为之流血牺牲的伟大理想。"中华彼时正值建党百年,中国前程正似锦,青春少年奋斗正当时。"青年"一词,之于个人,是一段朝阳初升、万事可探的丰茂年华。

花开花谢,日落星现,时间的长河中,青春是短暂的,也是张扬的,让我们心怀祖国,奋起拼搏,奏唱新时代的青春之歌。

《红岩》读后感

作者：陀锦健　　学校：广西容县职业中等专业学校　　指导教师：梁焱焊

　　《红岩》是反动派集中营的幸存者罗广斌、杨益言创作的长篇小说。它主要叙述了1948年在反动派的统治下，处在黎明前最黑暗的时刻的共产党员在渣滓洞中，敌人为了得到口供，妄图用炎热、蚊虫、饥饿和干渴动摇革命者的意志，但在共产党员的坚强意志前，敌人却一筹莫展，一败涂地。

　　今天第一次通读了《红岩》这本书，对于这本人们口中的好书，我一直抱着一种敬畏的心态来面对，而没想到的是通过这次"书香校园·阅读圆梦"活动能够有机会捧着这本红色皮子的书一页页地翻阅，细细地品读。只需看到封面上的那句话："用鲜血染红我们的旗帜"，年轻的心就此沸腾了，想重新回到那个理想与信仰占领一切的年代！

　　新中国成立前国统区斗争形势十分严峻，当我看到江姐回乡下为游击队送药的片段时，眼眶不禁湿了……雨雾蒙蒙的城墙门，木笼子里一颗颗血淋淋的人头映入江姐的眼帘，她尽力让自己平静下来去看牺牲者的名单，陡然发现丈夫的名字列在第一行！这种突然失去亲人的感觉我实在是无法想象，这么大的打击，她一个弱女子究竟该如何承受？书中如此描述：江姐热泪盈眶，胸口梗塞，不敢也不愿再看。她禁不住要恸哭出声。一阵又一阵头昏目眩，使她无力站稳脚跟……但坚强的江姐立即想到的是自己担负着党托付的任务，没有权利在这里流露内心的痛苦，更没有权利逗留。她的脚步，不断踏进泥泞，一路上激起的水花、泥浆，溅满了鞋袜，她却一点也不知道。她全力控制着满怀悲愤，要把永世难忘的痛苦，深深地埋进心底。渐渐地，向前凝视的目光，终于替代了未曾涌流的泪水。她深藏在心头的仇恨，比泪水更多，比痛苦更深！江姐是一位伟大的女性，一位坚强的共产主义战士，她在渣滓洞集中营被敌人连续多日严刑拷打，宁死不屈的精神给那里所有的战友以无穷的动力。竹签子钉进每一根指尖，血水飞溅，我们敬爱的江姐没有发出一点声音，但她不知道经历了多少剧烈的疼痛……是她，一个女共产党员，平静地在敌人面前宣布：胜利永远是属于我们的！

红岩精神就像一面鲜红的旗帜，激励着一代又一代热血青年为理想和信念奋斗不息。无数个大义凛然的共产党员前仆后继，用生命和鲜血捍卫党的尊严和机密，配合武装斗争，沉重地打击了敌人的反动气焰，正是有他们的努力，才有共和国今天的繁荣昌盛和国泰民安！这句话说出来是多么容易，但现在的中国人又有多少真正地从心里感激，对下一代的教育是否会慢慢淡忘这曾经惊天动地的壮举和牺牲，红岩里的精神是否会失传？或只是成为小学课本上一篇机械诵读的课文？我生怕这样的事情会发生。因为身处大学，只感觉到大学并不是一个激情澎湃与充满梦想的地方，相反很多人无聊、空虚、苦闷、浮躁，整日除了学习和逛街就无事可做，相比于革命年代的青年学生如饥似渴地获取知识的劲头，随时为理想、为革命献身的热情，我不禁为我们这一代人汗颜。也许我的观点是片面的，但追求时尚和刺激却是当下年轻人的口头禅。看着眼前这个花花绿绿的世界，脑海里浮现的却是江姐坚毅瘦弱的身躯。蓝色旗袍上鲜红的毛衣，就像是一面鲜红的旗帜在迎风飘扬，我究竟该何去何从？如何正确定位自己的价值观和人生观是我在读了三年大学后还无法参透的。也许《红岩》里最值得我们大学生学习的精神并不是不存在了，而是随着时代的改变，其具体内涵发生了一些变化，作为当代大学生，要胸怀远大抱负，为建设更加富强的中国和实现自我的价值而奋斗！也许信仰不再像那个年代那么重要了，但共同的目标却一直牵引着为之付出努力的人们坚持不懈，奋斗不息！

中南大学铁道校区赵长平同学勇斗歹徒的英雄事迹已经誉满中南，我从心底佩服他，不仅因为他为我们中南人增了光，为我辈青年添了彩，更重要的一点是我深深地感受到一股韧劲和信念。从他负伤躺在床上仍坚毅笃定的笑容里我似乎看到了江姐就义前瘦弱却笔直的身影。这就是新时代传承的红岩精神，值得我们每一个大学生扪心自问，认真思考：怎样去树立真正的信仰并为之奋斗？红岩，这面用鲜血染红的旗帜将永远在我心中飘扬，引领我奔向前方。

品红色文化,奋斗新征程
——读《林海雪原》有感

作者:罗海洋 学校:北流中学 指导教师:马莉

  红色,是黎明破晓时那一轮火烈的太阳;红色,是祖国国旗中艳丽的颜色;红色,是为国而战时洒下的一滴鲜血。品味祖国红色文化,在深思中不断反省历史,在中国共产党的领导下,先人走过百年奋斗路,我们作为青少年,应该秉持红色精神,在新征程中不断地奋斗,不怕苦,不怕累,实践"三牛"精神,就像那林海雪原之上的那群勇士一样,为祖国人民来之不易的美好生活,坚持学习和奋斗!

  近些时日偶然间我读到了一本令我感到有趣和震撼的红色经典《林海雪原》。"书中自有黄金屋,书中自有颜如玉"。这句话说得恰到好处,自从我读了《林海雪原》后,我感悟到了许许多多。我明白了中国共产党在新中国成立的初期是多么不容易,我仿佛看到了一位位革命斗士为了清理匪徒而在一次次的惊险中用智谋取得胜利,我体验到了身体里的鲜血为精彩的红色阅读而一次次"燃"起。

  《林海雪原》这本红色经典,是根据历史上真实存在的事件改编的,许多事件也是作者曲波先生真实经历过的。我很喜爱这本红色经典,它鲜明地展示了中国共产党革命战士为了扫匪而有勇有谋地战斗,他们为了人民的美好生活而奋斗,他们的精神令我颇受感动。书中许许多多鲜明的、栩栩如生的革命人物中,我最喜欢少剑波、杨子荣这两位革命斗士,他们是小说中的中心人物。少剑波,他作为小分队的最高指挥员,深知自身所肩负的责任和国家对小分队的厚望,他不惧扫匪战争中严峻的形势,对扫匪的成功充满了信心。杨子荣和少剑波在扫匪中展现出了不怕困难、不惧艰险、敢于吃苦、敢于流血、热爱祖国和深爱人民等红色精神,让我为之震撼。而我们作为青少年,也应学习这种红色精神,在学习和奋斗中保持爱国赤诚之心,传承红色基因,用奋斗在祖国的百年新征程中展现风采!

　　《林海雪原》这本小说在情节安排上也非常有趣,我仿佛看到了一幕幕真实的革命战斗:杨子荣深入匪窝中的惊险、少剑波用智谋取得成功时的喜悦、革命斗士和土匪战斗时的英勇。这些场景使我的胸腔满怀热血,让我感到了中国共产党有多么伟大。这也使我心中要加入中国共产党的美好愿望更加清晰。无奋斗之人,何来美好生活?我们青少年应坚定自己的理想,努力学习,心中带着红色热血去不断奋斗,传承红色基因,以实现中华民族的伟大复兴之梦。

　　我们现在之所以拥有平静安宁的生活,不是因为现在的时代使然,而是因为我们的背后拥有一个正日益强大的祖国。祖国为什么而强大?是因为一个个热爱祖国的华夏子孙于实践中探索、于奋斗中求知、于斗争中觉醒。青少年是祖国未来的希望,作为青少年,我们应该阅读红色经典,品味红色文化,传承红色基因,秉持红色精神,以奋斗之热血和爱国之诚心踏上百年新征程!

　　这本《林海雪原》已经合上,我的心却久久不能平静,我品味到了红色经典的美妙,沉浸在红色文化的熏陶之中,坚定了我爱国的信念。中国共产党给予了人民美好的生活,我们不能在美好的生活中忘记祖国那段黑暗无比、被侵略、被欺凌、被压榨的历史,让我们秉持红色精神和爱国之心,传承红色基因,提起衣袖,努力学习,将来在百年奋斗路的新征程上展示风采,为了祖国伟大的复兴之梦而努力奋斗。

筚路蓝缕创伟业　初心未改启新程
——读《写给中学生的中国共产党历史》有感

作者:文卓铭　　学校:博白县博学中学　　指导教师:张娟

　　嘉兴南湖上的一叶红船,承载了一份特殊的使命。就在这烟雨江南,水波轻漾的南湖,13 双手翻开了中国近代史崭新的一页——中国共产党诞生。它宛如黑暗中的一盏明灯,照亮了中国人民前行的道路。

　　鲜红的旗帜上一把镰刀和铁锤的图案——党的旗帜,是党的象征。它凝聚的是不知多少人的鲜血与汗水,不知多少中国人民铿锵的永恒誓言。

　　中华民族是世界上伟大的民族,拥有着五千多年源远流长的文明历史,她对人类的发展历程做出了不可磨灭的贡献。然而后继王朝清朝继位者腐败无能,自 1840 年后,中华民族遭遇了前所未有的劫难,国家蒙难,人民蒙羞,文明蒙尘。从那时起,实现中华民族伟大复兴,就成为中国人民和中华民族最伟大的梦想。

　　为了拯救民族于危亡,中国人民奋起反抗,仁人志士奔走呐喊,各种救国方案轮番出台,但都因清朝统治者落后的封建思想和腐败无能,以失败告终。中国迫切需要新的思想、新的组织来引领救亡运动,凝聚革命力量。

　　终于,十月革命的一声炮响给中国指出了一条明道——马克思列宁主义。在中国人民和中华民族的伟大觉醒中,在马克思列宁主义同中国工人运动的紧密结合中,中国共产党应运而生。同时,历史也选择了中国共产党,让她深刻地改变了近代以后中华民族发展的方向和进程,改变了中国人民和中华民族的前途和命运,改变了世界发展的趋势和格局。

　　但回眸党的历程,它是艰辛的,是坎坷不平的。同样是时光的道路,那段光阴却洒满了鲜血。

　　红军的二万五千里长征,爬雪山,过草地,眼中金沙江惊涛骇浪,脚下大渡河寒凉刺骨,说不尽往日的艰辛。十五岁的刘胡兰,面对敌人狰狞的面孔,寒光闪闪的铡刀,她坚毅地喊出:"怕死就不当共产党员!"二十八岁的夏明翰,面对着敌人的严刑拷打,写下气壮山河的"砍头不要紧,只要主义真。杀了夏明翰,还有后来人。"

多少像他们一样的华夏儿女,为了争取民族自由和人民解放,抛却头颅,洒尽鲜血,奏响了一曲曲英雄凯歌!那个腥风血雨的年代,那些峥嵘的记忆,怎会忘怀,恍若早已铭刻在心,永不褪去。

百年风雨兼程,百年岁月如歌,如今的中国就像一条巨龙,以一个大国的身份重新屹立于世界东方。

一百年来,我们的党从小到大,由弱变强,从C919到神舟飞船,从航母下水到蛟龙潜海,从东方红一号到北斗组网,中国共产党让我们实现了"上可九天揽月,下可五洋捉鳖"。

战火的硝烟已经离我们远去,在和平年代里,我们的党同样可以为了人民的利益奉献自己的青春乃至生命,人民从来不会忘记那些用自己的血肉之躯阻挡洪流的战士,从来不会忘记在震后的废墟中用自己的双手拯救生命的天使,他们已化为一抹鲜红融入了党旗之中,中华民族的强大凝聚力让世界瞩目!

历史的接力棒传入我们新一代人手中,我们应把这交付于我们手中的祖国带向更加昌盛富强的时代,这也正是我们年轻一代的使命,我相信我们一定能完成这个使命,"长风破浪会有时,直挂云帆济沧海。"百年风雨征程,我们党引领着中华民族,引领着东方古国这艘历史航船驶向共产主义的幸福彼岸,一心向党,永葆初心,我们的明天会更好!